DESCRIPTIONS
ET USAGES
DE PLUSIEURS NOUVEAUX
MICROSCOPES,
TANT SIMPLES QUE COMPOSEZ;

Avec de nouvelles obſervations faites ſur une multitude innombrable d'inſectes, & d'autres animaux de diverſes eſpeces, qui naiſſent dans des liqueurs préparées, & dans celles qui ne le ſont point.

Par L. JOBLOT, *Profeſſeur Royal en Mathématiques ; de l'Académie Royale de Peinture & Sculpture ; demeurant ſur le Quay de l'Horloge du Palais, au gros Raiſin.*

A PARIS,
Chez JACQUES COLLOMBAT Imprimeur ordinaire du Roy, & de l'Académie Royale de Peinture & Sculpture ; ruë Saint Jacques, au Pelican.

M. DCC. XVIII.
AVEC APPROBATIONS ET PRIVILEGE DU ROI.

AVERTISSEMENT.

UNe partie de cet Ouvrage n'eſt, à proprement parler, qu'une eſpece de Journal des obſervations que j'ay faites ſur une multitude infinie de tres-petits animaux inviſibles à la portée ordinaire de nos yeux.

La facilité que j'ay trouvé dans l'uſage de mes nouveaux Microſcopes, m'a conduit inſenſiblement plus loin que je ne penſois ; & m'a fait deſcendre dans un détail qui pourra être ennuyeux à ceux qui ne ſont pas accoûtumez à ſuivre la nature dans ſes operations, & qui n'ont pas appris par experience, que trop de négligence ſur des circonſtances qui ne ſemblent repréſenter rien de conſiderable, a ſouvent privé les Phyſiciens du fruit qu'ils auroient tiré d'une plus exacte application.

J'ay ajouté à mes obſervations des conjectures ſur les productions des differentes eſpeces de petits animaux qui ſe trouvent dans les liqueurs ; je ne puis être du parti de ceux qui les attribuent à la putrefaction : cette opinion eſt d'autant moins concevable ; que ce ſeroit abandonner aux irregularitez du hazard des Ouvrages qui ſe font toujours dans un ordre qu'on ne peut jamais aſſez admirer. J'en ay donc ſubſtitué une autre, qui me ſemble répondre nettement à la multitude preſque infinie de toutes mes experiences.

J'ay diviſé tout cet Ouvrage en deux Parties : la premiere contient la conſtruction & les uſages de pluſieurs Microſcopes, plus commodes & plus parfaits qu'aucuns de ceux qui ſont venus juſqu'à preſent à ma connoiſſance. On les voit mis en perſpective ſur vingt-deux Planches, avec les plans & les profils qui ſont néceſſaires pour en bien faire comprendre la méchanique & l'uſage. Il y a deux ou trois de ces Microſcopes qui ſont d'une étenduë preſque univerſelle, & particulierement le dernier, qui a été repréſenté dans les Planches 20. & 21, ſur lequel on pourra monter en tres-peu de tems, & tout de ſuite, non-ſeulement des lentilles de differens foyers, mais auſſi de tres-petits Microſcopes à deux & à trois verres, depuis un pouce de longueur juſqu'à trois, dont les plus courts ont des avantages conſiderables, comme de faire paroître les objets dans leur ſituation droite ou naturelle, en les repréſentant clairement & diſtinctement ; faiſant d'ailleurs l'office de pluſieurs Loupes de differens foyers, & tellement conſtruit, que la lentille objective y devient oculaire quand on veut, ſans changer ſenſiblement la diſtance des deux verres qui le compoſent, ni le liéu qu'ils occupent dans la monture.

Et à ce dernier Microscope universel, on pourra tres-facilement & sans embarras appliquer des poissons de differentes longueurs & grosseurs, & même de diverses especes, comme des Tétarts, des Grenoüilles, des Lamproyes, des Anguilles, des Brochetons, des Tanches, des Carpes, des Goujons, &c. en la queuë desquels, & ailleurs, on aura le plaisir de voir les divers mouvemens du sang dans des vaisseaux diversement courbez, formant entr'eux comme des syphons, dont les branches se rencontrent de telle maniere, qu'elles forment tantôt un arc de cercle, tantôt un angle droit, tantôt un obtus ou un aigu.

On y verra de plus de deux sortes de vaisseaux de traverses, tres-menus & tres-courts, situez differemment entre deux plus gros vaisseaux qui sont paralleles entr'eux, de l'un desquels on voit le sang s'échaper par ces vaisseaux de traverses, pour passer dans l'autre à angles droits, aigus, ou obtus. Et il faut remarquer qu'on ne voit dans ces vaisseaux ni anastomoses, ni valvules qui empêchent le sang de retourner en arriere.

Toutes ces diverses observations, & plusieurs autres dont je ne parle point icy, ne peuvent être confirmées que par un grand nombre d'experiences réïterées, & faites avec beaucoup de soin sur les divers sujets dont on vient de parler. Nous en avons déja fait voir une partie à plusieurs personnes d'un merite distingué, & j'espere être dans peu de jours, en état de pousser encore plus loin que nous n'avons fait ces nouvelles découvertes: car ayant fourni plusieurs Microſcopes à de celebres Medecins, à de fameux Anatomiſtes, & à pluſieurs autres illuſtres amateurs de ces nouveautez, il eſt preſque impoſſible que chacun d'eux, s'occupant agréablement à l'examen des effets ſurprenans de la nature, ne découvre tous les jours des choſes nouvelles & ſingulieres, dont on pourra dans peu faire part au Public, tant par des Conférences particulieres que nous eſperons faire, que par les Journaux des Sçavans, dans leſquels tous ceux qui les voudront lire, trouveront de quoy augmenter à l'infini le petit Ouvrage que je donne maintenant au Public.

Outre ces nouveaux Microſcopes, dont on vient de parler, je donne encore des deſſeins & des explications de pluſieurs autres que j'ay perfectionnez, en étendant leurs uſages ſans en augmenter conſiderablement la dépenſe : on verra, par exemple, dans la 10e. Planche le deſſein d'un Microſcope à tiges qui n'eſt pas de mon invention; mais les additions & les changemens que j'ay jugé à propos d'y faire, pourront peut-être plaire à ceux qui ont quelque eſtime pour cet inſtrument, que nous faiſons ſervir aux obſervations des animaux de pluſieurs liqueurs.

En corrigeant quelques défauts des Microſcopes à Canon de verre, qui ont encore été nommé Tombeaux ; j'en ay auſſi étendu l'univerſalité plus loin qu'on n'avoit fait juſqu'à preſent.

On parle de plus d'un petit Microſcope à trois verres, repreſenté ſur la 15e. Planche, qui peut auſſi ſervir à deux verres conveves des deux côtez, en ſupprimant celuy du milieu, avec lequel on fera, ſi l'on veut, en un moment, une petite lunette d'approche, qui fera paroître les objets dans leur ſituation droite ou naturelle.

Le même verre du milieu de ce Microſcope, & ſon oculaire, étant placez, comme on le dit, dans ſon lieu, ſerviront à faire une petite lunette d'approche, qui fera voir les objets dans une ſituation toute contraire à la précedente, n'employant pour cela que le corps du Microſcope même avec ce qu'il contient; & ce même inſtrument étant monté ſur un pied qui luy convienne, pourra encore ſervir à rendre viſibles les animaux de quelques liqueurs, & la circulation du ſang dans la queuë & ailleurs, de tous les poiſſons qui ſeront d'une grandeur & d'une groſſeur commode pour être appliqué ſans peine à cette petite machine.

En expliquant les uſages de chacun des Microſcopes qui ſont repréſentez dans cette premiere Partie; j'ay dit la maniere de préparer une même choſe differemment pour y être appliquée & obſervée. Ces repetitions m'ont paru néceſſaires en ces endroits; puiſqu'elles ſervent à rendre l'uſage de ces machines plus univerſel, & à ſatisfaire ceux qui ne veulent avoir qu'un ſeul Microſcope, accompagné d'une explication ſuffiſamment étenduë pour les inſtruire des uſages qu'ils en peuvent eſperer.

La ſeconde Partie de ce Livre contient douze Planches de même grandeur que les premieres, ſur leſquelles on a exprimé une partie des nouvelles découvertes que nous avons faites, par un grand nombre de Figures deſſinées & gravées élégamment, repréſentant une multitude preſque infinie de divers animaux qui ont été inconnus juſqu'à preſent, & qui ont été vûs marchant, rampant & nageant dans des eaux préparées, & même dans celles qui ne le ſont point.

L'Hiſtoire anatomique que nous donnons de la plûpart de ces animaux nouvellement découverts, par la ſeule application de quelques gouttes preſque inſenſibles de liqueurs miſes au-devant de mes yeux, armez tantôt de l'une de nos nouvelles Machines, appellée Microſcope, tantôt d'une autre diverſement conſtruite, donne lieu d'eſperer que cet Ouvrage pourra être agréable au Public, tant par ſa nouveauté, que par l'utilité que les Phyſiciens, les Medecins, les Chirurgiens, les Anatomiſtes, les Chymiſtes, & d'autres perſonnes en pourront retirer; comme ſont les Deſſinateurs, les Peintres, les Graveurs, les Fabricateurs d'inſtrumens de Mathématiques, les Joüailliers, les Lapidaires, les Médailliſtes, les Antiquaires, les Verificateurs d'écritures, les Horlogeurs, les Lunetiers, &c. puiſque par le ſecours des verres de ces Microſcopes, les Artiſtes dont on parle, auront l'avantage de découvrir juſqu'aux moindres défauts de leurs Ouvrages, & même le moyen de les éviter, ou du moins d'approcher de plus près du point le plus haut de perfection; ce qu'ils ne pourroient faire ſans ce ſecours.

Je n'ay pû décrire les petits animaux qui ſe trouvent dans toutes les infuſions dont il eſt parlé dans cette ſeconde Partie, ſans leur donner des noms qui en fiſſent connoître la difference. Pour cet effet, j'ay cherché dans la nature des choſes qui me fuſſent aſſez

connuës,

connuës, & qui eussent quelque rapport de ressemblance avec les poissons que j'ay vûs dans mes liqueurs, pour leur donner les mêmes noms qu'on a donnez à ces diverses choses. Mais n'ayant pas toujours été assez heureux pour rencontrer de quoy me satisfaire, sans doute, faute d'avoir une connoissance assez étenduë des divers êtres de la nature, j'ay été contraint de nommer d'autres poissons autrement, en leur donnant des noms qui en marquassent les inclinations particulieres, ou leurs mouvemens les plus ordinaires. Ainsi j'ay nommé les premiers Cornemuses, Ovales, Chenilles aquatiques, Antonnoirs, Poules hupées, Rognons, &c. Et j'ay donné aux autres les noms d'Aveugles, de Piroüetteurs, de Goulus, d'Inconstans, de Bouffons, d'Elegans, &c.

Enfin on verra une Dissertation sur la maniere dont les objets sont vûs dans les Microscopes, & dans les Lunettes d'approche, contenant plusieurs experiences nouvelles, qui donnent occasion de se déterminer en faveur de la meilleure des deux opinions qu'on s'y propose.

Imprimé aux dépens de l'Auteur.

APPROBATION.

J'Ay lû par l'ordre de Monseigneur le Chancelier un Manuscrit, qui a pour titre : *Descriptions & usages de plusieurs nouveaux Microscopes, avec de nouvelles Observations, &c.* par M. JOBLOT Professeur Royal en Mathématiques. Outre les nouveaux Microscopes que l'Auteur y décrit, il en perfectionne plusieurs autres, & rapporte quantité d'observations fort curieuses qu'il a faites avec beaucoup de soin ; ainsi cet Ouvrage peut être utile & agréable au Public. A Paris ce trentiéme Novembre 1716.

GAUGER.

APPROBATION DE L'ACADEMIE ROYALE de Peinture & Sculpture.

AUjourd'huy Samedy cinquiéme Decembre mil sept cens seize, l'Académie s'est assemblée à l'ordinaire pour les Conferences ; Monsieur JOBLOT y a apporté un Ouvrage qu'il a composé, qui a pour titre : *Descriptions & usages de plusieurs nouveaux Microscopes, tant simples que composez ; avec de nouvelles Observations faites sur une multitude innombrable d'insectes, & d'autres animaux de diverses especes, qui naissent dans des liqueurs préparées, & dans celles qui ne le sont point.*

La Compagnie, aprés avoir écouté la lecture de la division de tout l'Ouvrage, fait en deux Parties ; & avoir examiné plus de trente Planches in 4°, remplies de Figures dessinées & gravées élégamment, représentant ses nouveaux Microscopes mis en perspective, & accompagnez de tous les Plans & profils nécessaires pour en bien faire comprendre la méchanique & l'usage, a aussi remarqué que dans la seconde Partie l'Auteur met en usage ses nouvelles Machines, pour faire l'histoire anatomique d'une multitude presque infinie de tres-petits animaux, qui ont été jusqu'à present inconnus, à cause de leur petitesse, & des grands défauts qui sont inséparables des Microscopes ordinaires.

C'est pourquoy, la Compagnie ayant consideré que cet Ouvrage pouvoit être tres-agréable au Public, tant par sa nouveauté, que par l'utilité que les Physiciens, Medecins, Anatomistes, Chimistes & autres en pourroient retirer ; elle a bien voulu luy accorder la permission de se servir du Privilége que le Roy a accordé à ladite Académie.

Fait & extrait par moy Secretaire de l'Académie, ce cinq Decembre mil sept cens seize. Signé, TAVERNIER.

ARREST DU CONSEIL D'ESTAT, portant Privilége du Roy.

Du 28. Juin 1714.

Extrait des Registres du Conseil d'Etat.

SUR ce qui a été representé au Roy, étant en son Conseil, par son Académie Royale de Peinture & Sculpture, que depuis qu'il a plû à Sa Majesté donner à ladite Académie des marques de son affection, Elle s'est appliquée avec soin à cultiver de plus en plus les beaux Arts, qui ont toujours fait l'objet de ses exercices ; & comme la fin que Sa Majesté s'est proposée dans l'établissement de ladite Académie, composée des plus habiles du Royaume, a été non-seulement que la jeunesse profitât des instructions qui se donnent journellement dans l'Ecole du Modéle, des Leçons de Geométrie, Perspectives & Anatomies, & à la vûë des Ouvrages qui y sont proposez pour servir d'exemples ; mais encore que le Public fut informé du progrés qu'y font les Arts du Dessein, de la Peinture & Sculpture, en luy faisant part des Discours, Conférences & Descriptions qui pourroient le luy faire connoître, principalement en multipliant par la gravûre & impression les beaux Ouvrages de ladite Académie Royale, afin de les conserver à la posterité, unique moyen de perfectionner les Arts, & d'exciter de plus en plus l'émulation. A CES CAUSES, SA MAJESTÉ desirant donner à ladite Académie, & à tous ceux qui la composent, toutes les facilitez & les moyens qui peuvent contribuer à rendre leurs travaux utiles au Public: LE ROY ÉTANT EN SON CONSEIL, a permis & accordé à ladite Académie, de faire imprimer & graver les Descriptions, Memoires, Conférences, Explications, Recherches & Observations qui ont été & pourront être faites dans les Assemblées de l'Académie Royale de Peinture & Sculpture ; comme aussi les Ouvrages de Gravûre en taille-douce ou autrement ; & generalement tout ce que ladite Académie voudra faire paroître sous son nom, soit en Estampes ou en impressions, lorsque aprés avoir examiné & approuvé lesdits Ouvrages de chacun des particuliers qui la composent, elle les aura jugez dignes d'être mis au jour, suivant & conformement aux Statuts & Reglemens de ladite Académie ; faisant SA MAJESTÉ tres-expresses inhibitions & défenses à tous Imprimeurs, Libraires, Graveurs & autres personnes de quelque qualité & condition qu'elles soient, excepté celuy qui aura été choisi par ladite Académie, d'imprimer ou faire imprimer, graver ou contrefaire aucuns Memoires, Descriptions, Conférences & autres Ouvrages gravez ou imprimez concernant ou émanez de la susdite Académie, ni d'en vendre des Exemplaires contrefaits en nulle maniere que ce soit, ni sous quelque prétexte que ce puisse être, sans la permission expresse & par écrit de ladite Académie, à peine contre chacun des contrevenans de trois mil livres d'amende, confiscation, tant de tous les Exemplaires contrefaits, que des presses, caracteres, Planches gravées, & autres utensiles qui auront servi à les imprimer & contrefaire, & de tous dépens, dommages & interests. VEUT SA MAJESTÉ que le present Arrest soit executé dans son entier; & en cas de contravention, SA MAJESTÉ s'en reserve la connoissance & à son Conseil, & icelle interdit à tous autres Juges. FAIT au Conseil d'Etat du Roy, SA MAJESTÉ y étant: tenu à Marly le vingt-huit Juin mil sept cens quatorze.

Signé, PHELYPEAUX.

LOUIS par la grace de Dieu Roy de France & de Navarre: Au premier notre Huissier ou Sergent sur ce requis; Nous te mandons & commandons par ces Presentes, signées de notre main, que l'Arrest dont l'extrait est ci-attaché sous le contre-scel de notre Chancellerie, ce jourd'huy donné en notre Conseil d'Etat, Nous y étant, tu signifies à tous qu'il appartiendra, à ce qu'ils n'en ignorent, & fasses pour son entiere execution, tous Actes & Exploits necessaires, sans demander autre permission: Car tel est notre plaisir. DONNÉ à Marly le vingt-huitiéme Juin l'an de grace mil sept cens quatorze, & de notre regne le soixante & douziéme. *Signé*, LOUIS; *Et plus bas*, Par le Roy, PHELYPEAUX.

L'An mil sept cens quatorze, l'onziéme jour de Septembre, à la requête de l'Académie Royale de Peinture & Sculpture, établie par Sa Majesté dans son Louvre à Paris; J'ay Pierre Colin Huissier Audiencier aux Requêtes du Palais, demeurant ruë de la Juiverie, Paroisse saint Germain le Viel, soussigné, signifié & laissé copie imprimée du present Arrest du Conseil d'Etat du Roy, & Commission sur iceluy obtenus aux fins y contenuës, au Sieur Charles Robustel Syndic de la Communauté des Imprimeurs & Libraires de Paris, en leur Bureau & Chambre Syndicale ruë des Mathurins, en parlant à sa personne, & ce tant pour luy que pour les autres Libraires & Imprimeurs, à ce qu'ils n'en ignorent, ait à y satisfaire, & faire sçavoir à sa Communauté; lequel Sieur Robustel parlant que dessus, a fait réponse tant en son nom qu'en celuy de ses Adjoints & de sa Communauté, qu'il accepte la presente signification, & qu'il n'empêche que le present Arrest portant Privilége accordé par Sa Majesté à ladite Académie Royale de Peinture & Sculpture, n'ait son entiere execution; en se conformant par ceux qui feront graver & imprimer quelques Ouvrages ou Estampes en execution dudit Arrest, aux Reglemens rendus au sujet de l'Imprimerie & de la Librairie, & notamment à l'Arrest du Conseil du 17. Octobre 1704. qui ordonne, que de tous les Livres, feüilles, Estampes & gravûres, il en sera fourni, avant de les exposer en vente, huit Exemplaires en la Chambre Syndicale de la Communauté, & a signé, ROBUSTEL, Syndic.

Contre laquelle réponse j'ay, pour ladite Académie, réiteré les défenses portées au susdit Arrest, & protesté de tout ce qu'il y a à protester, & laissé copie, tant du susdit Arrest & Commission sur iceluy, que du present. Signé, COLIN, avec paraphe. *Controllé à Paris le 13. Septembre 1714. R. 45. folio 72.* Signé, PONTAINT, avec paraphe.

Et en consequence de l'Arrest du Conseil d'Etat ci-dessus, portant Privilége, l'Académie Royale de Peinture & Sculpture a choisi pour son Imprimeur-Libraire, le Sieur JACQUES COLLOMBAT Imprimeur ordinaire du Roy.

NOUVELLES

NOUVELLES OBSERVATIONS

Faites avec des Microscopes tout nouveaux, ſur une multitude innombrable d'insectes, et d'autres Animaux de diverses especes qui naissent dans des liqueurs preparées et dans celles qui ne le sont point

PREMIERE PARTIE

CHAPITRE PREMIER.

Description des Microscopes dont je me suis Servi.

Ayant dessein de raporter ce qui ſe peut observer de plus ſingulier, et de plus imperceptible à la ſimple vûë dans divers mixtes, ſoit ſolides ſoit liquides, et ſur tout de décrire les petits Animaux que les yeux armez, d'exelents Microscopes, y apercoivent; J'ay crû qu'aprés avoir préparé des infusions differentes, & même d'autres liquides qui doivent servir de matiere à cette Histoire naturelle, il falloit exposer d'abord toutes les pieces des instrumens que j'ay employez à ces recherches. Ceux qui auront du goût pour ces découvertes, pourront verifier par eux-mêmes mes experiences, & les pousser plus loin que je n'ay fait.

Description & usage des nouveaux Microscopes, dont on peut se servir à la lumiere du jour, ou à celle d'une chandelle.

CHAQUE Microscope me paroît avoir ses usages particuliers; de sorte que je ne pense pas qu'on en puisse inventer aucun qui renferme seul toutes les proprietez de ceux que je vais proposer.

En voicy un qui paroît exemt des défauts qu'on remarque dans les autres, & plus universel que ceux que j'ay vûs : seul, il servira à toutes les experiences qu'on fait ordinairement avec beaucoup d'autres diversement construits; & quoyqu'il paroisse d'abord fort composé, on avoüera qu'il est tres-simple par rapport à la diversité de ses effets; il a même cet avantage, que l'on peut comprendre en un instant la maniere de s'en servir, dans l'examen d'une infinité de nouveaux objets tres-agréables à la vûë, & tres-propres à prouver la puissance infinie du Createur, en exposant à nos yeux tant d'especes d'animaux, qui sont peut-être un million de fois plus petits que le ciron, que l'on peut regarder comme l'Elephant de la plûpart de ces insectes.

Planche 1. Ce Microscope représenté tout entier en A, est composé de quatorze à quinze pieces principales.

Planche 2. B, qui en est le profil, fait par la section d'un plan qui l'a divisé en deux parties égales, pour en faire voir le dedans, & les differentes épaisseurs des pieces qui le composent.

C, est la representation d'un manche qui se monte à vis sous le petit canon cilindrique du Microscope, où l'on a soudé une virole dans laquelle il y a un écrou, comme on voit dans le profil B.

D, est le dessein d'une petite boëte ou porte-lentille.

E, en

E, en eſt le profil; F, l'entrée; & G, le deſſous, où il y a un petit rebord pour ſoutenir un diaphragme qui doit porter la lentille marquée 2.

1, eſt une virole au bord ſuperieur de laquelle on a reſervé une moulure pour la tenir plus facilement; elle eſt refenduë en quatre differens endroits également eſpacez, pour faire l'effet d'un reſſort.

3, eſt le plan du deſſous de cette virole : ſon uſage eſt de retenir la lentille qui ſe met dans la boëte D, & de l'y affermir entre deux petits diaphragmes de plomb placez au centre.

H, eſt une platine vûë par devant, au milieu de laquelle il y a un trou de quatre lignes de diametre, pour recevoir pluſieurs boëtes l'une après l'autre, comme D, dans chacune deſquelles il y a une lentille, dont le foyer eſt different de celuy de chacune des autres; ce qui eſt tres-avantageux pour réüſſir dans les diverſes obſervations que l'on ſe propoſe de faire.

I, repreſente la même platine vûë par derriere; L, eſt le profil de la platine H, où on voit l'épaiſſeur de la queuë qui y eſt rivée & ſoutenuë par une roſette, comme on le remarque au bas de la platine H, où eſt ſon profil L.

M, eſt le deſſein d'un verre taillé en forme d'un quarré long, creuſé ſpheriquement au milieu, pour porter les gouttes de liqueurs qu'on y met, en ſorte qu'on puiſſe aſſez l'approcher de la lentille.

Ce verre M, qu'on peut nommer porte-objet, & qui doit avoir tres-peu d'épaiſſeur dans le milieu, eſt taillé en biſeaux des deux côtez les plus longs, afin qu'il entre juſtement dans une couliſſe repreſentée ſur la platine N; & qu'il y ſoit encore retenu, ſi l'on veut, par un levier à reſſort qui s'appuye deſſus; ainſi qu'on le voit exprimé dans le deſſein marqué N, & mieux encore dans ſon profil P O.

O, eſt le plan tout uni du derriere de cette même piece N.

P, eſt le profil du reſſort de la couliſſe, où l'on fait entrer les portes-objets, qui doivent être differens & nombreux, pour faire voir en peu de tems pluſieurs ſortes de choſes.

Q, est le dessein d'une autre piece vûë par devant, qu'on peut nommer porte-pincette, à cause qu'on y en peut mettre plusieurs l'une après l'autre; tenant l'une un poux, l'autre une puce, &c. que l'on conduit vis-à-vis de la lentille du Microscope, pour y être observée de tous côtez, par les mouvemens divers de la pincette, qu'on y tourne comme on veut; soit en l'avançant, soit en la reculant.

Planche 3.

Planche 3.

R S, est le profil de la pincette qu'on voit arrêtée sur la piece marquée Q.

T, T, T, T, sont differens desseins de plusieurs pincettes à ressort, plus commodes que la précedente, pour pincer facilement les petits insectes vivans ou morts qu'on y veut attacher. X, est la representation d'une platine soudée par le bas au petit canon cilindrique. Cette piece a deux ouvertures, la plus grande est de onze lignes de diametre; on y voit l'autre representée dans sa juste grandeur, & dont les usages seront cy-après expliquez.

V, X & Z, sont trois pieces qui doivent être jointes & attachées ensemble, de chacune desquelles il faut donner une idée assez claire pour en faire comprendre la méchanique & l'usage.

V, est le dessein de la premiere des trois pieces dont je viens de parler, vûë par devant; elle a une ouverture ronde de six lignes de diametre, & trois petits écrous autour d'elle, également espacez: & sur le même plan on y a rivé deux pieces un peu élevées pour former une coulisse.

Au derriere de cette même piece marquée par Y, & tout à l'entour de son ouverture, on y a fait une élevation en forme de parapet ou d'une virole épaisse d'une ligne, qui se loge & tourne librement dans l'ouverture ronde de la platine X.

Cette platine X, qui est la seconde & la plus grande des trois pieces qui doivent être liées ensemble, a onze lignes de diametre pour son ouverture.

Z, est la troisiéme qui est toute ronde par ses bords, & de peu d'épaisseur, aussi-bien que les deux précedentes; elle est vûë seulement du côté posterieur du Microscope, & cachée du côté où sont les ressorts d'acier, dont nous parlerons bien-tôt. L'ouverture qui eſt au milieu n'a que ſix lignes de diametre : il y a vers le bord de cette circonference trois petits trous qui répondent juſtement aux trois écrous de la platine V.

On a de plus pratiqué autour de cette platine Z, & vers le bord exterieur de ſa circonference, un petit canal de deux lignes de largeur, & de peu de profondeur, pour y loger à des diſtances égales trois petits reſſorts d'acier trempez, qui ſont fixez par un bout ſur le fond de ce canal.

Cela ſuppoſé, il faut maintenant aſſembler ces trois platines; & pour cet effet, appliquez le derriere Y de la platine V ſur le devant de la platine X; & celle qui eſt marquée Z, ſur le derriere de la même platine X, en ſorte que les reſſorts la touchent, faiſant auſſi répondre les trois trous de l'une aux trois trous de l'autre; & arrêtant enſuite ces trois platines ainſi poſées, avec trois petites vis, on aura le mouvement de la piece V, doux, égal & uniforme, en ſorte qu'elle demeurera fixe dans tous les endroits où il ſera néceſſaire qu'elle reſte.

&, repréſente le deſſein d'une piece compoſée d'un petit canon cilindrique, d'une autre piece à couliſſe, d'une virole au-dedans de laquelle il y a un écrou pour y faire entrer à vis le manche qui ſert à ſoutenir le Microſcope entier; & enfin d'une petite rouë marquée b, au milieu de laquelle il y a un écrou. Planche 4.

a, eſt la repréſentation du profil de toutes les pieces dont nous venons de parler dans le deſſein marqué &.

c, eſt le plan de la largeur du reſſort attaché interieurement au-dedans du canon, par le moyen de deux petites vis, dont on voit les têtes & le corps dans le profil a.

5, 6, 7, ſont trois deſſeins d'une même piece creuſe, qui eſt faite en forme d'un parallelepipede rectangle, à laquelle on a attaché un reſſort qui regne le long de ſa partie ſuperieure, comme on voit en la figure 6, & une vis à ſon extrémité qui entre dans l'écrou de la rouë b, dont l'uſage eſt d'approcher ou d'éloigner les objets de la platine H, par un mouvement uniforme.

5 & 7 ſont deux profils de cette même piece; l'un de ces

profils marqué 7, fait voir le dedans de la piece, & l'autre qui est representé par le chiffre 5, la fait voir par le côté & par dehors, afin de voir l'épaisseur du ressort.

d, est la representation d'un gros canon, garni par dedans d'un tuyau de velours ou de drap noir, & de deux diaphragmes appliquez à ses extrémitez.

e, est le profil de ce gros canon cilindrique : f & g, en représentent les diaphragmes.

h, est une espece de virole ou de boëte ouverte des deux côtez, qui sert à arrêter les diaphragmes de diverses ouvertures, qui se placent à l'extrémité objective du gros canon, auquel sont attachez deux tenons à jour, par où passe une espece de regle à coulisse, soudée à la partie superieure du petit canon &. Entre les deux tenons de ce gros canon cilindrique, on apperçoit un petit ressort d'acier trempé, dont l'usage est de rendre le mouvement du canon plus égal.

La plus grande partie des pieces de ce Microscope se peut faire d'argent ou de laiton. Les portes-objets doivent être faits de beaux morceaux de glace des plus transparens, & des mieux choisis. On peut aussi en faire quelques-uns de carton, ouvert par le milieu, ou de quelqu'autre matiere qui convienne aux divers objets qu'on y veut mettre, comme aîles de mouches, plumes menues de serins de canarie, &c.

Nous avons negligé de déterminer par des mesures particulieres, la grandeur de chaque piece de ce Microscope; parce que les Figures les représentent assez bien & assez juste, dans les mêmes proportions que Monsieur le Febvre, tres-habile Ingenieur pour la construction des instrumens de Mathematiques, les a executées.

Des usages de ce Microscope.

JE n'aurois jamais fait si je voulois rapporter tous les usages de ce Microscope; c'est pourquoy, pour ne pas entrer dans un détail trop long, je me contenteray de dire en general, qu'on le peut employer tres-avantageusement à l'examen des petits animaux, de leur sang, & des autres liqueurs contenuës dans leurs differens vaisseaux ; & [illegible] la découverte des moindres particules, tant des mineraux que des plantes, où l'on apperçoit une infinité de choses nouvelles dans leurs graines, dans leurs tiges, dans leurs feüilles, dans leurs boutons, dans leurs fleurs ; & enfin dans toutes les infusions de chacune de ces parties, ou de plusieurs ensemble, dont la moindre goutte contient souvent une multitude prodigieuse de créatures vivantes d'une petitesse qui échape aux meilleurs yeux destituez du secours de l'art.

Lorsque l'on se propose d'examiner quelques-unes des liqueurs dont il est parlé dans cette Histoire, il faut enfoncer le petit bout d'un menu bâton, ou l'extrémité la plus menuë d'une plume, jusqu'à profondeur de deux lignes au plus, & vers les bords du vaisseau, y faisant même toucher ce bout de plume, pour le porter ensuite chargé d'un peu de liqueur sur le milieu du concave fait sur le porte-objet de verre engagé dans la coulisse, de la piece du Microscope marquée Planche I.
N, qui est décrite cy-devant : par ce moyen une partie du peu de la liqueur, qui s'étoit attachée au bout de la plume, coule dans cette cavité du porte-objet, & y forme une goutelette du diametre d'une ligne ou environ, qui paroît au Microscope comme un lac d'une vaste étenduë, dans lequel on voit nager une quantité surprenante de tres-petits poissons de diverses grosseurs, figures & mouvemens.

Nous expliquerons plus loin une nouvelle maniere d'appliquer le vinaigre sur le porte-objet du Microscope, plus convenable que celle-cy, parce qu'on y peut mettre tres-facilement beaucoup plus d'anguilles ; nous dirons seulement icy que les lentilles qui grossissent le plus sont les moins propres à observer ces insectes, à cause que la grandeur monstrueuse sous laquelle ces lentilles les font paroître, empêche de les voir toutes entieres ; de sorte qu'il suffit de les observer avec une lentille d'environ une ligne & demie de foyer, pourvû qu'elle soit excellente.

Nous avons déja dit que les poux, les puces, & d'autres animaux de pareille grosseur, pouvoient s'y observer tout vivans, par le moyen des pincettes qu'on ajoûtoit à la platine marquée Q, & nommée porte-pincettes ; & nous ajoûtons de plus, que ces mêmes insectes peuvent être enfermez en un des portes-objets de verre creusé spheriquement, & couvert d'une lame fort mince de verre ou de talc, afin de les empêcher de sortir de leur prison.

Pour faire tenir ce couvercle plat & transparent sur le concave, on se servira d'un peu d'eau gomée, ou de la simple humidité de l'halene qu'on y poussera de près.

On peut encore attacher ces especes d'insectes, comme les mites de fromage, les fourmis, &c. sur un petit verre plan, ou sur un concave de même matiere, au moyen d'un peu d'eau gomée dont on le moüille legerement avec un pinceau, ou avec le bout du doigt.

Les cheveux, les aîles de mouches, les petites plumes des oiseaux, &c. se peuvent attacher à des portes-objets de carton fin percez à jour, qui entrent dans la coulisse de la platine N, où est attaché le petit levier à ressort qui les y fixe, pour y être plus facilement observez.

Planche 2.

Les mouches, & d'autres animaux de semblable petitesse, s'y peuvent observer toutes entieres, en les traversant d'une aiguille, & les regardant dans cet état avec une lentille d'un foyer proportionné au volume de ces animaux.

Les rubans & les étoffes de soye s'attachent en petits morceaux à l'une des pincettes dont on a parlé, ou au bout d'un poinçon emmanché, qui doit entrer dans le petit bras cilindrique & creux du porte-pincette.

Les grains de sable, les petites graines, la poussiere qu'on trouve dans les fleurs, & generalement tous les corps durs de pareille grosseur, transparens ou non, s'y peuvent aussi voir & observer tres-exactement.

Les grains de sable y paroissent diversement, selon les differentes façons de les préparer pour les y regarder.

Premierement, on les peut répandre sur le concave ou porte-objet, humecté simplement de l'halene, en observant de n'y en mettre qu'autant qu'il y en faut pour n'être pas les uns sur les autres, & les regarder avec une lentille de deux lignes de foyer seulement; tantôt au jour, & tantôt à la lumiere d'une chandelle; car de ces lumieres differentes il naîtra differentes sensations.

Secondement. Si sur ces mêmes grains de sable vous y faites tomber une petite goutte de vinaigre, dans lequel il s'y trouve des anguilles, elles vous fourniront un nouveau spectacle assez divertissant, par rapport à l'embarras où elles se trouvent de se dégager d'entre les masses de rochers formées par ces grains de sable qui leur tombent sur le corps, par les secousses qu'elles leur donnent, en les écartant les uns des autres, pour se faire un passage libre.

Troisiémement. Mais comme cette préparation du grais, ou du sable mis seul sur le concave du verre, ou avec les anguilles, demande beaucoup d'adresse pour éviter qu'il ne se fasse des rayes sur ce concave ou porte-objet, qu'il faut tâcher de conserver le plus long-tems qu'il est possible, à cause de la difficulté qui se trouve à le bien faire; j'ay jugé à propos de chercher un autre moyen de donner le même plaisir, en évitant le danger dont je viens de parler.

Pour cet effet il n'y a qu'à se servir d'un porte-objet fait d'une lame de laiton, au milieu de laquelle on fait un trou d'une demie ligne de diametre, dans lequel vous mettrez une petite goutte de vinaigre, que vous pourrez observer seule, ou avec les grains de sable, en les y répandant en petite quantité.

Quatriémement. Ces grains de sable se peuvent encore observer, en les mettant sur un porte-objet d'ébene noire, fait comme une petite dame, au bord de laquelle on y a reservé deux petites élevations qui les empêchent de tomber, & un petit trou fait dans l'épaisseur de cette piece, où l'on fera entrer un manche d'argent ou de laiton, qui servira à la tenir comme en l'air, en le fourrant dans le bras du porte-pincette, & regardant ce qui sera dessus ce porte-objet de haut en bas, comme on regarde ordinairement les mêmes choses avec un Microscope à trois verres; puis comparant cette façon de voir à la précedente, on remarquera plusieurs circonstances qui feront peut-être le sujet d'une dissertation assez propre pour nous instruire de plusieurs faits nouveaux sur l'optique.

Toutes les graines & les autres corps d'une certaine grandeur se placeront de même, en observant de mettre sur une dame noire ceux qui seront blancs, & ceux qui auront de la transparence, & les opaques sur une autre dame blanche.

CHAPITRE II.

Description d'un autre nouveau Microscope à liqueurs.

CE Microscope, quoyque de petit volume, ne laisse pas d'être un des plus commodes que l'on ait jusqu'à present inventé; & principalement en ce que le porte-objet conserve à l'égard de la lentille le même point de distance qui ne se dérange pas, en y mettant de la liqueur nouvelle. Il est composé d'environ quinze pieces que l'on a dessinées separement, afin d'en mieux faire connoître la construction & l'usage.

Planche 5. La Figure A est la représentation du Microscope entier, composé de toutes ses parties.

B, est une piece d'ébene façonnée, vûë par-dessous, & percée à jour dans son milieu; comme il paroît dans son profil D, où l'on voit un petit rebord x x, abaissé au-dessous de son plan inferieur, plus ou moins haut, selon l'épaisseur de la lentille qu'on y veut arrêter.

Cette piece d'ébene, dont le dessous est vû en B, pour exprimer non-seulement le plan qui s'applique sur la piece marquée F, de laquelle on va parler, mais aussi la largeur du rebord x x, celle de la virole, & l'un des deux diaphragmes de plomb qui doit couvrir la lentille, font ce qu'on nomme ordinairement le porte-lentille, dont le circuit x x doit entrer avec justesse dans l'ouverture pratiquée en F, & s'y arrêter ainsi montée par le moyen de deux petits tenons tournans, qui se peuvent remarquer à droit & à gauche de cette piece F.

Il est à propos d'avoir deux montures d'ébene ainsi construites, & de les garnir de lentilles d'inégales convexitez, pour augmenter plus ou moins l'apparence des objets.

La Figure E ou F, represente une plaque de laiton, qui doit

doit être attachée avec deux vis sur le corps du Microscope, comme on le peut voir en A.

Cette même piece est vûë en F par-dessus, & en E par le dessous, où l'on voit le ressort courbé qui y est attaché avec deux petits rivez.

Ce ressort que l'on a separé de la piece E, est representé tout seul au-dessous de la lettre H; le corps de ce Microscope, qui est une virole de laiton assez épaisse pour pouvoir être vissée par dehors, & avoir un écrou en dedans, est représenté par la Figure O ou N : il doit avoir deux petits bras qui débordent la circonference de son extrémité superieure, pour y attacher la piece E avec deux petites vis, comme elle paroît dans cette Figure N.

Cette même virole, au bas de laquelle on a fait une vis, doit aussi avoir un écrou en dedans qui luy réponde, comme on le peut remarquer dans son profil N; elle doit aussi avoir deux ouvertures quarrées à ses côtez opposez, de la largeur chacune d'un peu plus du quart de son circuit, pour recevoir la piece de laiton représentée en T M, qui y doit hausser & baisser librement, lorsqu'elle est poussée par la piece representée en Q, ou repoussée par le ressort H; & c'est entre cette piece & le ressort que se place le porte-objet creusé spheriquement, de maniere que la concavité de ce verre soit tournée vers la piece R, dont je parleray bien-tôt.

La Figure Q est une autre virole dans laquelle il y a un écrou pour recevoir la vis de la piece O, qui est le corps du Microscope.

Cette virole a un rebord dentelé, pour empêcher que les doigts ne glissent dessus en la tournant. Cette piece étant mûë en un sens, force le ressort, & pousse la plaque T M vers F; & par consequent approche de la lentille le porte-objet qu'elle soutient, & qui s'éloigne au contraire de cette même lentille, en tournant la virole Q d'un autre sens.

La Figure marquée par la lettre P, est le profil de la virole dont on vient de parler, où l'on voit un écrou en dedans.

S, représente un canon cilindrique d'ébene tres-noire, façonné au tour & enrichi de quelques moulures, ayant environ vingt lignes de longueur : il eſt percé à jour, d'un bout à l'autre, pour laiſſer paſſer la lumiere, comme on le peut remarquer par ſon profil marqué R. Il y a une vis à l'un de ſes bouts qui doit entrer dans l'écrou interieur du corps du Microſcope, & à l'autre bout quelques moulures qui ne ſervent que d'ornemens, & un petit enfoncement qu'on y a pratiqué, pour y arrêter un diaphragme marqué V, au milieu duquel on fait un trou plus ou moins grand, ſuivant le plus ou le moins de lumiere qu'il faut, pour bien voir les objets qui font tout le ſujet de notre attention.

Pour ſe ſervir de ce Microſcope, la lentille étant arrêtée où nous avons dit qu'elle devoit l'être, & le porte-objet I placé entre la piece T M & le reſſort ; il n'y a qu'à ôter le canon S, & dans le milieu du concave qui ſe preſente, mettre avec le bout d'une plume un peu de la liqueur où ſont les animaux que l'on veut obſerver ; puis ayant remis le canon, approcher ou éloigner le porte-objet de la lentille, en tournant ou détournant la virole Q, juſqu'à ce qu'il ſoit au foyer.

CHAPITRE III.

Deſcription d'un troiſiéme Microſcope à liqueurs.

Planche 6. A, Repréſente le Microſcope tout entier vû de côté. B, eſt le profil de ce Microſcope, fait par la ſection d'un plan qui diviſe toutes ſes parties en deux également, pour en voir les diverſes épaiſſeurs.

C, eſt le deſſein du même Microſcope vû par-devant.

a, a, a, a, repreſentent quatre deſſeins du porte-lentille, dans l'un deſquels il eſt vû de côté ; dans un autre il eſt vû par-devant ; & les deux autres en ſont des profils, vûs dans deux ſituations differentes, l'une verticale, & l'autre horiſontale.

b, eſt une platine de laiton bien dreſſée des deux côtez, un peu recourbée par en bas, & ouverte par le haut d'un grand trou rond où s'enchâſſe le porte-lentille, qu'on y arrête fermement par le moyen de deux petits tenons, rivez & mobiles au-devant de cette platine.

On a auſſi rivé ou ſoudé au bas de cette même platine, une vis d'acier d'environ quinze lignes de longueur, & de deux lignes au moins de diametre, qui s'engage à angles droits dans l'épaiſſeur de cette même piece.

c, c, c, c, eſt la repreſentation du profil & des plans les plus larges d'un reſſort d'acier trempé, & recourbé à peu prés comme ſont les pincettes de même matiere qui ſervent à arracher le poil, & duquel les branches inégales contribuent à approcher & à éloigner parallelement au porte-objet f, la platine b. Ce reſſort qui n'eſt attaché à aucune des pieces du Microſcope, s'y applique pourtant tres-avantageuſement, comme on le va dire.

On fait entrer le bout recourbé de la branche la plus courte de ce reſſort dans une entaille ou fente faite vers l'extrémité ſuperieure de la virole, où s'engage le manche du Microſcope. Et l'autre bout recourbé du même reſſort entre dans deux petites coches taillées aux côtez du bas de la platine marquée b.

d, d, d, eſt une ſeconde platine qui fait l'office d'un reſſort, fenduë en ſa partie ſuperieure, ouverte par ſon milieu d'un grand trou rond, coudée un peu au-deſſous de ſon extrémité d'en-bas, où elle eſt entaillée en demy cercle, pour embraſſer la moitié du petit canon cilindrique, étant arrêtée d'ailleurs par une vis qui ſe fait voir entre les deux canons du profil B, de tout le Microſcope.

e, e, e, e, repreſentent une troiſiéme platine, ouverte comme la précedente dans le milieu de ſa plus large partie, étant ſoudée par ſa baſe à la virole qui reçoit le manche du Microſcope.

On voit au bas de cette même platine e, un petit canon cilindrique & creux, d'environ huit à neuf lignes de longueur, & de deux ou trois lignes au plus de diametre; on l'y voit appliqué à angles droits & ſoudé: il eſt de plus traverſé de bout en bout d'une vis attachée à la platine b.

Au derriere de la platine e, on y voit deux petits tenons en forme de crochets, qui ſervent à arrêter fermement le gros canon au bout duquel on met les diaphragmes de diverses ouvertures.

f, est le porte-objet de verre, plan d'un côté, & concave de l'autre, pour y appliquer les liqueurs & les autres objets que l'on veut observer.

Ce porte-objet se fourre entre les deux platines d, e, de maniere que le côté plan regarde la lentille; & dans cette situation on le peut mouvoir selon le besoin.

g, g, g, est une petite roüe dentelée, servant d'écrou à une vis attachée à la platine b, dont l'usage, joint à celuy du ressort, est d'approcher & de reculer la lentille de l'objet.

h, h, h, h, est un gros canon d'ébene qui sert de diaphragme, & qui se monte derriere la troisiéme platine e, à peu près comme le couvercle d'un sucrier, sur le sucrier même.

Des Desseins aussi corrects & aussi élegans que le sont ceux-cy, de toutes les diverses pieces qui composent ce Microscope, ne me paroissent pas avoir besoin d'une plus ample explication, particulierement si l'on se ressouvient de ce que nous avons déja dit de quelques pieces qui entrent dans la composition des Microscopes précedens, lesquelles sont semblables, ou ont beaucoup de rapport à celles de celuy que je viens de décrire.

CHAPITRE IV.

Description & usage d'un quatriéme Microscope tres-simple.

Planche 7. ABC, sont les profils des trois pieces DEF, qui composent le Microscope, que je fais ordinairement d'ébene.

La piece E du milieu, qu'on peut nommer le corps du Microscope, contient deux écrous, l'un superieur, & l'autre inferieur, qui se découvrent dans son profil B, pour recevoir les vis des pieces DF.

C, est le profil d'une autre piece percée à jour, sur laquelle il y a une vis, & un verre qui est concave d'un seul côté, dont l'usage est de porter les objets qu'on met dessus pour y être observez.

A, est le profil d'une autre piece, où l'on voit une vis qui se monte dans l'écrou superieur de la piece du milieu marquée B. Cette piece A peut être appellée porte-lentille; parce qu'on y en met une entre deux diaphragmes representez en G, G; & on les y fixe avec une petite virole de laiton H, qui fait ressort.

Cette lentille I étant ainsi portée proche de l'œil, fait découvrir un champ d'autant plus grand, qu'elle en est prés. Il ne faut pourtant pas que ce verre soit si proche de l'œil, qu'il en puisse être terni par la transpiration de cet organe.

Il y a un trou au-dessus du porte-objet F, d'environ une ou deux lignes de diametre, qui permet le passage aux rayons de lumiere qui servent à éclairer les objets que l'on met sur le concave F.

Le diaphragme de laiton ou de plomb qui se met entre la lentille & l'œil, doit avoir une ouverture proportionnée au foyer de cette lentille; & il faut qu'elle soit d'autant plus petite que la lentille aura moins de foyer.

Je mets aussi souvent un semblable diaphragme O, au-dessous du concave F, & j'en proportionne l'ouverture aux experiences que j'en veux faire, & au plus ou moins de foyer de ce concave, & même à la transparence plus ou moins grande des objets placez au concave F, où on les attache differemment. Par exemple, si vous y voulez mettre du sable, de menues graines, ou quelques poudres transparentes, vous les y ferez suffisamment tenir, en humectant de votre haleine ce porte-objet.

Les aîles de mouches ou leurs pattes, les fourmis, les poux, les puces, les mittes de fromage, les plus petites plumes des oiseaux, les cheveux, &c. s'y arrêtent avec un peu d'eau gomée, ou quelque chose d'équivalent, qu'on y applique en petite quantité, & aux endroits convenables.

On peut aussi enfermer des animaux vivans, comme des mittes avec leurs œufs, entre le concave F & un verre plan des deux côtez, qui soit de peu d'épaisseur.

Le ſang des animaux s'y met tout chaud, avec le plus petit bout d'une plume à écrire.

Les gouttes de l'eau des huiſtres à l'écaille, & toutes les infuſions qui contiennent des animaux aſſez gros pour y être vûs, s'y attachent pareillement d'elles-mêmes.

Les anguilles de vinaigre ſe prennent & s'y mettent avec un petit tuyau de verre en forme d'antonnoir, de la grandeur & de la figure qui eſt icy repreſentée; ce qui ſe pratique tres-facilement en cette ſorte. J'enfonce dans le vinaigre la partie MN de l'antonnoir, & après l'avoir poſée ſur mon concave, j'y fais deſcendre la petite goutte de vinaigre contenuë dans l'eſpace MN, en boûchant la plus large ouverture avec le doigt, pour preſſer l'air contenu depuis L juſqu'en M, après quoy on met ainſi ce vinaigre aſſez près de la lentille pour y voir les anguilles à loiſir; puiſque cette goutte doit être aſſez groſſe pour n'être évaporée qu'en une heure ou environ dans un tems temperé.

On peut, ſi l'on veut, les y conſerver durant ſept ou huit jours en eſté, & pendant quinze en hyver, en mettant ſur le concave où elles ſont un petit verre plan des deux côtez, qui empêchera que ce peu de liqueur ne s'évapore entierement durant tout ce tems-là, & donnera lieu à un ſpectacle des plus curieux, par les differentes choſes qu'on y verra, & dont nous devons parler dans la ſuite de cet Ouvrage.

Pour faire auſſi que ce Microſcope ſerve à diſtinguer les petits objets qui ne ſont pas tranſparens, & à les obſerver comme on le fait avec les Microſcopes à deux ou à trois verres; il n'y a qu'à faire une ou deux ouvertures quarrées à côté de la piece E, qui ſert de corps au Microſcope, & mettre ces objets ſur le concave, ou ſur un autre porte-objet qui leur conviennent, tournant au jour l'une de ces ouvertures.

On peut tourner pluſieurs pieces ſemblables à celle qui ſe voit marquée par F, & garnir de differens petits corps choiſis tous les portes-objets comme F qui doivent les ſoutenir, & être aiſément ſubſtituez les uns aux autres, afin de faire voir plus promptement à une ou à pluſieurs perſonnes ce qu'on y aura appliqué.

Ce n'eſt pas une neceſſité de multiplier les portes-objets, il ſuffira d'en avoir ſeulement deux, ſçavoir un pour y fixer le verre concave C, & l'autre marqué F, qui ait un petit rebord pour mettre dedans pluſieurs cartons ſur leſquels on aura arrêté divers objets, que l'on placera l'un après l'autre ſur la piece marquée F, afin de les y obſerver.

Le deſir que j'ay eu de ſatisfaire la curioſité de pluſieurs perſonnes de merite, & la neceſſité où je me ſuis trouvé de tranſporter dans des lieux éloignez quelques-unes des infuſions, dont je parle dans la ſeconde Partie de ce Traité, pour y faire voir dans la moindre goutte de chacune les divers animaux qu'elle contenoit, m'ont obligé de chercher une invention commode pour ſervir à ce tranſport.

En méditant là-deſſus il ſe preſenta pluſieurs moyens, dans chacun deſquels je trouvois des défauts conſiderables, qui ne me permettoient de m'en ſervir, que parce que de meilleurs me manquoient. Je deſirois toujours d'en trouver un, tel que le vaiſſeau où ſeroit la liqueur fut fort petit, & débouché même dans le tranſport, ſans pourtant que la liqueur qu'on y auroit miſe en pût ſortir d'elle-même, en quelque ſituation qu'il ſe trouvât; que ce vaiſſeau fût facile à préparer, & enfin ſi commode qu'avec peu d'adreſſe on pût facilement garnir de liqueurs les portes-objets des Microſcopes dont je me ſers.

Toutes les conditions de ce Problême me parûrent d'abord tres-difficiles à remplir; & je puis aſſurer qu'il n'y eût que la néceſſité où j'étois d'en venir à bout qui fut capable de m'obliger à pourſuivre mes recherches. Et enfin je m'aviſay d'une machine la plus ſimple & la plus aiſée de toutes celles qu'on pourroit fabriquer pour l'uſage auquel on la deſtine.

P Q, eſt le profil d'une petite phiole de verre à long col, faite par un Emailleur : elle a environ trois pouces de longueur, & la boule ſix lignes ou environ de diametre : l'ouverture de l'extrémité P eſt d'une bonne demie ligne, & cela ſuffit pour empêcher la liqueur d'en ſortir d'elle-même.

Maintenant pour faire entrer la liqueur dans une de ces

petites machines, qu'on peut regarder comme une eſpece particuliere de Thermométre ; il faut fourrer en dedans un fil de laiton R S, plus menu que ſon ouverture, après l'avoir moüillé dans toute ſa longueur, en ſorte qu'y étant enfoncé, ſon extrémité d'en-haut ſurpaſſe de deux lignes l'ouverture qui eſt en P, afin qu'ayant plongé le menu bout du petit antonnoir dans la liqueur dont on veut garnir le Thermométre, on porte enſuite ſur l'extrémité R du fil ce même bout N par où la liqueur s'eſt inſinuée à la hauteur M N, de deux ou trois lignes, de maniere que ce fil de laiton y entre ; puis preſſant du doigt l'ouverture ſuperieure de l'antonnoir, l'on fera deſcendre la liqueur dans le Thermométre P Q; ce qui ſe reïtérera autant de fois qu'on le jugera à propos : & ce Thermométre ainſi préparé ſe pourra tranſporter par tout.

Lorſque l'on voudra garnir d'une goutte le concave ou porte-objet du Microſcope, il n'y aura qu'à poſer le bout P du Thermométre dans ce concave, & envelopper ſa boule avec les doigts, afin qu'en échauffant & rarefiant quelque peu l'air qu'elle contient, il en puiſſe faire ſortir un peu de liqueur. Et il faut remarquer que quand on aura mis du vinaigre, par exemple dans l'un de ces Thermométres, il n'y faudra pas mettre d'autre liqueur, parce que la ſeule vapeur du vinaigre feroit mourir ſubitement les petits inſectes de cette liqueur.

Enfin ſi l'on veut que ces petits Thermométres ſervent pluſieurs fois, il faudra en faire ſortir la liqueur qui y ſera reſtée après s'en être ſervi durant quelque tems ; parce que venant à s'épaiſſir par l'évaporation, ce qui reſtera ne manqueroit pas de faire une craſſe aſſez épaiſſe pour rendre cette petite machine incapable de ſervir une autre fois.

CHAP.

CHAPITRE V.

Construction d'un cinquiéme Microscope à liqueurs, par le moyen duquel on pourra employer des lentilles soufflées, & de celles qui ne le sont point, depuis les plus petits foyers jusqu'aux plus grands.

CE Microscope, qui se voit representé tout entier en A, y est vû à peu près de la grandeur que nous l'avons construit; il est à la verité un peu plus composé que le précedent; mais il a en récompense de plus grands usages, comme il sera facile de le comprendre par l'explication que nous en allons donner. Planche 8.

La premiere piece de cet instrument contient deux vis, dont les pas sont égaux : elles sont faites sur des cilindres de differens diametres, comme on le peut voir dans le profil marqué I.

Cette piece, qui est creusée interieurement dans toute sa hauteur, a deux diaphragmes, l'un en B & l'autre en C, afin de ne laisser passer que les rayons de lumiere qui la traverseront directement par le milieu de C en B.

La seconde piece marquée 2 est cilindrique & creuse dans toute sa hauteur, qui n'est pas considerable; puisque trois lignes au plus suffisent pour y faire un écrou d'un pas de vis semblable & égal à celuy de la plus petite vis de la premiere piece sur laquelle cet écrou doit être monté.

E, represente le profil d'un verre concave d'un côté, & plat d'un autre; si mince à l'endroit creusé, qu'il n'y ait pas plus d'épaisseur de verre, que la lentille la plus convexe dont on se servira aura de foyer.

On attache ce verre concave, ou une feüille de talc bien transparente, avec un peu d'eau gomée, en sorte que le côté plat du verre concave soit exterieur; ainsi qu'on l'a representé en E : il est à propos d'avoir au moins deux pieces semblables & égales à cette seconde, l'une qui porte un morceau de talc, & l'autre un verre plan concave, pour servir à diverses experiences.

3, est une autre piece cilindrique creuse, & assez haute pour faire qu'étant montée à vis, au moyen d'un écrou qu'on y aura formé, sa base L L puisse descendre jusqu'au dernier pas qui est sous m m, diametre de la plus grosse vis faite sur la premiere piece, aprés avoir monté la seconde sur la plus petite vis qui est au haut de cette premiere piece; de sorte qu'elle sert comme de surtout aux pieces précedentes 1. & 2.

On pratique au haut de cette piece un rebord tres-mince & fort ouvert dans son milieu, comme on peut voir en G G; afin que ce peu d'épaisseur n'empêche pas d'approcher assez la lentille des objets que l'on voudra observer.

La quatriéme piece est un porte-lentille qui a peu d'épaisseur; il est percé d'un trou rond d'une grandeur convenable à la lentille, & aux pieces qui luy servent de monture.

Quand les lentilles sont d'un long foyer, par exemple de deux à trois lignes, on les y monte à peu prés comme nous l'avons dit dans l'explication du Microscope précedent; & lorsqu'elles sont d'un tres-court foyer, il les faut arrêter entre deux petites platines de laiton gratté tres-mince, ou entre deux platines de plomb qui soient de peu d'épaisseur, & qui se colent l'une contre l'autre vers les bords en dedans avec un peu d'eau gomée, ou plutôt avec de la cole dont les Menuisiers se servent.

Cette monture se doit enchâsser dans une petite piece d'ébene tournée proprement, qui soit d'un diametre un peu plus grand que celuy de la troisiéme piece, ainsi qu'on la voit representée en la quatriéme Figure, où 1, 1 marquent les extrémitez de tout le diametre de cette piece qu'on applique à l'œil, & dont le milieu H est l'endroit où la lentille est placée.

Tout cela supposé, nous passerons à l'explication des usages de ce Microscope. Si l'on veut premierement examiner les anguilles du vinaigre, il faudra prendre tres-peu de cette liqueur avec la petite machine de verre faite en forme d'antonnoir, dont on a déja parlé, & faire descendre cette goutte dans la concavité du porte-objet de verre attaché à la piece 2, puis monter cette piece sur la plus petite vis de la premiere ; ensuite on mettra le surtout par-dessus, & au haut de celle-cy le porte-lentille marqué 4, que l'on promenera sur G G, avec les deux premiers doigts d'une main, tenant en même tems avec les deux doigts de l'autre l'extrémité D D de la premiere piece, qu'on tournera d'un côté ou d'un autre, afin de mettre les objets qui auront été posez dans le concave, au point de distinction où ils doivent être arrêtez pour y être apperçûs comme il faut ; à l'occasion dequoy il est necessaire d'avertir, qu'on ne voit bien exactement ces animaux, que lorsque toute la goutte de vinaigre est presque entierement évaporée, particulierement si l'on se sert d'une lentille d'un tres-court foyer, à cause de l'extrême vîtesse avec laquelle ils y nagent au commencement que la liqueur est trop fluide.

En second lieu, si l'on veut examiner les animaux des autres liqueurs, il vaut mieux substituer au verre concave la piece où est la feüille de talc, à cause de la difficulté qu'il y a à creuser le verre comme il le doit être, pour bien faire ces sortes d'observations avec les plus petites lentilles.

D'ailleurs, comme il faut moins de liqueurs pour découvrir ces derniers animaux, que pour les premiers, l'évaporation s'en fera plutôt, & l'on ne tardera pas à appercevoir ce qu'il y a de plus considerable dans cette petite portion de liqueur appliquée sur ce talc.

Ce Microscope a cet avantage par-dessus les autres, qu'on peut en un instant connoître exactement tous les foyers de differentes lentilles qu'on y applique l'une aprés l'autre ; & quoy qu'on ne l'ait imaginé que pour les observations des liqueurs, il peut aussi servir à examiner tous les petits corps transparens ; & parce qu'on peut mouvoir aisément la lentille pendant l'observation, on a le plaisir de suivre un animal dans son allure, durant tout le temps qu'il parcourt l'étenduë de la goutte de liqueur qu'on a mise sur le porte-objet du Microscope.

Si l'on veut se servir de ce Microscope pour examiner les cheveux, les aîles de mouches, les grains de sable, les mittes, &c. il faudra faire plusieurs pieces semblables à la deuxiéme, garnie chacune d'une petite feüille de talc bien transparente qui tienne en E, & attacher aussi de même ce qu'on veut voir, y employant les lentilles qui conviennent le mieux à chacun des objets qu'on y aura attachez.

L'on sçaura au reste qu'il y a des objets qu'il faut examiner à la lumiere d'une chandelle, plutôt qu'à celle du jour pour les bien appercevoir.

Que la seconde piece de ce Microscope doit avoir une ouverture assez spacieuse pour pouvoir facilement ôter la saleté que laissent les liqueurs qu'on y avoit mises en experience, tant sur le verre que sur le talc, ce qui s'execute en moüillant d'un peu de salive un petit linge dont on couvre le doigt pour détremper & essuyer ces endroits, qui doivent être tres-nets avant que d'y remettre de nouvelle liqueur.

Et qu'enfin la plûpart des pieces de ce Microscope peuvent être construites d'argent ou de laiton, d'ébene, &c.

Pour peu que l'on fasse de réflexion sur tout ce que nous avons dit de la construction & des usages des Microscopes, l'on jugera de la necessité qu'il y a d'en avoir de plus d'une sorte, si l'on desire de satisfaire pleinement sa curiosité là-dessus.

CHAPITRE VI.

Description d'un sixiéme Microscope à liqueurs, d'une construction fort singuliere, pour mettre en usage les lentilles d'un tres-petit foyer.

LE dessein APO, represente ce Microscope tout entier.

B, est une petite platine d'argent ou de laiton de peu d'épaisseur, au milieu de laquelle est un trou rond d'environ
Planche 9 quatre lignes de diametre.

On voit au haut de cette platine une petite entaille d'une

ligne en quarré, pour loger un tenon dont on va parler. Au milieu du bas de cette platine on y voit une reserve longue d'environ une ligne ou deux, & d'un peu moins de hauteur, pour servir en partie à fixer cette platine sur celle dont je vais parler.

C, D, sont deux diaphragmes de plomb.

E, est une seconde platine un peu plus grande que la précedente, & de même matiere, au milieu de laquelle on a fait une ouverture ronde égale à celle qui a été faite au milieu de la premiere; & au-delà de sa circonference on y a pratiqué un petit rebord creusé dans l'épaisseur de cette platine E, pour y poser les diaphragmes C, D, comme on pose un tableau dans sa bordure.

On voit au sommet de cette même platine, & immediatement sous la lettre E, un petit tenon qu'on peut hausser & baisser, ou le tourner, si on le fait autrement, pour servir à arrêter le haut de la premiere platine B.

Il y a encore au bas de la platine E un petit trou quarré plus long que large, où l'on fait entrer la petite piece recourbée qui a été reservée à l'extrémité inferieure de la premiere platine B; ainsi on arrête fermement les deux diaphragmes C, D, & la lentille du Microscope que l'on place adroitement entre ces deux platines.

Cette seconde platine E, dont on voit l'épaisseur dans son profil au-dessous de G, est soudée à angles droits sur l'extrémité d'un petit canon F, qui doit couler librement & avec justesse dans un autre canon plus court marqué P.

Le canon F est ouvert par-dessous dans toute sa longueur, afin que la vis attachée à la rouë H puisse appuyer sur la fourchette I, qui fait ressort, & tourner en avançant & en reculant, pendant que l'on approche de l'œil, ou qu'on en éloigne la lentille du Microscope.

H, est une rouë au centre de laquelle on a rivé une vis d'environ un pouce de longueur, qui sert à faire mouvoir la platine E, que l'on peut nommer porte-lentille.

I, I, est une piece de laiton ou d'argent, vûë de front à droit, afin que l'on en puisse découvrir la largeur; & de côté à gauche, pour en faire voir l'épaisseur.

Cette piece eſt courbée en équerres, & au-deſſus de ſa courbure on a fait un écrou dans un trou rond, dont on a retranché la partie ſuperieure, pour former du reſte une eſpece de fourchette qui ſe voit à l'endroit marqué I, dont on va parler.

Cette petite fourchette s'introduit par-deſſous la vis R, qui en eſt pouſſée de bas en haut, à cauſe du point d'appuy qu'elle a ſur le haut de la virole du manche O; ainſi cette fourchette fait l'office d'un reſſort attaché par ſon extrémité d'en-bas, au moyen d'une petite vis qui entre dans la virole de ce manche, à l'endroit marqué N.

Le deſſein L, qui eſt à gauche, eſt la repreſentation d'un porte-objet vû par derriere; & celuy qui eſt du côté droit le repreſente vû par devant.

On voit bien par ces deux figures que le verre concave où l'on met la liqueur que l'on veut obſerver, entre à couliſſe dans une piece de laiton ou d'argent de peu d'épaiſſeur, dont la conſtruction en découvre aſſez la méchanique, pour qu'on puiſſe ſe paſſer d'une explication plus étenduë que ce que j'en viens de dire, pour en donner l'intelligence.

Ce porte-objet ſe place au-devant d'une troiſiéme petite platine, au milieu de laquelle (comme au milieu des précedentes) il y a un trou rond.

Cette petite platine eſt ſoudée ſur l'extrémité exterieure du gros canon qui ſe voit immediatement au-deſſous de la lettre A, par le moyen d'une ouverture qu'on a faite à cette platine, & de deux eſpeces d'oreilles qui font reſſort, comme on le peut facilement juger, en jettant pour un moment les yeux ſur les endroits marquez Q, Q, dans le deſſein qui repreſente le porte-objet L.

On voit en M un diaphragme façonné au tour, qui ſe met au bout exterieur du gros canon A de ce Microſcope. Il eſt bon d'en avoir de pluſieurs ouvertures, parce qu'une ſeule ne ſuffit pas toujours pour qu'on puiſſe bien diſtinguer les animaux de diverſes groſſeurs & de diverſes tranſparences.

O, eſt la repreſentation du manche qui ſert à tenir le Microſcope d'une main, pendant que l'on obſerve les liqueurs qui ſe mettent l'une aprés l'autre ſur le porte-objet ou concave de verre representé en L, qui s'approche de l'œil, ou qui s'en éloigne en tournant d'un côté ou d'un autre, avec le second doigt de la même main qui tient le manche du Microscope, la petite rouë marquée H.

Enfin il n'est pas difficile de comprendre, que ce Microscope a encore l'avantage de faire partir le porte-lentille dés le moment que l'on commence à tourner cette rouë H, à cause que le levier I, poussant continuellement la vis R de bas en haut, elle l'empêche d'avoir d'autre jeu que celuy dont elle a besoin pour faire le bon effet que les habiles gens desirent icy.

CHAPITRE VII.

Description & usage d'un nouveau Microscope à tiges, tres-commode pour observer toutes sortes de petits objets, soit de jour ou de nuit, à la lumiere d'une chandelle.

CEtte petite machine est faite de trois ou quatre gros fils de laiton ou d'argent tirez à la filiere, ayant chacun environ trois pouces & demi de longueur, & un peu plus d'une ligne de diametre; de deux doubles équerres; de deux petits ressorts; de plusieurs lentilles de differens foyers, & de quelques autres pieces dont je vais parler. Planche 10.

On voit ce Microscope placé debout sur un petit pied au milieu de cette planche, & environné des pieces qui doivent l'assortir.

La premiere tige E, E, est refenduë pour former une pincette, si commode que chacun s'en peut servir; car en pressant les deux petits boutons qui sont rivez aux branches de la petite pincette, elle s'ouvre facilement, & lorsque l'on cesse de les presser, elle se ferme d'elle-même.

La seconde tige B G est recourbée en équerre, afin qu'elle puisse porter d'une façon convenable les pieces que nous avons nommées portes-lentilles, & les approcher ou éloigner des objets que l'on veut observer,

La troisiéme tige H H porte une pointe d'éguille à l'une de ses extrémitez, pour servir aux divers usages dont je parleray ci-aprés.

Chacune des doubles équerres, que l'on voit en D C D, est percée en trois endroits ; sçavoir, d'un trou bien rond à chacune de ses extrémitez, & d'un autre trou aussi tres-rond dans le milieu.

Ces équerres sont adossées l'une sur l'autre, & attachées ensemble par le moyen d'un clou rond, si bien rivé par ses extrémitez, qu'on les puissent tourner autour de ce même clou, comme on tourne les deux jambes d'un compas autour de celuy qui les lie ensemble.

Les deux petits ressorts courbez en façon d'un arc, sont deux pieces minces de laiton ou d'argent battuës à froid, de la longueur de l'espace interieur compris entre chaque double équerre.

Ces ressorts ainsi courbez doivent être un peu creusez en rond & en long sur leurs extrémitez pour recevoir une partie des tiges, les engager en quelque façon, & les empêcher de couler trop librement dans les yeux des équerres.

Enfin l'on passe deux tiges, par les yeux de chacune de ces équerres, aprés avoir placé entr'eux les ressorts qui doivent pousser ces tiges, & composer ainsi ce qu'on peut appeller le corps du Microscope.

Il faut maintenant parler des autres pieces qui entrent dans la composition de cette petite machine ; pour cet effet, nous dirons premierement que la lentille est un petit morceau de glace bien choisie, taillée de façon qu'elle devienne tranchante par ses bords, afin que l'axe commun à ses deux convexitez soit perpendiculaire aux surfaces convexes de cette lentille.

Le porte-lentille est une piece d'ébene, au milieu de laquelle on a pratiqué un trou rond, que je nomme l'orbite de la lentille, parce qu'il la reçoit & qu'il sert à l'enchâsser ; de même que la partie de notre crâne, nommée de ce nom, sert à enchâsser l'œil qui contient le cristalin, figuré de même que la lentille dont nous parlons, & qui a de semblables proprietez.

Le

Le petit trou qui est au milieu d'un diaphragme de plomb, ou d'une autre matiere convenable, qui se place sur la lentille, & dont la petite ouverture doit être tournée du côté de l'œil, represente la prunelle, parce qu'elle en fait icy l'office.

Le trou qui est fait dans l'épaisseur du bord du porte-lentille, sert à mettre le bout G recourbé de la tige BG.

Le porte-objet simple, representé en I, est une piece d'ébene noire d'un côté, & blanche de l'autre, à peu prés semblable à une dame à joüer, ayant autour de sa circonference une petite élevation en forme de parapet, pour empêcher que le sable, ou quelque petite graine qu'on y aura mise, ne tombe de dessus.

Cette espece de dame est percée dans le milieu de son épaisseur; & le trou rond qu'on y a fait est rempli d'une petite cheville de liege, pour y enfoncer la pointe d'une grosse aiguille que l'on voit representée au bout de la tige HH.

Le porte-objet MNO, qui doit servir à l'examen des animaux qui se trouvent dans les liqueurs, est un petit tuyau cilindrique d'un pouce ou environ de longueur, & de huit à neuf lignes de diametre, garni comme on le va dire.

L'une des extrémitez de ce tuyau, & la plus éloignée de l'œil, est bouchée d'une piece de bois dur, au milieu de laquelle on a fait un petit trou rond d'environ une ligne de diametre, pour servir de diaphragme.

On ferme aussi l'ouverture M, de ce même tuyau cilindrique, d'une seconde piece de bois tournée, & tellement construite, que l'on puisse enchâsser dans son milieu un petit verre concave d'un seul côté seulement, dans le milieu duquel on met les liqueurs que l'on veut observer.

Il y a un petit trou fait au-dessus de la superficie cilindrique de ce tuyau, tellement accommodé à la grosseur de la pointe d'aiguille qui est enchâssé en H, qu'il puisse être arrêté fermement sur cette pointe, afin de servir aux divers usages pour lesquels on destine ces pieces.

La Figure P represente un diaphragme qui doit être placé

ſur les lentilles d'un long foyer, qui s'enchâſſent dans des portes-lentilles ſemblables à celuy qui eſt marqué par F ; & on l'y fixe au moyen d'une petite virole à reſſort, marquée par la lettre Q.

Le deſſein repreſenté en R eſt un petit carton à jour, dans l'épaiſſeur duquel on a placé l'aîle d'une mouche, pour faire comprendre comment on peut arrêter certains objets, afin qu'on les puiſſe facilement obſerver étant placez dans la pincette.

S, eſt un petit tuyau de verre fait en forme d'antonnoir, pour ſervir comme on l'a déja dit.

Et T, eſt une petite bouteille à long col, de l'uſage de laquelle on a auſſi parlé.

Des uſages de ce Microſcope.

CE Microſcope, quoyque tres-ſimple, ne laiſſe pas d'avoir beaucoup d'uſages. Il peut ſervir à obſerver des animaux tres-petits, qui marchent ou qui rampent ſur la terre ; & même ceux qui volent dans l'air, ou enfin qui nagent dans des liqueurs préparées, & dans celles qui n'ont aucune préparation. Il ſert auſſi pour obſerver de tres-petits corps, dans leſquels on ne remarque aucun mouvement apparent, quoyque toutes leurs parties ſoient dans une agitation continuelle.

Si l'on bat le fuſil ſur une feüille de papier blanc, & qu'on ramaſſe une partie de ce qui ſera tombé avec une lame de coûteau aimantée, en obſervant ces petites particules miſes ſur un porte-objet blanc, on aura le plaiſir d'y voir de petites boules d'acier tout pur, pendant que l'on en découvrira qui ſont moitié acier & moitié verre ; & enfin d'autres qui ſeront de verre toutes pures. Et ſi l'on ſe donne la peine d'examiner le papier, les endroits où ſont tombées les boules paroîtront noirs & brûlez. Je ne m'arrête pas icy à rendre raiſon de ces effets, parce qu'il eſt facile de les expliquer.

L'aîle d'une mouche ordinaire nous manifeſte des choſes digne d'admiration. Si on l'obſerve exactement, on verra que ses bords sont garnis de deux sortes de poils roides & aigus, artistement rangez, & espacez également. Qu'elle a des veines & des arteres, & par consequent qu'il s'y fait une circulation de la liqueur qui les remplit. Que le tissu fin & délié de la membrane qui se trouve entre ces veines & ces arteres, est parsemé d'un grand nombre d'autres poils plus petits que ceux qui environnent l'aîle de la mouche; & qu'ils sont plantez obliquement dans l'étenduë de cette membrane d'une maniere tres-singuliere.

La moindre petite plume d'un oiseau, comme par exemple celle d'un serin de Canarie, étant observée avec ce Microscope monté d'une lentille d'environ deux lignes de foyer, nous fait voir que sa composition est telle, que chaque petit brin de sa barbe est une plume toute entiere, qui a son tuyau & ses brins semblables à ceux de la grosse plume; & ainsi de suite.

Le tissu d'un morceau de toile, celuy des rubans de diverses couleurs, & des taffetas changeans, étant bien observez, il nous fera comprendre en un moment ce qui seroit devenu peut-être le sujet d'une meditation de plusieurs années, si nous n'eussions employez que nos seuls yeux, pour regarder toutes ces choses.

Pour observer le poux & la puce tout vivans, durant plusieurs jours de suite, il les faut pincer par la croupe avec la pincette à boutons; par ce moyen on aura le plaisir d'observer toutes les parties exterieures du corps de chacun de ces animaux domestiques, que l'on voit quelquefois inquietez par d'autres animaux qui parcourent leurs corps, & qu'on peut nommer le poux du poux, & la puce de la puce; tant par le rapport de grosseur des uns à celle des autres, que par la figure des petits, & celle des gros.

Les mittes de fromage & leurs œufs, les poux des serins de Canarie, les mittes des poires & celles des pommes un peu vieilles, s'attachent sur un porte-objet noir avec un peu d'eau gomée, ou avec la pointe d'une aiguille moüillée de cette même eau, afin de les y voir tout vivans durant plusieurs jours de suite.

Les mouches un peu grosses, & plusieurs autres animaux,

s'empalent au moyen de la pointe d'aiguille qui est au bout de l'une des tiges de ce Microscope ; & par ce moyen l'on pourra tres-facilement en examiner toutes les parties exterieures, & découvrir par-là l'erreur des Anciens, & de quelques Philosophes modernes, qui se persuadent que les mouches ne se tiennent suspenduës contre les corps sur lesquels elles marchent, qu'à cause qu'il sort continuellement de leurs pattes une espece d'humeur gluante qui les y attache.

Pour observer les anguilles du vinaigre, il faut se servir du petit antonnoir marqué S, afin d'en prendre un peu pour le porter dans le concave de verre qui est au bout du canon cilindrique, qui se monte sur la tige qui porte une pointe, pour y être observé.

Et à l'égard des autres liqueurs, on les placera l'une après l'autre dans ce concave de verre, en prenant la précaution de le rendre net à chaque experience que l'on voudra faire.

CHAPITRE VIII.

Description & usage des Microscopes à Canon de verre ; que quelques personnes nomment Tombeaux : & d'autres, Cimetiere de divers animaux.

CEs Microscopes, qui sont au nombre de trois, & qui ne different entr'eux que dans la façon de les monter, sont tres-commodes & tres-utils pour observer une partie de ce qui se passe tant dans les animaux vivans, que dans ceux qui sont morts, depuis la grosseur d'une puce jusqu'à celle d'un haneton. Planche II.

Le plus simple est composé de six pieces, sçavoir d'un pied ou base, d'un canon de verre, d'un couronnement, de la piece de l'œil ou porte-lentille, d'une lentille de verre, d'une vis ou d'une petite virole pour arrêter cette lentille.

ABCDE, est le dessein de ce Microscope entier.

Figure I. A, est l'endroit où s'applique l'œil, pour voir les objets que l'on a mis dans ce Microscope.

BB, represente la piece de l'œil, ou le porte-lentille qui se monte à vis dans le couronnement CC, au moyen d'un écrou qu'on y a fait pour la recevoir.

D, est la representation du canon de verre qui est collé ou enchâssé par ses extrémitez dans la partie superieure de la base EE de ce Microscope, & dans l'inferieure du couronnement CC.

G, est la lentille d'un foyer convenable à la hauteur du canon D; elle s'enchâsse dans une cavité pratiquée dans la piece de l'œil B, où on l'y arrête le plus fermement qu'il est possible par le moyen d'une virole H, au défaut de laquelle on peut employer une vis, qui sera même plus commode à monter & démonter la lentille, lorsqu'il sera necessaire de la nettoyer. Figure 1.

F, est le plan de la piece ABB, vûë par-dessus.

Et G, represente la lentille.

Description du second Microscope à Canon.

CE second Microscope, qui est monté d'une maniere tres-simple, est composé de sept pieces, sçavoir d'une base, d'un canon de verre, d'un couronnement, de la piece de l'œil, d'une lentille, d'une virole, & d'une boëte qui luy sert de pied. Planche XI. Figure 2.

ABCDE, est le dessein du Microscope tout entier, environné des pieces qui le composent.

EE, est la base de ce Microscope, ornée au milieu de quelques moulures, au-dessus & au-dessous desquelles on a representé deux vis pour y monter l'etuy F, qui se voit à gauche du Microscope, & dont F qui est à sa droite en est le profil, pour en faire voir le dedans.

D, represente le canon de verre, enchâssé & collé par ses extrémitez dans les cavitez pratiquées au-dessus de la base EE, & au-dessous du couronnement CC; & au haut de ce couronnement on y a fait un écrou pour recevoir la piece de l'œil marquée BB, qui porte la lentille.

IBB, est le plan superieur de la piece de l'œil vûë par-dessus, dont le milieu H est occupé par la lentille, que l'on voit seule du côté droit ; & G est la virole qui arrête cette lentille ; parce qu'elle est propre à faire ressort.

La piece F, qui est à gauche du Microscope, est sa boëte, qui luy sert aussi de base, pour le tenir plus facilement.

Le dessein aussi marqué F, qui se voit du côté droit du Microscope, est le profil de cette même boëte, pour en faire voir le dedans & son épaisseur.

Le troisiéme Microscope à canon est construit comme le second, à la reserve seulement qu'il passe une base vissée au travers de la piece EE, dans laquelle on a fait un écrou ; & c'est sur le dessus de cette piece vissée que se posent les objets pour y être examinez, en haussant ou en baissant la vis qui les soutient.

CHAPITRE IX.

Des usages que l'on peut tirer des Microscopes dont je viens de parler.

Après avoir expliqué les diverses manieres de monter les Microscopes à canon de verre, il faut dire quelque chose des principaux usages que l'on en peut tirer ; & quoyque ces Microscopes ne puissent point servir à voir les animaux des liqueurs, on ne les doit pas negliger pour cela. Ce que je vais dire de leurs proprietez, servira à persuader de la necessité qu'il y a de s'en servir.

Pour observer les petites graines des plantes, & pour en découvrir facilement toutes les beautez, il les faut répandre chacune à part sur des petits portes-objets blancs & noirs, où vous aurez mis un peu d'eau gomée pour les y attacher proprement ; afin de mettre après cela ces portes-objets l'un après l'autre sur le fond du troisiéme Microscope ; car il est tres-commode pour faire l'examen de ces graines, & d'autres petits corps semblables en grosseur que l'on veut conserver long-tems.

Les poux des serins de Canarie, ceux des poules, les mittes de fromage & leurs œufs, les petits insectes vivans, qui sont à peu prés de cette grosseur, peuvent servir à former des groupes dans des Tableaux couverts de ces petits animaux vivans; sur chacun desquels on pourra appercevoir des choses surprenantes, tant dans la grosseur apparente, dans les couleurs, figures & mouvemens des parties de ces petites creatures, que dans l'inégalité de la durée de leur vie.

On méprise ordinairement ces insectes, & d'autres petits animaux, que les hommes disent devoir leur naissance à une matiere corrompuë; mais il est facile de montrer que ce mépris est injuste, & qu'il n'est fondé que sur l'ignorance de la chose qu'on méprise, & sur le préjugé, qui fait que l'on s'imagine voir les corps tels qu'ils sont en eux-mêmes. Il n'y a rien de méprisable dans la nature, & tous les ouvrages de Dieu sont dignes qu'on les respecte & qu'on les admire; principalement si l'on prend garde à la simplicité des voyes par lesquelles Dieu les a faits & les conserve. Les plus petits moucherons sont aussi parfaits que les animaux les plus énormes: les proportions de leurs membres sont aussi justes que celles des autres; & il semble même que Dieu ait voulu leur donner plus d'ornemens qu'il n'en a donné aux plus gros, afin de récompenser par-là la petitesse de leur corps.

Ils ont des couronnes, des aigrettes, & d'autres ajustemens sur leurs têtes qui effacent tout ce que le luxe des femmes peut inventer: & l'on peut dire que tous ceux qui ne se sont encore servis que de leurs yeux, n'ont jamais rien vû de si beau, de si juste, ni même de si magnifique dans les Palais des plus grands Princes, que ce qu'on voit avec le Microscope sur la tête & sur le corps d'une simple mouche.

Il est vray que ces choses sont tres-petites, mais elles en sont plus surprenantes, puisqu'il se trouve tant de beautez ramassées dans un si petit sujet; & quoyqu'elles soient communes, elles n'en sont pas moins estimables.

Si l'on enferme dans ce Microscope à canon de certaines chenilles, & qu'on les y examine durant quelque tems & à diverses reprises, on les apperçoit toutes veluës, & couvertes de longs poils brillans, de couleurs variées & dispersées avec tant d'art, que ce qui nous effrayoit d'abord, se trouve ensuite un sujet d'admiration; car au bout d'environ cinq ou six semaines on les voit quitter un charmant surtout, qui conserve tres-long-tems la beauté des couleurs qu'on y avoit vûës, pour se faire voir sous la forme de plusieurs coques à peu prés semblables à celles des vers à soye, sans qu'on puisse remarquer en ces coques aucun mouvement apparent: mais au bout de quelque tems notre étonnement semble devoir se redoubler, en voyant sortir de ces nouvelles prisons, qui paroissoient bien fermées, des papillons bien aîlez & tout vivans.

Cette métamorphose apparente, quoyque belle, ne contient pas tant de faits surprenans, que nous en avons remarquez durant près d'un an, à l'occasion d'un petit insecte dont je vais parler.

Le dixiéme Juin de l'année 1691. je trouvay à terre dans mon cabinet un petit ver, dont les diverses formes sous lesquelles je le vis dans un Microscope à canon de verre, meritent bien que j'en fasse une description particuliere, pour donner lieu à l'explication de tout ce que nous en dirons de singulier.

Ce petit ver me parut d'abord de couleur brune, tirant sur celle d'un caffé qui n'est pas encore assez torrefié. Son corps, qui avoit six lignes de longueur & une & demie de diametre, étoit presque rond dans toute cette dimension.

Il paroissoit composé de onze anneaux, sans y comprendre la tête, ornée d'une espece de coqluchon arondi par le bas.

Le dernier des anneaux qui terminoit son corps, finissoit par deux aiguillons courts & obtus, qui representoient une queuë fourchuë.

Tous ces anneaux beaux & luisans étoient attachez à une membrane tres-fine & blanchâtre, que ses contractions & ses extentions alternatives pouvoient approcher & écarter les uns des autres, en rendant cet animal tantôt plus court & plus gros, tantôt plus long & plus menu.

On remarquoit trois petites pattes de chaque côté de son corps, & une seule griffe au bout de chacune, laquelle étoit d'une d'une couleur d'ambre bien foncée ; celles des deux pattes les plus proches de sa tête , luy servoient comme de main pour prendre sa nourriture , & pour la porter à sa bouche.

Sa tête étoit ornée de deux yeux bien noirs , placez des deux côtez , au-devant desquels étoient plantées deux petites cornes, composées de plusieurs articles.

Les premiers jours que je consideray ce petit animal , il étoit d'une vivacité merveilleuse , faisant des sauts qui marquoient beaucoup de force & de souplesse dans le sujet qui les executoit.

Depuis le dix Juillet jusqu'au deuxiéme de Septembre , cet insecte en produisit dix autres tres-menus qui luy ressembloient tous , & qui dés le premier moment de leur naissance marchoient d'une vîtesse surprenante. J'en garday un en vie durant dix jours sans luy donner aucune nourriture ; ce qui ne paroîtra pas trop extraordinaire , lorsqu'on sçaura que sa mere , pendant une année ou environ , n'en consuma pas plus que de la grosseur d'environ un pois.

Cet insecte aprés avoir fait ses petits , quitta entierement sa peau durant vingt-quatre heures , aprés quoy il parut d'une blancheur vive & plus gros qu'auparavant , marquant même plus de force & de mouvement , qu'il n'en avoit montré depuis plusieurs jours.

On peut dire que cette peau luy tenoit lieu de surtout pour envelopper toutes les parties exterieures de son corps ; puisqu'on remarquoit dans ce surtout jusqu'au moule des yeux , des jambes & des griffes de cet animal.

J'employai assez de tems à considerer cet ancien fourreau, sans pouvoir deviner comment l'insecte avoit pû faire pour s'en dépoüiller ; parce que ce vêtement étant tout d'une piece , & tres-intimement appliqué sur son corps , je ne comprenois pas comment cette nymphe si irréguliere , si fine & si délicate avoit pû être tirée sans se rompre. Mais peu de tems aprés je revins de mon étonnement , & je cessai d'admirer cette méchanique , en découvrant sa simplicité ; car cette membrane venant à se seicher , les fibres qui la composoient se resserrant laisserent voir tout l'artifice , qui consistoit en une fente étenduë depuis le bec de l'animal jusqu'à l'anus ; laquelle, à meſure que le ver en ſortoit, ſe refermoit en rapprochant par le reſſort de la pellicule, ſes bords l'un de l'autre, qui ſe joignoient ſi juſtement qu'il n'étoit pas poſſible d'y appercevoir aucune ſeparation.

Dés le ſoir même du jour que ce ver eût quitté ſon ſurtout, ſa couleur me parut changée ; car de blanc qu'il étoit, en deux jours il redevint auſſi brun qu'il avoit été ; & je luy vis paſſer tout l'hyver en cet état. Il fut aſſez en repos durant tout ce tems-là, ne remuant qu'inſenſiblement, ne mangeant point, ni ne rendant aucun excrement viſible : mais étant ſurvenu quelques beaux jours de Soleil, & l'y ayant expoſé, il commença à s'y mouvoir un peu plus qu'il ne faiſoit auparavant, & même il mangea quelque peu d'un carton qui ſervoit de baſe ou de fond au Microſcope dans lequel je le conſervois.

Sur la fin du mois d'Avril je ne luy remarquai, pendant neuf jours qu'il demeura couché ſur le dos, aucun ſigne de vie, aprés lequel tems je fus ſurpris de voir qu'il travailloit fortement à quitter un ſecond ſurtout, qu'il pouſſoit tout le long de ſon corps, de la tête vers la queuë, où il en reſta juſqu'au ſixiéme Juin, durant lequel tems je le crus mort : cependant le même jour au ſoir je m'apperçûs qu'il avoit entierement quitté cette derniere peau, & qu'il paroiſſoit ſous une forme nouvelle, qui ne differoit pas moins de la précedente, qu'un ver differe d'une mouche. En effet, le ſixiéme Juin à ſept heures du matin il s'étoit métamorphoſé en une mouche tres-ſinguliere, ayant environ cinq lignes de longueur, & une ligne un quart de largeur par le milieu de ſon corps.

En obſervant cette mouche, je remarquai qu'entre la tête & ſon corps il y avoit une autre partie en forme d'anneau mobile ; que la couleur étoit differente en divers endroits du corps ; le deſſus de la tête, & cette partie en forme d'anneau, étant d'un rouge brun, & le reſte ayant une blancheur tirant ſur le roux ; mais cette couleur blanchâtre ſe diſſipa en peu de tems ; car deux heures aprés le tout parut d'un rouge brun.

A la place des onze anneaux qui ſe diſtinguoient dans la

longueur du ver, on voyoit alors tout ſon corps long de huit lignes, couvert de deux aîles fermes & dures.

Au lieu de ſix pattes courtes dont j'ay parlé, on en voyoit ſix autres, chacune deſquelles avoit pour le moins quatre fois la longueur des premieres, & étoit compoſée de trois articles; étant terminées par deux griffes aſſez foibles, au lieu d'une ſeule un peu forte.

Les cornes qu'il avoit au-devant des yeux étoient extrémement courtes, & celles d'aprés tres-longues; en ſorte que l'on y remarquoit onze articulations en chacune, dont il y en avoit huit qui reſſembloient à des grains de chapelets un peu ovales.

Le huitiéme Juin au matin, il me parut d'une couleur brune, ſemblable à celle des féves de caffé bien torrefiées. Le neuviéme cette couleur devint noire, & les pattes de cet animal ſe firent voir d'un rouge brun.

Enfin le treiziéme il fit paroître quelques excremens d'un jaune pâle, au lieu que ceux du ver étoient fort bruns, les uns & les autres aſſez durs, & provenans du carton qu'il avoit rongé, & qui faiſoit, comme j'ay dit, le fond du Microſcope.

Nous finirons l'explication abregée des uſages de ce Microſcope, en ajoûtant encore, que l'on découvre ſur le corps des groſſes mouches de tres-petits animaux qui les incommodent durant leur vie, & qui les mangent aprés leur mort: ce qui ſuffit pour faire comprendre, que ce qui arrive aux uns peut arriver de même aux autres.

Les araignées que l'on y enferme y font leurs œufs; elles les y ramaſſent par pelotons, qu'elles enveloppent de leur ſoye pour les conſerver de la rigueur du tems; elles vivent ſeules enfermées dans ce tombeau durant plus de trois mois, ſans y prendre aucune nourriture apparente. Et ſi une groſſe s'y trouve enfermée avec pluſieurs petites, celles-cy en ſont mangées; ainſi l'on remarque que les unes ſervent de nourriture aux autres.

Si vous enfermez dans ce Microſcope une groſſe araignée avec une mouche ordinaire, auſſi aſſez groſſe, vous aurez le plaiſir d'y voir la mouche dans une grande agitation, pendant que l'araignée y demeure comme immobile, couchée sur le dos, les pattes en l'air & écartées les unes des autres; attendant ainsi avec beaucoup de tranquilité que la mouche, lassée de voltiger çà & là, luy tombe sur le corps, pour l'environner de ses pattes, la piquer à la gorge, & la faire mourir subitement, se contentant d'en tirer le sang sans endommager le reste de son corps, qui demeure tres-long-tems dans son entier, & jusqu'à ce que d'autres tres-petits insectes blancs la viennent devorer & manger en partie.

Nous ne dirons rien icy de la construction de la mouche ordinaire, ni de celle de l'araignée; parce qu'il en a été parlé ailleurs, & que ce Microscope à canon ne suffit pas pour en faire voir assez exactement les petites parties, qui ont d'ailleurs été examinées avec d'autres Microscopes, & representées élégamment par des Figures dessinées tres-correctement par Monsieur de Vigneux.

On va voir que trois differens portes-objets étant mis l'un aprés l'autre dans un même Microscope à canon de verre, causeront trois differentes sensations d'un même objet qui y sera placé successivement, étant regardé au travers d'une même lentille & d'une même distance.

Premiere Observation.

Si dans l'un de ces Microscopes à canon de verre, au lieu du fond noir que l'on y met ordinairement au-dessous des objets blancs, on en met un fait d'un morceau de glace ou de verre un peu épais, duquel le dessous soit brute ou dépoli, & mis sur une base d'ébene noire sous le canon du Microscope; les objets qui seront posez sur le côté poli de ce morceau de glace, paroîtront comme étant en l'air, & avec d'autant plus de relief que ce porte-objet de verre sera plus épais, à cause que la lumiere qui tombe sur la surface polie du verre, qui sert de porte-objet, ne vient pas en assez grande quantité dans l'œil du spectateur, pour y faire une impression assez forte, pour nous faire juger que les objets y sont placez; & c'est ce qui fait paroître ces mêmes objets comme vûs en l'air.

Seconde Observation.

Les objets blancs doivent être posez sur un fond noir; afin qu'en réfléchissant le moins de lumiere qu'il sera possible, la sensation que nous avons des blancs, n'en soit point tant alterée.

Troisiéme Observation.

Les objets noirs & les bruns doivent être posez sur des fonds blancs; afin que les parties solides de ces corps noirs & bruns, puissent nous renvoyer plus de lumiere qu'elles ne feroient s'ils étoient posez ailleurs.

Il suit des mêmes experiences, qu'il n'est pas indifferent de préferer un fond de couleur à un autre, si l'on veut donner un grand relief aux figures peintes d'un Tableau. Un Christ, par exemple, qui sera peint sur la surface d'une glace de miroir, qui ne soit point étamée, étant posée sur un fond des plus noirs, paroîtra en l'air; & son relief sera vû d'autant plus grand, que la glace, sur laquelle on aura peint ce Christ, aura plus d'épaisseur.

Aprés avoir parlé des avantages considerables qu'on peut tirer des Microscopes à canon, il faut aussi dire quelque chose des défauts qui les accompagnent ordinairement; puis essayer d'y remedier, afin de n'être pas privé des bons usages qu'on en peut faire.

Ces défauts sont au nombre de trois; le premier, qui n'est pas considerable, vient de ce que l'ouverture de la monture, où l'on fait un écrou, étant trop petite, par rapport à la grosseur du canon, on a de la peine à le bien nettoyer par dedans; à quoy on pourra remedier, en faisant cette ouverture la plus grande qu'il sera possible; ou bien il faudra faire en sorte que la piece entiere qui couronne le dessus du canon puisse s'ôter & remettre quand on voudra.

Secondement. La matiere dont le canon est fait se trouve quelquefois si mauvaise, qu'elle pousse un sel au-dehors qui l'engraisse, qui le ternit, & le rend comme fêlé en mille endroits ; de sorte que perdant sa transparence, il devient inutile.

L'unique remede à ce défaut, est de tâcher d'en trouver un autre qui convienne ; mais parce que cela est presque impossible, il faudra se servir du moyen que je vais donner pour en faire un de carton, qui servira comme le précedent.

Enfin, si le canon que l'on destine à faire un Microscope est beau, & que sa monture soit faite d'un bois qui ne soit pas bien sec, il change de figure par la secheresse ; de rond qu'il étoit il devient ovale, & le canon se trouvant alors plus pressé en des endroits qu'il n'est en d'autres, il casse, à moins que sa résistance ne surpasse l'effort du bois qui se resserre.

Pour empêcher que les montures ordinaires ne cassent les canons de verre, il n'y a qu'à les environner par le haut & par le bas de deux petites bandes ou ceintures de carton fin d'environ deux lignes de largeur, pour en coller la moitié autour de chaque canon, laissant déborder l'autre moitié qui servira d'entrée aux montures de bois, dans lesquelles on ne l'enfoncera que tres-peu ; afin que si le bois vient à se resserrer, il n'agisse que sur la moitié des petites bandes de carton, qui obéïront assez pour éviter le fracas du canon de verre.

Voicy deux nouvelles méthodes pour se passer de canon de verre, en faisant de gros Microscopes, dont les corps dureront tant que l'on voudra.

La premiere de ces méthodes consiste à faire un gros tuyau de bois ou de carton bien rond, & à l'ouvrir par un seul ou par plusieurs endroits, pour donner un libre passage à la lumiere : puis montant ce tuyau préparé, comme si c'étoit un tube de verre, on aura un Microscope, dont les ouvertures pourront, si on le juge à propos, être fermées par des pieces de verre blanc, qu'il y faudra coller tres-proprement par dedans.

Au lieu de ce canon rond, on peut en construire d'une autre maniere, qui sera plus agréable à la vûë, & même plus prompte dans l'execution que la précedente. Pour cet effet, prenez un carton fin, duquel vous couperez une bande assez longue & assez large pour y tracer six ou huit quarrez longs, que vous ouvrirez par autant de petites fenêtres de même figure, sur chacune desquelles il faudra coller en dedans des pieces de verre blanc coupées proprement, & des plus minces qu'il sera possible de trouver, que l'on couvrira par aprés d'un second carton plus petit que le premier, & ouvert de même. Cet espece de canon, ou plûtôt ce corps de Microscope, étant ainsi préparé, il n'y aura plus qu'à tourner une monture qui luy convienne, & l'on aura un Microscope presque parfait dans sa maniere.

CHAPITRE X.

Description & usage d'un tres-petit Microscope, monté d'une seule lentille.

CE petit Microscope, qui n'a pas plus de neuf lignes de hauteur, est vû tout entier au-dessous de la lettre A, ou de son profil marqué B: il est fait comme une petite boëte cilindrique ouverte par-dessus & par-dessous, pour donner un libre passage à la lumiere qui se reflêchit de l'objet que l'on regarde au travers de la lentille, qui se place comme on la voit dans le profil B de ce Microscope. Planche 12. Figure 1.

Des usages de ce Microscope.

SI vous observez un chiffre gravé sur la surface d'un cachet d'argent, vous l'y verrez d'abord enfoncé, de même que nous le voyons de nos seuls yeux; & si l'on continuë de le regarder sans changer de situation, on verra ce même chiffre d'un beau relief, éclairé & ombré du même côté que les enfoncemens l'étoient auparavant qu'on eût la sensation de cette derniere apparence.

2°. Si vous continuez à observer ce chiffre avec la même attention que vous avez fait, ce qui vous paroissoit de relief deviendra enfoncé comme il étoit auparavant, & ainsi de suite.

3°. Il arrive ſouvent qu'ayant obſervé ces choſes, ſi vous diſcontinuez pour un moment, & qu'enſuite vous recommenciez la même experience ; vous ſerez ſurpris de voir que ce chiffre, au lieu de commencer à paroître comme la premiere fois, c'eſt-à-dire enfoncé, il paroît de relief.

4°. Si pendant que l'on eſt tourné du côté que vient le jour, on ſe releve en continuant de regarder la ſurface du cachet, ce qui paroiſſoit enfoncé ſemble ſe relever tout à coup, & l'ombre paroît ſouvent de part & d'autre du relief; mais ſi l'on continuë d'obſerver ce relief apparent, pendant que l'on ſe tourne comme il faut pour recevoir le jour du côté droit, on voit l'ombre du côté d'où vient le jour, ce qui ne ſurprend pas peu. Et au contraire l'ombre ſera à gauche, ſi le jour donne ſur le chiffre, en venant du côté gauche.

5°. Si vous obſervez ce qui eſt de relief ſur la ſurface d'un loüis d'or, par exemple, vous le verrez toujours de relief en quelque ſituation que vous ſoyez, & de quelque jour qu'il ſoit éclairé.

6°. Il y a un grand nombre de perſonnes qui obſervent les mêmes choſes que j'ay vûës.

7°. Il y en a qui voyent toujours enfoncé ce qui l'eſt effectivement; & d'autres qui apperçoivent toujours le contraire.

De toutes ces obſervations, que j'ay faites avec autant de ſoins qu'il m'a été poſſible, il en faut conclure que les diverſes ſenſations que l'on a de cet objet ne ſont produites qu'à l'occaſion du plus ou du moins de délicateſſe des filets du nerf optique, qui font le tiſſu de la Retine; puiſque le moindre changement qui arrive dans ces filets, eſt capable de faire changer l'apparence des concavitez du chiffre : & à l'égard de ceux qui voyent toujours enfoncé, ou toujours de relief une même choſe ; cela n'arrive qu'à cauſe de la ſituation conſtante & uniforme qui ſe trouve toujours la même ſur la Retine, pendant qu'ils regardent le chiffre.

Il eſt inutile de s'étendre davantage ſur les uſages de ce petit Microſcope ; puiſqu'on peut juger, par ce que j'en viens de rapporter, qu'il peut tres-utilement ſervir à obſerver tous les petits corps qui peuvent être tenus avec les doigts

doigts d'une ſeule main, ou avec des pincettes, pendant que l'on tient le Microſcope de l'autre main.

CHAPITRE XI.

Deſcription d'un tres-petit Microſcope à deux verres, qui repreſente les objets dans leur ſituation droite & naturelle.

MOnſieur de Puget, dont le merite eſt aſſez connu des Sçavans par les divers Ouvrages qu'il a donnez au Public, nous aſſure, dans ſa premiere lettre écrite au R. P. Lamy Religieux Benedictin, touchant les obſervations qu'il a faites ſur la ſtructure des yeux de quelques inſectes, en parlant des divers effets de deux Microſcopes ; « Que Monſieur Leevuenhoec raconte, que tous les objets qu'il voyoit multipliez par la cornée d'une mouche, luy paroiſſoient à rebours. Les hommes, par exemple, avoient la tête en bas & les pieds en haut ; & que cela ne ſe pouvoit faire autrement, puiſque tous les objets qu'on voit au travers de deux lentilles, paroiſſent toujours renverſez. »

Nous allons faire voir tout le contraire dans un Microſcope à deux verres convexes, dont voicy les proportions.

A B, eſt le Microſcope repreſenté dans ſon entier, & à peu prés de la longueur & de la groſſeur qu'il a été executé. Planche 11. Figure 2.

C, eſt la piece de l'œil, & D ſon profil, où eſt enchaſſé le verre oculaire.

E, eſt le porte-lentille, & F ſon profil.

G & H, ſont deux viroles qui ſervent à arrêter les deux verres.

Le foyer du verre oculaire n'a que quatorze lignes ; celuy de la lentille eſt d'un peu plus de quatre lignes ; & la diſtance d'entre ces deux verres eſt de dix lignes ; d'où il ſuit que deux lentilles ſemblables à celles dont je viens de parler, & de differens foyers, étant montées dans deux tuyaux, de maniere que l'un des deux puiſſe être tellement enfoncée dans l'autre, que le foyer de l'une des lentilles passe au-delà du foyer de l'autre. Ces deux verres ainsi montez composeront un Microscope, par le moyen duquel on verra les objets dans leur situation droite & naturelle.

J'en ay fait depuis plusieurs autres à deux verres plans convexes, qui font l'effet de trois Microscopes, & de 4. Loupes.

CHAPITRE XII.

Description & usage d'une nouvelle Machine, tres-utile aux Anatomistes, aux Dessinateurs, aux Graveurs, aux Peintres qui travaillent en Mignature ; & generalement à tous ceux qui veulent découvrir ce que les yeux seuls ne peuvent appercevoir ; & pousser leurs Ouvrages au point le plus haut de perfection.

AB, est le pied d'un instrument, que je nomme Porte-loupe, qu'on peut faire de bois & de laiton.

Planche 13. C D, est un porte-objet, qui peut se monter à vis ou autrement, sur la surface plane du pied A B, tellement construit, qu'on le puisse hausser & baisser facilement quand on voudra, & même le fixer où il sera besoin.

E, est une petite tige de laiton, élevée à plomb sur le bord superieur du pied A B, d'une force & d'une hauteur convenable aux differens usages ausquels on destine le porte-loupe.

F, F, F, sont trois genoüils qui se suivent, & qui ont une telle liaison entr'eux, que chacun peut être mû diversement, pour concourir à produire ensemble un même effet.

Au lieu de ces genoüils, on peut faire trois especes de charnieres semblables à peu prés à celles d'un compas commun qui s'entresuivent, & qui soient affermies par le moyen de trois vis, & d'autant d'écrous.

G, est une virole de laiton, tournée proprement, & d'une ouverture qui soit telle qu'on y puisse enchasser justement, & l'une aprés l'autre, les loupes de differens foyers ; & même de petits Microscopes à deux ou trois verres, pour servir à des usages particuliers.

Des usages de cette Machine.

H, Represente un œil placé au-dessus de la Loupe que l'on a mise dans la virole G, regardant un petit animal posé sur le porte-objet C D, où l'on place tout ce que l'on veut dissequer, pour dessiner d'après les préparations qu'un habile Anatomiste aura mises en état d'être représentées sur le papier.

On voit bien que l'on pourra par ce moyen parvenir à connoître la structure de la peau, celle des ongles, des poils, & la tissure de presque toutes les membranes du corps des animaux.

Avec ce secours on peut entreprendre de faire l'anatomie des gros insectes, & de les representer avec autant d'exactitude, qu'on en aura employé à les bien préparer.

On a déja découvert la semence de plusieurs plantes, qu'on s'étoit persuadé, sans raison, n'en avoir point, comme celle de fougeres, des mousses, des truffes, &c.

On a observé que le sang est composé d'une serosité blanche & transparente, où nagent des globules rouges de differentes grosseurs. On l'a vû circuler diversement dans les vaisseaux de plusieurs animaux vivans, & l'on a reconnu que les veines & les arteres ne sont que des tuyaux ou des syphons recourbez.

La facilité que l'on aura de changer de porte-objet, de Loupes, de Microscopes à deux ou à trois verres, & de poser successivement differens petits Tableaux preparez, au-dessous de cette Loupe ou de ces Microscopes, fourniront des moyens nouveaux pour voir parfaitement, & en peu de tems, une grande varieté de choses bien differentes les unes des autres.

Enfin il est facile de comprendre que cette machine renferme aussi tous les usages des Microscopes à canon de verre; & que ces canons n'ayant pas besoin de montures, ils ne seront pas sujets à se rompre.

CHAPITRE XIII.

Explication de toutes les parties qui composent un Microscope à trois verres convexes, des deux côtez.

ON voit d'abord dans cette Planche deux grandes Figures dessinées l'une à droite au-dessous de la lettre A, qui représente l'élevation geometrale du Microscope tout entier ; & l'autre qui est placée à sa gauche en est le profil, fait par la section d'un plan vertical, qu'il faut concevoir passer par l'axe du Microscope, pour le separer en deux parties égales, découvrant dans l'une de ses moitiez tout le dedans de cette machine.

Planche 14.

A B B, est un bouton qui sert de couronnement au Microscope.

C C, est la piece de l'œil, dans laquelle on a fixé le verre oculaire.

D D, est une autre piece, où l'on a enchassé le verre du milieu. Cette piece est colée à un petit bout de tuyau, qui porte un diaphragme à son extrémité d'en-bas.

E, est le corps du Microscope couvert de chagrin, qui sert à recevoir le bout du tuyau colé à la piece D D.

F, est la base du corps de ce Microscope.

G, est une bonnette ou porte-lentille, qui se visse sur la base F, pour y demeurer fermement attachée.

H, est une petite virole de laiton, ornée de quelques moulures, soudée à un petit bras, qui est aussi soudé au coulant representé à côté de la lettre I.

C'est dans cette virole que l'on fait entrer le milieu de la base F, pour soutenir à plomb tout le corps du Microscope.

I, est le coulant qui peut être mû sur la tige d'acier L, & demeurer à l'endroit de cette tige, où l'on voudra, par le moyen d'un petit ressort d'acier placé entre la tige & le coulant.

M, est le petit vase tourné, qui sert d'ornement à la tige.

Immediatement au-dessus de l'endroit L, on y voit une petite pincette à boutons marquée N.

O, est un verre concave, pour servir de porte-objet aux liqueurs qu'on mettra dans sa concavité.

P, est une espece de porte-objet de laiton, composé de plusieurs pieces, tellement ajustées les unes avec les autres, qu'on le peut promener sur le pied du Microscope marqué Q.

R, est une petite boëte de laiton en forme d'une virole, dans laquelle on met des diaphragmes de differentes ouvertures.

S, S, S, sont trois petites boules affaissées, & attachées au-dessous du pied pour luy donner plus de grace.

T, est une platine de laiton, sur laquelle on a attaché trois petits ressorts, qui rendent égal le mouvement du porte-objet marqué P.

Explication du profil de ce Microscope.

Bb, est le profil du bouton qui sert de couronnement au Microscope.

c c, est le profil de la piece de l'œil, où l'on voit le verre oculaire placé immediatement au-dessous du couronnement.

d d, represente une autre piece qui porte le verre du milieu, & qui est attaché à un bout de tuyau, au bas duquel est un diaphragme.

e, est le corps du Microscope, dont on voit l'épaisseur, que nous avons dit être couvert de chagrin, & servir à recevoir le tuyau enchassé & collé avec la piece f, qui sert de base au Microscope.

g, est le profil de la bonnette ou porte-lentille, qui se monte à vis sur le bout d'en-bas de la piece f.

h, est le profil de la virole de laiton, soudée au bas de la coulisse marquée i.

l, est un quarré ou verge d'acier, au haut de laquelle on voit un petit vase qui luy sert de couronnement.

n, est le profil d'une petite pincette à boutons.

o, est le profil d'un verre concave, où l'on met les liqueurs en plus grande quantité que celles qu'on met sur un talc, ou sur un verre plan.

p, eſt le porte-objet composé, dont il a été parlé.

q, eſt le profil du pied du Microſcope.

r, eſt celuy de la petite boëte ou virole, qui porte les diaphragmes de differentes ouvertures.

s, s, s, ſont trois petites boules affaiſſées, pour ſervir d'ornement au pied du Microſcope.

t, eſt le profil d'une petite platine de laiton attachée à une virole, où l'on fait entrer la petite boëte marquée r.

Du foyer de chacun des trois verres de ce Microſcope, & des diverſes diſtances qui ſont entr'eux.

L'Oculaire, qui eſt un verre convexe des deux côtez, a huit lignes de foyer; on l'a placé au-deſſous de l'œil, à une diſtance d'environ ſix lignes.

Le verre du milieu, qui eſt auſſi convexe des deux côtez, a dix-huit lignes de foyer; ſa diſtance de l'oculaire eſt de douze lignes.

Et la lentille, qui eſt de quatre à cinq lignes de foyer, eſt placée au moins à la diſtance de trente lignes du verre du milieu; & cette même lentille s'en peut éloigner de trente-quatre à trente-cinq lignes, ſi l'on veut que ce Microſcope faſſe paroître l'objet plus gros qu'il ne fait à la moindre diſtance: mais il eſt à propos d'avertir que l'objet ne paroîtra pas ſi bien éclairé, étant vû d'une grande diſtance, que s'il l'étoit d'une moindre.

Des uſages que l'on peut tirer de ce Microſcope à trois verres.

EN conſiderant, par exemple, la lettre A d'un loüis d'or avec ce Microſcope à trois verres, dont l'effet ordinaire eſt de faire paroître à la renverſe tous les objets qu'on y obſerve; on remarque 1°. que cette lettre qui eſt de relief y paroît enfoncée.

2°. Que cet effet n'arrive pas toutes les fois qu'on le deſire.

3°. Que ſouvent en regardant cette lettre avec beaucoup d'attention, & durant quelques momens, ce qui paroiſſoit enfoncé, paroît ensuite de relief.

4°. Qu'un certain mouvement de tête apporte quelquefois du changement dans la maniere de voir l'objet.

5°. En faisant avancer le Microscope sur une table, pendant qu'on y regarde le loüis d'or, ce qui paroissoit de relief s'y enfonce en apparence, & peu de tems aprés avoir été ainsi observé, on apperçoit tout à coup que le relief revient.

6°. Si l'on passe d'un côté d'une table à l'autre, on est tout surpris de voir que ce qui venoit de paroître en relief, paroît enfoncé, & au contraire.

7°. Ces effets differens ne sont point apperçûs de tous ceux qui font ce petit manége, dans lequel on remarque des bizarreries extraordinaires, suivant la force ou la foiblesse des yeux de l'observateur; car souvent une même personne apperçoit le même objet differemment, en le regardant tantôt d'un œil & tantôt de l'autre, & cela successivement.

8°. Il m'est arrivé quelquefois qu'ayant observé le relief du loüis d'or, & l'ayant vû comme enfoncé, étant d'un côté de la table où étoit posé le Microscope, la même chose m'est encore apparuë l'étant allé observer de l'autre côté de cette même table.

9°. Il arrive souvent que quand on regarde l'objet tantôt d'un œil & tantôt de l'autre, les objets qui sont naturellement de relief y paroissent creux.

10°. Un de mes amis, Officier d'artillerie, a toujours vû enfoncé ce qui étoit de relief, quelque situation qu'il ait pris pour observer la lettre A, dont nous parlons.

11°. Le même caractere alphabetique d'une piece d'argent, produit sur mes yeux les mêmes effets que nous avons remarquez touchant le loüis d'or.

12°. Il arrive souvent qu'en faisant une de ces observations, il suffit d'approcher ou d'éloigner l'oculaire du verre du milieu, pour appercevoir un changement contraire à celuy qu'on apperçoit auparavant.

13°. Voicy une autre experience qui n'est pas moins curieuse que les précedentes; elle consiste à mettre un cachet d'argent, qui represente un chiffre sur le porte-objet du Microscope: ce chiffre, quoyque gravé profondement, paroîtra de relief & sans aucun enfoncement ; ce qui ne surprend pas peu.

14°. Quand j'observe le chiffre gravé sur ce cachet, à la lumiere d'une chandelle, vis-à-vis laquelle je suis tourné, je vois d'abord le creux comme il est naturellement ; un moment aprés je le jugerois volontiers de relief, sans changer de situation ; mais en raisonnant sur les ombres qui paroissent, je me trouve obligé de penser autrement ; parce que ces mêmes ombres me paroissent toujours où elles doivent être ; & il en est de même des effets de la lumiere répanduë sur ce chiffre.

15°. Mais quand je releve le cachet & ma tête, pendant que j'en observe la surface, je vois de relief ce qui est enfoncé ; parce que je ne vois plus d'ombre, à cause du peu de lumiere que je reçois alors par la refléxion d'un bonet rouge que j'ay sur ma tête.

Et si je regarde obliquement la surface de ce cachet, pendant que la lumiere de la chandelle y tombe à plomb ; je ne le vois point de relief, parce que je ne reçois point de lumiere de ses enfoncemens.

Ceux qui préferent les Microscopes à deux verres à celui dont je viens de parler, n'ont qu'à supprimer le verre du milieu, sans y apporter d'autre changement ; si ce n'est que lorsqu'il s'agira de faire voir la circulation du sang dans la queuë d'un têtart, dans celle d'une lamproye, &c. il n'y aura qu'à mettre une lentille objective d'un foyer plus court que celle qui y est.

CHAPITRE XIV.

Description d'une petite Machine nouvelle, qui contient trois sortes de Microscopes, & deux petites lunettes d'approche.

LE dessein que l'on voit icy au-dessous de la lettre A, represente un Microscope monté sur son pied ; & celuy qui est representé au-dessous de B en est le profil, fait par la la section d'un plan vertical qui le divise de haut en bas en deux parties égales, pour en faire voir le dedans; par ce moyen l'on découvre les lieux où sont placez les trois verres qui composent le premier des trois Microscopes. Planche 15.

Celuy de ces verres qui répond à côté de la lettre c, est un oculaire d'environ huit lignes de foyer.

Le verre du milieu, qui se voit à côté de la lettre d, a soixante lignes de foyer; & la distance d'entre ces deux verres c, d, pourra être depuis six lignes jusqu'à dix ou douze; de sorte que pour faire ce changement de distance, il sera à propos de monter le verre d, dans un bout de tuyau qui puisse être facilement haussé & baissé; afin de l'arrêter dans le lieu où son effet sera le plus convenable aux observations que l'on voudra faire, & de mettre un diaphragme à l'autre bout d'en-bas de ce tuyau; comme cela se peut voir à côté de la lettre f.

La lentille objective qui répond à côté de la lettre e, a environ six lignes de foyer: sa distance ordinaire du verre du milieu sera d'environ quarante-trois lignes. Ainsi s'achevera le premier Microscope, dont les effets ont été rapportez dans les Chapitres précedens.

Si l'on veut maintenant faire un second Microscope, dans lequel il n'y aura que deux verres, il suffira de supprimer celuy du milieu marqué par la lettre d; ce qui se fait en ôtant le tuyau où il est enchâssé, laissant seulement c, & la lentille e.

Et pour faire un troisiéme Microscope qui puisse servir à découvrir ce qu'il y a de plus beau & de plus singulier dans les liqueurs; il faudra ôter la lentille e, & mettre en sa place une autre lentille de trois lignes au plus de foyer, en reglant l'ouverture de cette derniere sur ce nouveau foyer; ce qui n'est pas de peu de consequence, quand on veut ménager la clarté & la distinction, qui sont deux choses tres-differentes, & qu'il est nécessaire d'avoir dans tous les Microscopes.

Si l'on veut maintenant faire une lunette d'approche, qui fasse paroître les objets dans leur situation naturelle, il n'y a qu'à supprimer la lentille marquée c, & la lentille e, puis mettre en la place de cette derniere lentille e, un oculaire concave, qui convienne à la longueur du foyer du verre d, qui deviendra l'objectif de cette lunette. Et il faut remarquer que le concave est dans une partie de sa monture, placé dans une petite boëte pratiquée au-dedans de la solidité du couronnement B g h, comme on l'y peut remarquer.

Enfin s'il étoit nécessaire, on pourroit encore pousser la curiosité plus loin, & trouver dans cette machine dequoy faire une seconde lunette d'approche, sans augmenter le nombre des verres que nous y avons employé jusqu'à present, laquelle lunette feroit paroître les objets renversez, à l'imitation de celles qui s'appliquent aux niveaux, aux quarts de cercles, & à celles qui servent aux Astronomes pour faire les observations celestes.

Pour l'executer, il n'y auroit qu'à se servir de l'oculaire c, & du verre du milieu marqué d; & parce que cette lunette deviendroit plus longue que la précedente, il faudroit qu'elle contint un second bout de tuyau, à l'une des extrémitez duquel il y aura une petite monture, qui servira à mettre l'oculaire marqué c.

Il ne reste plus qu'à ajuster au bas de la tige du Microscope une petite pincette, pour y attacher les animaux tout vivans; & à faire des portes-objets qui conviennent aux liqueurs & aux autres objets qu'on veut observer.

CHAPITRE XV.

Description d'un nouveau Microscope universel, & de ses usages.

ON a desiré depuis long-tems d'avoir un seul Microscope qui fut portatif & universel, c'est-à-dire un instrument qui puisse servir à observer toutes sortes de petits objets; les durs, les mols, & tout ce qui se peut voir dans les liquides. En voicy un que l'on croit capable de renfermer tous ces avantages, parce qu'il contient toutes les choses qui sont nécessaires pour faire l'effet de plusieurs Microscopes; c'est pourquoy il n'a pas été possible d'éviter d'y faire entrer un grand nombre de pieces tres-differentes les unes des autres, de chacune desquelles il faut parler assez exactement pour en faire comprendre la méchanique & l'usage. Mais afin d'entrer facilement dans ce détail, nous estimons qu'il est bon de jetter les yeux sur la premiere des deux Figures representées dans la seiziéme Planche, qui nous montre le Microscope vû par-devant, & dans une élevation geometrale, de la même grandeur qu'il a été executé par Monsieur le Febvre Ingenieur en instrumens de Mathématiques; & où l'on voit d'abord trois ressorts d'une construction particuliere. Planche 16.

Le premier de ces ressorts est appliqué au haut de la piece marquée A, ses montans se voyent en B B, pressant le porte-lentille F, qui est derriere eux.

Le second marqué c est attaché en D.

E E, sont les montans du troisiéme ressort que l'on voit attaché en H, sur une platine I qui est au-delà.

Il faut premierement remarquer que les sommets des montans de ces trois ressorts sont un peu courbez en devant pour faciliter l'entrée de quelques pieces plattes & minces que l'on mettra derriere eux, comme on l'expliquera cy-aprés. Ces trois ressorts sont aussi un peu courbez vers le milieu de leur longueur, pour faire place aux pieces qu'on doit introduire derriere eux.

F, est le premier des deux portes-lentilles nouveaux, qu'on peut nommer Eprouvette; parce qu'il peut servir à éprouver de suite des lentilles de diverses grosseurs & de differens foyers.

I, est une piece de laiton qui sert à soutenir une partie des pieces dont on vient de parler. Cette piece doit avoir plus d'épaisseur que les précedentes, & s'enfoncer un peu dans le milieu superieur de la piece à coquille où elle est soudée.

L L, est un morceau de glace qui doit être des plus beaux & des plus transparens qu'on puisse trouver, au milieu duquel on a taillé un petit concave, pour y mettre les liqueurs que l'on voudra observer.

M M, est une grande piece de laiton, au haut de laquelle on a fait une ouverture en forme d'un quarré long, pour faire passer par-dessus & à coulisse le morceau de glace L L, que nous avons appellé ailleurs porte-objet, ou porte-liqueur.

N N, est une grande roue à dents, qui sert à conduire la lentille au point où elle doit être, pour qu'on puisse voir les objets le plus distinctement qu'il est possible.

O, est une virole attachée au manche du Microscope, au haut de laquelle est un écrou qui reçoit une vis d'acier soudée au-dessous de la piece à coquilles, qui termine le bas du Microscope.

Voilà l'explication abregée de toutes les pieces visibles de cette premiere Figure ; & voicy celle des pieces que l'on voit dans la seconde, qui en est le profil.

Figure 2. a a a, est le profil d'une piece courbée en équerre, dont les dimensions sont exactement observées dans cette Figure, & dans la précedente.

b, est le premier des trois ressorts qui sont au-devant de la premiere Figure ; il n'est pas vû dans celle-cy, à cause de l'épaisseur du haut de la piece a a a, où elle s'enfonce.

c, est le second ressort que l'on voit attaché en d par une vis, & fixé en partie par une petite pointe fichée dans la piece A de la premiere Figure, afin qu'il ne puisse tourner d'aucun côté.

e, est le sommet de l'un des montans du troisiéme ressort que l'on voit attaché en h, & s'insinuer dans un petit trou fait au haut de la piece à coquilles.

f, est le premier des nouveaux portes-lentilles.

I, represente la hauteur & l'épaisseur d'une platine de laiton, qui est soudée par en bas dans le milieu de la piece à coquilles qui répond au-dessus de la virole O, & qui sert à soutenir & affermir la plus grande partie des pieces précedentes.

l, est un verre concave ou porte-objet, taillé en biseaux, pour être fermement arrêté dans une coulisse faite sur la piece marquée m.

n, eſt le profil d'une grande rouë à dents, & d'une vis rivée à ſon centre.

o, eſt la virole qui s'attache au manche du Microſcope, comme il a été dit.

p, eſt une regle d'acier rivée en deux endroits de ſa largeur ſur la piece du milieu marquée I.

Cette regle, dont on voit icy la longueur & l'épaiſſeur, eſt ouverte par le milieu en forme d'un quarré long qui a peu de largeur; & elle en doit avoir moins que le côté horiſontal de l'équerre a a a, qui luy eſt parallele.

q, eſt une piece façonnée proprement, au bas de laquelle il y a un écrou par lequel on fait paſſer une vis, dont le bout r eſt formé en pivot bien rond, pour être mû avec juſteſſe dans un trou fait au bas d'une eſpece de conſole marquée t, le haut de laquelle entre quarrément dans l'ouverture de la regle d'acier p, & y eſt fixé par le moyen d'une vis, dont la tête ſe perd dans l'épaiſſeur de cette regle.

Il faut maintenant remarquer que l'extrémité ſuperieure de la piece q eſt en partie quarrée, & en partie viſſée; & que celle qui eſt quarrée ſe termine dans l'épaiſſeur de la regle d'acier p, où elle peut couler librement; & ce qui eſt viſſé traverſe le bras horiſontal de l'équerre a a, ſe terminant comme on le voit en s, où l'on peut remarquer qu'une petite rondelle de laiton en eſt enfilée, & qu'on a encore mis par-deſſus une petite rouë à dents qui a un écrou à ſon centre, pour ſerrer cette rondelle, plus ou moins, ſuivant le beſoin.

u x, eſt un quatriéme reſſort de laiton fermement attaché avec deux petites vis qui entrent dans la piece marquée I.

y, eſt le profil d'une piece de laiton mince, courbée & recourbée en équerre double, pour ſoutenir par ſon extrémité ſuperieure la virole & qui fait reſſort; parce qu'elle eſt fenduë en ſa partie ſuperieure, & dans laquelle on fait entrer le canon z noirci en dedans, & garni de diaphragmes de diverſes ouvertures.

Voilà l'explication de toutes les parties du Microſcope vû de côté; & voicy celle de chacune de ces pieces deſſinées à part, & marquées de lettres ſemblables à celles des Figures précedentes ; afin qu'on y puisse avoir recours, si l'on juge que cela soit nécessaire.

Explication de tout ce qui est contenu dans la Planche 17, qui a rapport avec les Figures de la précedente.

A, Est le dessein de la partie verticale du devant de la piece de laiton courbée en équerre ; au derriere de laquelle, & sur ses deux montans, on a rivé une piece de laiton mince, pour servir d'appuy aux portes-lentilles qui s'adossent contre.

Mais auparavant que d'attacher cette piece, il faut avoir creusé en talus le devant de la piece A, laissant la partie élevée du côté de la vis, pour loger l'extrémité de la queuë du ressort BB, afin que ses montans approchent plus prés de la piece mince qu'on aura rivée derriere.

Cette préparation étant supposée, voicy la méthode que l'on a suivie pour attacher les deux premiers ressorts qui sont sur le devant de ce côté de l'équerre. On y a premierement fait deux trous qui se voyent au bas de la queuë de cette piece A, dont le superieur, qui est un peu plus grand que l'inferieur, sert d'écrou, & l'on a rivé un petit tenon dans l'autre trou, le surpassant seulement de l'épaisseur des deux ressorts ; ensuite de cela on a encore fait deux trous ronds au bas de chacun des deux ressorts B, C, qui conviennent tellement aux précedens, que la queuë du premier s'appliquant dans la cavité faite au-dessous du milieu des montans de la piece A, on puisse mettre par-dessus ce premier ressort B, le second C, & attacher ensemble ces pieces avec la vis, dont la tête paroît au-dessous de la lettre D, Figure 1. & 2. de la Planche 16.

E E, est le troisiéme ressort qui s'applique & s'attache au-devant de la piece de laiton marquée I.

F, est le premier des deux portes-lentilles, où l'on voit une tetine pour loger la lentille ; on le fait d'une piece de laiton gratté tres-mince, dont une moitié est pliée sur l'autre.

G, est le second porte-lentille, qui est aussi fait de laiton un peu plus fort que le précedent. Le dessein en fait assez connoître la construction; il suffira de dire, que la partie du dessus est de même largeur que la queuë, & que le coulant sert à retenir la lentille en place.

LL, est un morceau de glace, au milieu duquel on a taillé un concave, qui sert à y retenir une petite goutte de vinaigre, où nagent des anguilles.

On peut faire d'autres portes-objets de verre mince & de même grandeur sans le creuser, au-devant desquels, si la lentille dont on se servira est d'un tres-court foyer, on mettra les liqueurs pour les observer.

MM, est une platine de laiton, où il y a une coulisse pour recevoir les portes-objets précedens.

On en fait plusieurs autres avec du petit carton mince, au milieu desquels on fait une ouverture semblable à celle qui se peut voir au-dessous de la lettre K, où l'on attache des objets pour être vûs l'un aprés l'autre, avec des lentilles de foyers convenables.

x x, est le quatriéme ressort qui est attaché par deux vis derriere la piece I, & immediatement au-dessus du côté horisontal de l'équerre a a a, de la seconde Figure Planche 16. Ce ressort est un peu courbé au sommet, pour faciliter l'entrée d'une platine pliée & repliée en double équerre, & il l'est encore par en bas, comme on le peut voir exactement exprimé dans son profil, Planche 16.

NN, est le profil d'une grande rouë à dents, & d'une vis rivée à son centre.

o, est le dessein de la virole attachée au manche du Microscope, au haut de laquelle on a fait un écrou pour y faire entrer la vis qui se voit representée en o, au bas du profil, seconde Figure de la Planche 16.

p, est le plan superieur de la regle d'acier que nous avons mis icy, pour faire voir tout ce qui n'a pû être representé dans les Figures de la Planche 16.

q: cette piece est assez visible dans le profil de la Planche 16. pour n'avoir pas besoin d'une plus ample explication que celle qui en a été donnée.

y, est la representation perspective de la largeur d'une piece de laiton courbée & recourbée en double équerre, au sommet de laquelle on a soudé une virole marquée &.

z z, est un canon cilindrique qui coule dans la virole &, qui fait l'office d'un ressort. Ce canon est garni de diaphragmes, & noirci interieurement pour en éviter le luisant.

Le dessein qui est marqué des chiffres 1, 2, 3, 4, 5, 6, 7, est une machine particuliere à ce Microscope, que nous avons nommée porte-pincette. On voit qu'elle est composée de six principales pieces ; sçavoir, d'une petite pincette à boutons marquée 1 ; d'un petit canon vû en 2, dont l'un des bouts est à ressort ; d'une charniere chiffrée 3, qui tourne sur une petite bande de laiton marquée 4 ; d'une tige ronde 5, qui entre dans deux petits canons 6, 6, pratiquez à l'extrémité de la piece 7, qui doit être de laiton mince. De sorte que par cette disposition de pieces, toutes differentes les unes des autres, on pourra aisément mouvoir la pincette en tous les sens que l'on voudra.

8, est une tige de laiton, à l'un des bouts de laquelle on a monté à vis ou autrement une pointe d'aiguille, pour servir aux usages dont il sera bien-tôt parlé.

9, est un porte-objet d'ébene, noir d'un côté & blanc de l'autre ; il doit être fait à peu prés comme une dame à joüer, vers la circonference de laquelle on a dû avoir reservé un petit rebord élevé en forme de parapet, pour empêcher que les petits corps qui se mettront sur la surface, tant superieure qu'inferieure, ne puissent rouler en bas.

10, est le profil de ce porte-objet, où l'on voit un petit trou rond qui se remplit d'une cheville de liege, afin qu'en y fourrant la pointe de la tige 8, la dame 9 y tienne attachée.

Des usages de ce Microscope universel.

NOus supposons d'abord que cette Machine ainsi construite, soit encore accompagnée de plusieurs lentilles de differens foyers parfaitement bien taillées, & bien montées dans des pieces de laiton semblables à celles qui sont representées au-dessous des lettres F, G, Planche 17. aprés quoy on sera en état de faire les experiences qui suivent.

Mais

Mais auparavant que j'entre en matiere, je me trouve obligé d'avertir, qu'une explication par écrit, quelque ample qu'elle soit, ne donnera jamais l'intelligence qu'il faut avoir pour bien conduire toutes les pieces de ce Microscope, pour préparer les objets qu'on y peut observer; & qu'en moins de deux heures de conversation avec une personne qui en aura l'intelligence, on apprendra plus de choses, que l'on ne feroit durant huit jours, d'une lecture qui rebuteroit ceux qui ne sont pas accoûtumez à lire ces sortes d'explications; c'est pourquoy je ne diray précisement que ce qu'il faudra dire pour ne point ennuyer.

Des Cartons préparez pour servir de portes-objets fixes.

LE dessein que l'on peut voir au-dessous de la lettre K, Planche 17, represente un des petits cartons, au milieu duquel on a pratiqué une ouverture ronde ou quarrée, pour y faire répondre divers corps durs & transparens, comme des aîles de mouches, des cheveux, de tres-petites plumes d'oiseaux, des tranches de bois tres-minces, &c. qu'on y attache avec un peu d'eau gomée, ou quelque autre chose d'équivalent. Ces cartons étant ainsi préparez & mis de suite dans la piece à coulisse de la platine M M, pour y être vûs avec des lentilles qui conviennent, divertiront agréablement les spectateurs par un grand nombre d'objets tous differens les uns des autres.

Du Porte-pincette, & des pieces qui l'accompagnent.

CEtte Machine est d'un grand usage pour servir avantageusement aux diverses observations que l'on se proposera de faire sur une infinité de petits corps durs ou mols: si ces corps sont durs, on les attache à la pincette à boutons marquée 1, 1, Planche 17; s'ils sont mols, comme les poux, les puces, &c. on les pince par la croupe, pour être observez tout vivans. Les mouches d'une certaine grosseur se peuvent empaler avec la pointe de la tige 8, qui se monte par aprés dans les deux petits canons 6, 6, de la platine 7. Si ce sont des poux de ſerins de Canarie qu'on ait deſſein d'obſerver, on trempe la pointe de cette même tige dans un peu d'eau gomée, aſſez épaiſſe pour y faire tenir ces poux. On en fait de même pour les mittes de fromage, qui paroiſſent bien differentes les unes des autres.

On peut auſſi enduire la petite dame 9 de cette eau gomée, & répandre deſſus ces petites bêtes vivantes qui s'y attachent, & qui y demeurent en vie tres-long-tems; & pour les obſerver ſur cette dame, on fait entrer dans le trou qui eſt à ſon côté la pointe qui eſt au bout de la tige 8, qui y demeure ferme au moyen de la cheville de liege qui le remplit exactement. Les petites graines les plus menuës ſe placent ſur de ſemblables dames, blanches ou noires, ſuivant la couleur des graines qu'on y veut voir, & l'on employe à cet effet des lentilles convenables. Cette platine 7. ſe place au même lieu qu'eſt placée celle qui eſt marquée M M, dans la premiere Figure de la Planche 16. Et il faut remarquer que cette piece & la pincette s'y peuvent mouvoir de haut en bas, de bas en haut, & de côté, ſoit à droit, ſoit à gauche: mais pour faire avancer la lentille vers l'objet, ou pour l'en
*Planc. 16. Figure 2. éloigner, il faut tourner la petite rouë * S d'un certain ſens, puis pouſſer en avant ou en arriere la partie baſſe de l'équerre marquée a a a, l'arrêtant par le moyen de cette même rouë où l'on juge à propos de l'arrêter, prés ou loin de la lentille ſuivant ſon foyer; & pour achever de la mettre préciſement au point où elle doit être pour bien voir l'objet; il faut appliquer l'œil tout proche de la lentille, pendant qu'on tient le Microſcope d'une main; puis faire tourner avec un des doigts de la même main, dont on tient le Microſcope, la grande rouë marquée N N, à droit ou à gauche, & l'arrêter dans le moment que vous appercevrez l'objet le plus diſtinctement qu'il ſera poſſible.

A l'imitation des deux tiges précedentes, marquées 1. & 8, on pourra en conſtruire de diverſes ſortes de même longueur & groſſeur; mais de formes toutes differentes en chacune de leurs extrémitez, ſuivant le beſoin que l'on en pourra avoir. Par ce moyen l'on étendra l'univerſalité de ce porte-pincette, & en même tems celle du Microſcope, qui tire tous ses avantages de sa bonté, & de l'industrie de celuy qui s'en sert.

De l'usage de ce Microscope pour les liqueurs.

SI l'on veut maintenant observer ce qui se peut découvrir dans une liqueur, il n'y a qu'à tremper le plus petit bout d'une plume à écrire dans une infusion de quelque plante, pour en moüiller le milieu du porte-objet de verre qui sera enchassé dans la coulisse de la piece marquée M M, en la premiere Figure de la Planche 16. afin de la faire répondre vis-à-vis de la lentille qui luy conviendra, & de la mettre au point de distinction. Ainsi l'on verra dans diverses liqueurs des animaux qui y nagent, d'autres qui y rampent & nagent, & d'autres enfin qui y marchent & qui y nagent.

Il faut remarquer que pour mettre beaucoup d'anguilles en experiences, il faudra employer le verre concave, & y mettre une assez grosse goutte de vinaigre avec le petit antonnoir dont nous avons parlé, dans l'usage des Microscopes précedens.

De la circulation du sang, & d'une nouvelle invention pour la faire voir dans la queuë d'un petit poisson, nommé Tétart ou Chabot.

L'Une des belles découvertes que l'on ait faites dans la Medecine, est celle de la circulation du sang, qui est dûë à Hervée fameux Medecin Anglois, qui la publia en l'année 1628. ou plutôt au Pere Frapaulo, celebre Ecrivain de son tems.

Quelques bons qu'ayent été les raisonnemens & les experiences de ces deux sçavans Hommes, pour établir cette opinion; tous les vieux Docteurs de ce tems-là s'éleverent contre cette nouveauté, & firent tout ce qu'ils pûrent pour la combattre; parce qu'ils manquoient alors d'experiences assez évidentes pour la preuve d'une si belle découverte. En voicy une qui met le fait hors de contestation.

Pour cela, vous n'avez qu'à préparer une platine de laiton

mince, de la figure & de la grandeur qu'est le dessein marqué A B B ; preparez aussi une bande de parchemin de la figure d'un quarré long, dont la hauteur soit d'environ 18. lignes, & d'une longueur suffisante pour environner les montans B B de cette platine, & coller ses deux bouts l'un sur l'autre : après cela collez aussi les deux extrémitez de deux petites bandes de même matiere, d'environ trois lignes de largeur au devant de cette piece, comme cela paroît aux endroits c c c c, laissant libre & dégagé tout le derriere des bandes; afin que le tout étant bien sec, vous puissiez passer librement entre ces bandes, & le derriere de la piece de parchemin doublée, les montans B, B, de la platine de laiton A.

Planche 18.

Ayez ensuite un petit morceau de glace de verre de peu d'épaisseur, taillé proprement, d'environ huit lignes en quarré, dont vous ferez entrer la moitié entre les deux côtez d'en-bas de la machine de parchemin, dont je viens de parler, pour la coller contre sa partie anterieure seulement, ainsi qu'il paroît en D D : coupez adroitement une piece du devant de cette machine, qui soit de la figure du tétart, & faites que cette piece tienne par en haut, comme cela se voit au-dessous de la lettre E : passez ensuite un bout de fil à l'extrémité du bas de cette piece libre, que vous venez de préparer, dont les bouts s'étendent à droit & à gauche, ainsi qu'il paroît en F ; en sorte qu'il y en ait autant d'un côté qu'il s'en trouve de l'autre ; comme on le peut remarquer dans ce dessein.

Lorsque vous voudrez faire voir la circulation du sang dans les veines & dans les arteres qui sont en la queuë d'un tétart, vous n'aurez qu'à en placer un au-dessous de la piece de parchemin, que vous avez separée en partie du reste de sa machine, aprés y avoir fait plusieurs grands trous d'épingle, & humecté d'un peu d'eau l'endroit où vous le voulez enfermer, au moyen de la piece qui s'abaisse dessus, & du fil marqué G F G, dont vous le lierez doucement, afin qu'il puisse respirer dans cet état.

Cette machine étant ainsi préparée, il la faudra porter à la place de celle qui est marquée M M, en la Fig. 1. Planche

15, faiſant répondre la queuë du têtart ſur le verre qui eſt au-deſſous, après l'avoir eſſuyé, l'approchant enſuite d'une lentille d'environ deux lignes de foyer, vous aurez le plaiſir de voir au jour, ou à la faveur d'une chandelle allumée, le ſang ruiſſeler dans un aſſez grand nombre de veines & d'arteres; découvrant en même tems pluſieurs autres Phénoménes aſſez curieux à obſerver.

Cette nouvelle maniere d'obſerver la circulation du ſang, & les animaux des liqueurs, eſt préferable à toutes celles où l'on employe un miroir plan, que l'on ajuſte dans une boëte préparée à cet effet; car le mêlange qui ſe fait de la lumiere reflèchie par les parties ſolides du devant de la glace, de celle qui part de la ſurface du vif-argent mêlé avec l'étain, & de celle de l'air qui ſe trouve dans les pores de cet amalgame, ne produit qu'une lumiere confuſe, qui empêche le ſpectateur d'avoir une parfaite diſtinction de l'objet qu'il regarde.

Nous ſupprimons auſſi la Loupe placée entre la lumiere & l'objet, que l'on y place dans le deſſein d'éclairer davantage une petite étenduë de la queuë du poiſſon; parce que cette grande quantité de rayons de lumiere differemment modifiée, bien loin d'être avantageuſe dans cette occaſion, elle y nuit beaucoup, en empêchant le ſpectateur d'avoir une diſtinction parfaite de l'objet éclairé de cette maniere.

On peut auſſi voir la même choſe, en découvrant un plus grand champ, ou une plus grande étenduë de la queuë du têtart, en ſe ſervant d'un petit Microſcope à deux ou à trois verres convexes des deux côtez, dont voicy les proportions.

Profil d'un petit Microſcope, composé de deux ou de trois lentilles convexes des deux côtez.

ON voit au haut de cette Planche le profil des trois lentilles HIK, qui doivent être des plus parfaites, & montées dans le corps du Microſcope, dont le profil fait par la ſection d'un plan, paſſant par l'axe de toute ſa longueur, eſt repreſenté au bas de cette même Planche, avec les verres qui le compoſent. Planche 18.

L'oculaire marqué H, doit avoir six lignes de foyer : le verre I du milieu sera d'un pouce ; & K, qui represente la lentille, aura pour le moins deux lignes de foyer.

La distance de l'oculaire au verre du milieu sera de quinze lignes ou environ ; celle du verre du milieu à la lentille, sera de deux pouces ; & la distance de l'œil à l'oculaire, sera d'environ quatre lignes.

Enfin si l'on veut faire un Microscope à deux verres, il n'y aura qu'à supprimer celuy du milieu, & laisser le reste en l'état qu'il se trouve.

Ce Microscope à deux ou à trois verres, étant ainsi construit, s'enchassera dans la virole representée en L ; en sorte qu'il y soit fermement arrêté. M est le profil de cette virole, qui est un peu ouverte du sens de sa largeur, afin qu'elle fasse l'office d'un ressort : son épaisseur, qui est vûë en N, doit être imaginée plus haute que le plan O, sur lequel sa partie basse est enchassée de dix lignes ou environ en profondeur.

Ce plan O represente une petite platine mince de laiton d'environ quatorze lignes en quarré, percé au milieu d'un trou rond qui a cinq lignes de diametre, dont l'usage est de recevoir la bonnette qui fixe la lentille du Microscope, comme cela se peut remarquer au-dessous de la lettre P, qui est le profil de l'épaisseur de cette platine O.

Cela étant ainsi préparé, on engagera cette platine PQ, entre la piece A & le ressort C de la premiere Fig. Planche 16 ; par ce moyen on aura le plaisir d'appercevoir tout ce qui sera dans une petite goutte d'une infusion mise sur le porte-objet du Microscope, & d'y découvrir un champ beaucoup plus grand que n'est celuy que l'on découvre ordinairement avec une seule lentille, mais avec moins de clarté.

Il a encore un avantage particulier, qui est de servir à découvrir les objets d'une distance plus grande que l'on ne feroit avec une lentille d'un tres-court foyer.

Ce Microscope à deux ou à trois verres, étant monté de même que ceux qui sont composez d'autant de verres, servira aux mêmes usages.

En continuant de parler des usages du Microscope universel, nous dirons que pouvant écarter, tant & si peu qu'on le veut, le porte-lentille de l'objet qu'on veut voir, on a la facilité de mettre en usage des lentilles de divers foyers ; & par consequent celuy de faire, avec cette nouvelle monture, un grand nombre d'experiences qu'on ne peut pas faire avec plusieurs autres d'une construction differente.

Comme on peut approcher en un instant la lentille de l'objet, avant que de porter le Microscope à l'œil, & achever de la mettre assez prés ou assez loin de l'objet, par le moyen de la rouë N N, que l'on tourne avec un seul doigt de la main qui le tient, cela donne le moyen de promener l'objet avec l'autre main, & de découvrir toute l'étenduë de la petite goutte d'eau mise sur le porte-objet, & en même tems ce qu'elle contient. Planche 16.

Cette rouë N N, sa vis, & la piece marquée q s, dans le profil de la Planche 16, font que ce Microscope a une proprieté qui consiste, en ce que dans le moment que l'on commence à tourner la rouë N N, la lentille part pour s'approcher ou pour s'éloigner de l'objet, ce qui fait juger de sa bonté ; car étant excellente, son meilleur effet paroît à une seule distance de l'objet ; au lieu que si elle n'étoit que mediocre, son effet se feroit voir le même en des distances inégales.

Le nouveau porte-lentille, marqué F, est si commode, qu'on peut par son moyen employer des lentilles d'un si court foyer que l'on voudra, & mettre les liqueurs au devant ou au derriere du porte-objet de verre ; ce qui donne occasion d'observer les poissons qui nagent dans ces liqueurs par devant ou par derriere, & de découvrir s'ils rampent ou s'ils marchent sur le porte-objet, ou enfin s'ils nagent dans l'eau que l'on examine. Planche 16. & 17.

On voit bien que ce Microscope ainsi construit, & accompagné de toutes les pieces qui en doivent faire l'assortiment, est presque universel, & qu'on peut faire avec cet instrument toutes les experiences dont j'ay parlé dans ce Traité, à la reserve de quelques-unes qui se font commodement avec les Microscopes à canons, & le porte-Loupe ; car il est évident qu'on ne le peut employer dans les dissections des petits animaux vivans ou morts ; qu'il ne peut servir à les dessiner ni à les graver élégamment, ni même à les tenir enfermez durant plusieurs mois dans de petites prisons bien éclairées, comme on fait dans les Microscopes à tombeaux, où l'on voit comment les uns y font leurs œufs, & d'autres leurs petits tout vivans; comment ils s'y nourrissent; comment ils y changent de couleur; comment ils y combattent; & où enfin l'on découvre avec beaucoup de plaisir plusieurs especes de métamorphoses, qu'on ne se lasse point d'admirer.

CHAPITRE XVI.

Autre nouveau Microscope universel.

VOicy un second Microscope universel, plus simple que le précedent, & qui a par-dessus cela quelques avantages qui ne s'y rencontrent pas. On le voit representé dans cette dix-neuviéme Planche, en deux positions toutes differentes; la premiere, est une élévation géometrale du Microscope tout entier vû par devant; & la seconde le represénte vû de côté.

Ce Microscope étant construit de plusieurs pieces semblables à celles du précedent, & ces pieces ayant icy les mêmes usages, nous passerons légérement par-dessus, nous contentant de nous étendre autant qu'il le faudra sur celles qui sont d'une nouvelle construction, & dont les fonctions sont plus parfaites & plus commodes.

Explication de la premiere & seconde Figure, qui représentent le Microscope tout entier vû par devant & de côté; où il faut remarquer que les grosses lettres servent de renvoy à la premiere Figure; & les petites, à la seconde.

AA, est une piece de laiton soudée par en bas, à une petite piece ronde & platte, ornée de quelques moulures pour servir de base à cette maîtresse piece, & de couronnement à la virole du manche sur laquelle elle se monte à vis, comme on le peut remarquer au bas de la seconde Figure.

Cette

Cette piece A A, qui ressemble en quelque façon à une petite palette, dont les enfans se servent pour jouër au volant, est nommée la maîtresse piece; parce qu'elle sert à soutenir & à porter les autres parties de ce Microscope: sa longueur, sa largeur & son épaisseur sont exactement représentées dans la premiere & seconde Figure.

b, est un canon en forme de quarré long, représenté en la seconde Figure, soudé par un bout au-dessus du milieu de la maîtresse piece A A, ou a a.

c c, est un autre petit canon creux & de même figure, qui entre justement dans le précedent: ce petit canon est soudé à une petite piece de laiton marquée D ou d.

E, ou e e, représentent une vis qui tient à la piece d, sur laquelle tourne la rouë F F, ou f.

G, ou g, est un ressort d'acier trempé, dont le bas est attaché sur la maîtresse piece A A, ou a a.

Le bout d'en-haut de ce ressort est separé en deux parties, formant une espece de fourchette platte par ses extrémitez, pour laisser un passage libre à la vis e e; de maniere que les deux extrémitez du haut de ce ressort appuyans contre le milieu de la piece marquée d, elles la poussent continuellement en avant.

On voit en la seconde Figure, tant au-dessous de la lettre h, qu'au-dessus d'i, les bouts de deux petits ressorts d'acier placez, l'un dans le gros canon b, & l'autre dans le petit marqué c, pour rendre uniforme le mouvement du petit canon, & du bras horisontal de l'équerre l l l, dont on va parler.

L, ou l l l, est une grande piece de laiton, formant une espece d'équerre, dont la branche horisontale est toute simple, au lieu que sa verticale est plus composée. La branche la plus simple est semblable à une petite regle ordinaire, dont toutes les surfaces opposées sont paralleles entr'elles; afin qu'étant ainsi d'égale épaisseur, elle puisse couler librement, & d'un mouvement égal, dans le conduit qui aura été pratiqué au-dedans du petit canon marqué c.

La branche verticale de cette équerre est construite de pieces semblables à celles du Microscope universel précedent, representées dans la Planche 16. Figure 1. & 2. par les lettres A, B B, C, & expliquées dans le Chapitre XV. qui précede celuy-cy.

M M, sont deux ressorts de laiton attachez fermement l'un à droite & l'autre à gauche, de la largeur de la piece A A, par le moyen de deux vis dont on voit les têtes, & de deux petites goupilles invisibles, qui sont rivées aux extrémitez d'en-bas de ces ressorts, courbez en deux sens differens, comme on le peut remarquer en h & en m, afin de faciliter l'entrée, & l'enfoncement des diverses pieces qui doivent s'introduire derriere ces mêmes ressorts.

Au milieu de l'épaisseur, & à l'extrémité superieure de la maîtresse piece A A, ou a a, il y a une ouverture faite en forme d'un petit quarré long, dont les moindres côtez sont également distans de la largeur de la platine A A, dans laquelle on fait entrer le bras vertical d'une petite regle de laiton d'environ vingt lignes de longueur, & de trois lignes de largeur, pliée par le milieu pour former une équerre, dont le bout horisontal n porte la virole p, qui fait ressort, dans laquelle on fait mouvoir le canon O, garni de même que celuy du Microscope précedent.

Les portes-lentilles, les portes-objets, les portes-pincettes, &c. s'executent de même qu'ils sont representez dans les Planches du premier Microscope universel; & les usages de toutes ces pieces doivent être icy les mêmes, c'est pourquoy nous n'en parlerons pas.

CHAPITRE XVII.

Explication d'un troisiéme & dernier Microscope nouveau & universel.

JE vais finir la premiere Partie de ce Livre, par l'explication d'un troisiéme Microscope nouveau, & un peu plus universel que le précedent, où nous n'avons employé que des têtarts pour faire voir la circulation du sang; au lieu que dans celuy-cy on y pourra ajuster des poissons de plusieurs especes, de differentes longueurs, & de diverses grosseurs. Et parce qu'il a d'ailleurs tous les avantages du precedent, on l'y doit préferer ; mais comme il contient beaucoup de pieces qui ont un grand rapport à celles de ce Microscope-là, & qu'elles ont été expliquées dans le Chapitre precedent, nous ne devons presque parler icy que de celles qui en sont differentes. Et afin d'abreger cette description autant que nous le pourrons, nous avertissons que les grosses lettres qui se voyent sur les parties de ce Microscope, representé en la premiere Figure de la Planche 20, servent de renvoy aux petites lettres de même nom, qui sont sur les mêmes parties du profil de ce Microscope, Figure 2 ; afin que par ce moyen on puisse avoir une intelligence plus parfaite de la construction & des usages de toute cette machine. Mais parce que les proportions de la hauteur, de la largeur, & de l'épaisseur du corps de ce Microscope, dépendent de la longueur, de la largeur & de l'épaisseur des poissons, dans la queuë desquels on voudra voir circuler le sang ; cela fait qu'on ne peut déterminer toutes ces choses qu'à peu prés, & en donner des mesures qui répondent à celles des animaux dont le choix est plus convenable ; & d'autant que les petits poissons ont la queuë plus mince & plus transparente que n'est celle des gros, il les y faut préferer, & réduire la grandeur des parties du Microscope dans le moindre volume qu'il sera possible, afin d'en faciliter le transport.

Pour cet effet, nous avons jugé à propos de donner environ huit pouces de hauteur à toute la machine ; mais cette Planche n'en ayant pas assez pour la contenir toute entiere, nous avons résolu d'en marquer toutes les dimensions par des mesures exactes, afin que sur ce détail on la puisse facilement executer. Ainsi nous dirons que le corps du Microscope est fait de laiton ; que sa hauteur A B est divisée en deux parties ; que la poignée C D a quatre pouces de hauteur ; que sa largeur F F est de vingt lignes, & son épaisseur G H de treize ; que cette poignée est creuse & de figure cilindrique un peu applatie, en sorte que ses extrémitez sont devenuës ovales, demeurans dans les mêmes proportions cy-dessus marquées.

La seconde partie superieure A I, est faite à peu près comme un parallelepipede rectangle, dont la hauteur a vingt-sept lignes; la largeur par le bas, tant du devant que du derriere, est de seize lignes, & par le haut des mêmes côtez de dix-huit; & que chacun des autres plus petits côtez n'a que dix lignes.

Cette même partie A I est inégalement divisée en deux autres; celle de dessous a seize lignes, & celle de dessus onze: les deux côtez de la premiere partie qui touchent la poignée, sont ouverts; & ceux de la seconde, qui répondent immédiatement au-dessus, sont fermez.

A peu près vers le milieu de la partie superieure du devant, & du derriere du corps du Microscope, on y a attaché deux plattes-bandes marquées l l, dans le profil Figure 2, qui en occupent toute la largeur, & dont les extrémitez sont entaillées pour servir de coulisse; & au milieu de la platte-bande du derriere du Microscope, on y a soudé une vis m d'environ un pouce de longueur, de deux lignes de diametre, & d'un pas assez gros.

Maintenant dans les entailles des deux pieces à coulisses dont on a parlé, on y fait entrer les côtez creux d'une double équerre o o, dont la concavité est faite en forme d'un quarré long.

Cette double équerre o o entre à coulisse par le devant du Microscope, & ses extrémitez posterieures, qui sont faites en tenons percez, reçoivent une piece de laiton platte marquée p p, qui est retenuë par deux goupilles; & il faut remarquer 1°. que la vis m dont nous venons de parler traverse librement le milieu de cette piece de laiton; 2°. Que cette piece de laiton jointe à la double équerre forment un châssis quarré qui environne le corps du Microscope, & qui pourra être mû en avant & en arriere, pour servir aux usages dont on parlera cy-après. Et enfin qu'au derriere du corps de ce Microscope on y a attaché un ressort d'acier marqué q, Q, dans la seconde & troisiéme Figure, d'environ trois pouces de longueur & de huit lignes de largeur, dont l'effet est de pousser le châssis en arriere ; & ayant monté une roüe dentelée r r sur cette vis m, dont le diametre excede un peu les côtez de la double équerre, elle servira à pousser le châssis d'un sens opposé à celuy du ressort marqué Q.

Dans les deux côtez creux des pieces à coulisses, & par le devant du corps du Microscope, on fait entrer deux lames d'acier s s, aux extrémitez desquelles est rivée une piece platte marquée T, t, Figure 1. & 2, Planche 20. recourbée en double équerre, comme on le voit dans le profil de la seconde Figure, & dans celuy de la cinquiéme, Planche 21.

Le haut de cette partie platte, ainsi recourbée, est composé de pieces toutes semblables à celles du haut du Microscope précedent; & ces pieces doivent avoir icy & là à peu prés les mêmes proportions & les mêmes usages.

On voit paroître au-dessous des lettres V, V, le haut de deux ressorts d'acier, dont les extrémitez inferieures sont attachées interieurement au corps du Microscope, par le moyen de deux vis dont les têtes paroissent en X X, & ces ressorts sont retenus fermement en la situation qu'on les voit par deux petits tenons, dont les bouts paroissent quelque peu plus bas que ne sont les têtes de ces vis.

Au dessus, & au derriere de la partie superieure de tout le corps du Microscope, on y a pratiqué, dans le milieu de sa longueur & de son épaisseur, une cavité reguliere d'environ dix lignes de profondeur, de huit lignes de longueur, & d'un peu moins d'une ligne d'épaisseur, pour y faire entrer la queuë & d'une virole 1. qui fait ressort, & dans laquelle on introduit le canon 2, garni de diaphragmes. Planche 20. Figure 2.

La troisiéme Figure de la 21. Planche, represente le Microscope vû par derriere, & dans une élevation géometraie, où l'on peut voir la hauteur de la poignée I B couverte de chagrin, le grand ressort d'acier marqué Q, la vis qui l'attache à peu prés au milieu de cette poignée, la roüe dentelée R, montée sur la vis M qui en traverse le milieu ; le reste du corps du Microscope, le derriere du canon garni d'un diaphragme, & d'une virole qui le retient sur le bord de ce canon; & enfin une petite partie de tout ce qui se voit representé au-dessous de la quatriéme Fig. Planche 21.

Cette quatriéme Figure represente une machine composée d'un porte-canon z z, concave d'un côté & convexe de l'autre : on voit au milieu un petit anneau marqué & &, que l'on a reservé de part & d'autre de la même piece dont le canal est fait, sur le milieu duquel on a attaché un ressort d'acier trempé marqué I, qui se voit terminé en Y Y, dont les extrémitez sont recourbées d'un sens contraire à celuy du canal de laiton marqué z z qui luy répond, afin que ces deux corps ainsi figurez concourent ensemble à retenir les tuyaux de verre, d'argent ou de laiton, gros & menus, dans la cavité desquels on introduira les poissons qu'on y voudra mettre.

La partie superieure 2 2, de ce porte-canon, est faite de laiton mince, & elle est de la même grandeur & de la même figure que le dessein la represente. On y voit en haut & au milieu une ouverture en forme d'un quarré long, sur laquelle on pousse à coulisse un verre plan de même figure & de peu d'épaisseur, mais un peu plus grand, taillé en biseaux tout le long de ses plus grands côtez.

Enfin la Figure 5, qui est au bas de la Planche 21, est le profil d'une piece qui tient à la platte-bande T, Fig. 1. Planche 20, recourbée en double équerre, & sur le devant de laquelle on voit deux doubles ressorts d'inégales largeur & hauteur, derriere lesquels on introduit le porte-lentille, & la piece qui doit servir à soutenir un petit Microscope à deux ou trois verres convexes des deux côtez, comme il a été expliqué dans l'usage de l'un & de l'autre des deux Microscopes précedens.

Outre les pieces dont je viens de parler, qui accompagnent celuy-cy, on doit encore l'assortir d'un porte-pincette, d'un porte-tétart, d'un porte-objet à coulisse, pour y introduire des verres taillez diversement, & d'autres portes-objets, qui doivent servir à des usages differens, & dont il a été parlé ailleurs assez au long, pour n'avoir pas besoin d'une plus ample explication.

J'avertiray seulement que la curiosité & le desir de rendre cet Ouvrage autant parfait qu'il m'a été possible de le faire, m'ont engagez à rechercher les moyens de satisfaire pleinement ceux qui voudront sçavoir si le sang circule d'une même maniere dans des poissons d'une même espece ; s'il se meut differemment dans ceux qui sont de diverses natures ; s'il va plus vîte dans les vaisseaux des uns que dans ceux des autres ; s'il y est plus ou moins rouge ; si les globules du sang qui passent d'une artere dans une veine, se divisent en d'autres globules plus petits ; si toute la masse du sang est uniforme, ou si on la voit composée de parties hétherogenes ; si les arteres & les veines ne sont que des tuyaux recourbez, comme les syphons ; si l'on voit le sang s'arrêter dans quelques vaisseaux d'un même poisson, pendant que son mouvement se continuë en d'autres ; si tout le sang d'un petit poisson, ou de quelque autre animal, comme d'une mitte de serin de Canarie, peut cesser de se mouvoir pour quelque tems seulement ; s'il est plus épais en de certains poissons qu'en d'autres ; pourquoy il paroît blanc en quelques-uns, & rouge en d'autres, &c. C'a donc été pour satisfaire ceux qui nous font l'honneur de nous proposer de semblables questions, & pour faciliter la résolution d'un nombre presque infini d'autres, qui rendent la Physique tres-utile & tres-agréable, que j'ay fait construire ce troisiéme Microscope universel, dans lequel on pourra facilement appliquer quand on voudra, & durant toute l'année, tantôt des têtarts ou chabots, tantôt de petites anguilles, quelquefois des lamproyes, d'autres fois de petites tanches ou des carpes, dans la queuë desquelles on aura le plaisir d'observer, comme on le va dire, à la lumiere du jour ou à celle d'une chandelle, toutes les choses dont je viens de parler. Et avec ce seul Microscope, accompagné des pieces qui doivent l'assortir, on pourra aussi faire toutes les experiences dont les deux précedens Microscopes sont capables.

CHAPITRE XVIII.

Comment on doit ajuster une Lamproye, une Anguille, ou un tétart, dans un tuyau de verre, d'argent ou de laiton. Comment on applique ces tuyaux dans la machine representée en la Planche 21. Fig. 4. Et enfin comment cette même machine doit être placée dans la capacité du corps du Microscope.

POur cet effet prenez un de ces tuyaux, qui soit un peu plus court que la lamproye, ou l'anguille que l'on y voudra faire entrer, & tellement construit, que l'un de ses bouts soit taillé à peu près comme celuy d'une plume à écrire, pendant que l'autre bout du même tuyau se terminera en pointe un peu émoussée & percée, afin que l'animal qu'on y fera entrer y puisse facilement respirer. Il faut observer que le tuyau dans lequel on fera entrer le poisson ne doit pas être trop grand, parce qu'il en pourroit sortir de luy-même, après l'y avoir fait descendre, en commençant par la tête.

Cela supposé, arrêtez la queuë de l'animal après l'avoir fait surpasser de quelques lignes, le bout d'en-haut du tuyau taillé obliquement, avec un peu de papier ou de linge, que vous ferez entrer dans ce tuyau sans beaucoup presser la queuë de l'animal, qu'il faudra faire répondre sur le verre à coulisse; ensuite de quoy il n'y aura plus qu'à mettre cette machine, ainsi préparée, dans l'espace vuide du corps de ce Microscope, en l'y arrêtant du sens qu'il faut, derriere les ressorts d'acier que l'on voit representez en V V, de la premiere Fig. Planche 20. faisant encore répondre le bout de la queuë de ce poisson vis-à-vis la lentille que l'on mettra facilement au point de distinction, par le moyen de la grande roüe à dents; alors vous aurez le plaisir d'observer à loisir le mouvement du sang à la lumiere du jour, ou à celle d'une chandelle.

Je ne devrois rien dire icy de la préparation du tétart, parce que j'en ay parlé dans l'usage du premier Microscope universel,

universel, ni de plusieurs autres choses qui ont été expliquées ailleurs; cependant je me sens obligé de parler d'une nouvelle maniere de les saisir avec beaucoup plus de facilité qu'on ne peut faire en suivant la méthode precedente. Elle consiste 1°. à prendre un tuyau de verre comme a b, qui soit un peu plus long que n'est le poisson qu'on y voudra faire entrer, pour tailler l'extrémité b, ainsi que cela se voit en la Fig. 6. de la 21. Planche.

2°. De faire un autre tuyau c d e, de carton ou de papier, qui puisse entrer par le bout a du premier tuyau, afin de servir à pousser l'animal qu'on y mettra jusqu'au point où il doit être, pour que sa queuë réponde au milieu de la largeur du verre dont il a été parlé ci-devant, afin d'y observer le sang en mouvement. Ces deux tuyaux doivent être ouverts d'un bout à l'autre; afin de donner moyen au poisson, qui sera placé dans le premier a b, d'y pouvoir respirer facilement.

Pour l'arrêter dans ce tuyau de verre, on peut tres-utilement se servir d'un petit morceau de linge fin & moüillé, une partie duquel doit être dans le tuyau, l'autre partie s'y mettra aussi après y avoir placé l'animal: enfin ce tuyau étant ainsi préparé, on le fait entrer, comme on l'a dit, dans la machine qui est au-dessous de la Figure 4. Planche 21. Et s'il arrivoit encore qu'aprés avoir ainsi saisi l'animal, il vint à separer sa queuë du verre sur lequel on l'avoit ajustée, on l'y fixeroit une seconde fois mieux qu'elle n'étoit, en appliquant sur sa partie la plus épaisse une petite bande étroite de linge fin moüillé, afin qu'elle s'y attache, & qu'elle y fasse demeurer stable cette partie du poisson, durant le tems des observations qui s'en feront.

Cette nouvelle méthode de fixer les lamproyes, les anguilles, les tétarts, &c. dont la grosseur ne surpasse pas le diametre interieur des tuyaux de verre qu'on peut faire entrer dans la machine dont je viens de parler, est préferable à celle dont on s'est servi jusqu'à present, parce qu'elle évite des défauts considerables, qui naissent de l'impossibilité où l'on se trouve d'avoir des tuyaux de verre assez minces, assez transparens, & qui soient d'ailleurs exempts des filets qu'on y voit étendus d'un bout à l'autre de leur longueur, ce qui empêche le bon effet des meilleurs Microscopes.

Il ne reste plus qu'à dire comment & surquoy il faut saisir les poissons, dont la grosseur ne permet pas de mettre en usage la machine qui est representée au-dessous de la Figure 4. Planche 21. Pour cet effet, il n'y a qu'à préparer un porte-objet de laiton, dont la hauteur & la largeur égalent celles des poissons qu'on y doit appliquer : pour le faire, tirez sur un carton fin, ou sur du laiton qui soit environ de l'épaisseur de deux cartes à jouër, une ligne droite, longue de deux pouces huit lignes, à l'une des extrémitez de laquelle vous éleverez perpendiculairement une autre ligne droite d'un pouce, afin que par ce moyen vous puissiez achever un quarré long, duquel vous diviserez le plus grand côté superieur en deux parties égales, prenant ensuite de part & d'autre de ce milieu deux longueurs chacune de sept lignes, & sur leur extrémitez vous y éleverez deux perpendiculaires, chacune de deux pouces six lignes, pour terminer la hauteur des montans du porte-objet : après cela vous prendrez à droit & à gauche de ces montans une largeur de quatre lignes au plus, & par les points qui la termine vous tirerez deux autres lignes paralleles aux deux précedentes.

Divisez ensuite en deux parties inégales toute la hauteur de l'espace qui se trouve entre ces deux montans, qu'il faudra vuider pour en ôter le superflu, donnant un pouce à celle d'en-bas pour la hauteur d'un morceau de glace des plus transparens qu'on pourra trouver, lequel étant taillé en biseaux à droit & à gauche, on le fera entrer à coulisse dans deux rainures bien faites qui seront pratiquées dans l'épaisseur des montans de ce porte-objet ; & sur ce verre on descendra encore à coulisse une piece de laiton d'environ quatre pouces six lignes de longueur, dont la partie qui doit toucher le sommet du morceau de glace, & se terminer aux extrémitez des montans, sera plane, & le reste un peu creux, & plus large que la partie qui est au-dessous ; afin que le corps de chaque poisson qui est convexe, & qu'il y faudra coucher de toute sa longueur, s'y puisse mieux ajuster qu'il ne feroit si cette piece étoit platte dans toute son étenduë.

En ôtant aprés cela le superflu qui se trouve à droit & à gauche de cette nouvelle machine, on aura le porte-objet, dont les montans seront plus fermes si l'on reserve assez de matiere par le bas pour les terminer par deux doucines, accompagnées de filets quarrez, qui leur serviront comme de bases, & d'un couronnement des plus gracieux qu'on puisse faire.

On voit bien que la hauteur & la largeur de toute cette machine, doivent être proportionnées à celles des poissons qu'on y veut saisir, & que moins ils auront d'âge, plus la queuë en sera mince & transparente, ce qui donnera lieu d'y observer plus agréablement la circulation du sang, que l'on ne feroit, si la queuë de ces poissons étoit plus épaisse, dont la raison est si évidente que chacun la peut appercevoir, pour peu d'attention qu'on y donne.

Cela supposé, lorsqu'il s'agira d'appliquer sur cette machine une tanche, une carpe, un brocheton, &c. vous n'aurez qu'à y coucher un de ces poissons tout de son long, en faisant répondre sa queuë sur le milieu du morceau de glace, jettant ensuite sur la longueur de tout son corps une petite bande de mousseline, moüillée ou non; puis arrêtant le tout avec un petit ruban étroit, vous transporterez le porte-objet ainsi chargé entre les deux ressorts d'acier qui se voyent au-dessous de V V, Figure premiere de la vingtiéme Planche, pour faire vos observations avec des lentilles qui leur conviennent.

Et parce que cette explication pourroit paroître trop difficile à comprendre, n'étant pas accompagnée d'un dessein qui represente la machine dont je parle; j'ay jugé à propos de la representer icy telle que je l'ay décrite, & d'ajoûter encore que A B C, est le porte-objet de laiton. Planche 22.

B C, les montans à rainures.

D, le morceau de glace taillé en biseaux, pour entrer à coulisse dans les rainures des montans.

F E, est une seule piece de laiton qui est plane depuis F

jusqu'en C, & concave depuis C jusqu'en E; & que c'est tout le long de cette derniere piece que l'on applique les poissons, en les y saisissant la tête vers E, & la queuë étenduë sur le milieu du verre marqué D.

Je crois devoir encore dire comment on pourra conserver durant plusieurs mois les poissons dont je viens de parler, afin d'en avoir toujours de plusieurs sortes, soit en esté, soit en hyver, pour servir à faire voir la maniere dont le sang circule dans les vaisseaux des uns & dans ceux des autres.

Les jattes de bois un peu profondes seront tres-propres pour y conserver les tétarts, en leur donnant tous les jours de l'eau nouvelle, de riviere ou de fontaine. Et pour faciliter ce changement sans les toucher, on n'aura qu'à verser tout ce qui sera dans la jatte, dans une passoire de terre vernissée; afin que l'eau s'étant separée des tétarts, on les puisse remettre dans leur vaisseau avec de l'eau nouvelle, & quelques petits morceaux de petit pain. J'en ay gardé ainsi dans mon Cabinet depuis le commencement de l'esté dernier jusqu'à present 11. Fevrier 1718. que j'avois fait pêcher dans les bassins des Thuilleries, & dans celuy du Jardin qui est au Palais de Luxembourg.

Les lamproyes ne sont pas si communes que les tétarts, il les faut faire pêcher assez loin de cette Ville, & les conserver dans des vaisseaux de terre ou de grais, où l'on met de l'eau commune & du sable de riviere, dans lequel elles s'enfoncent & s'y cachent pour quelque tems. Et quoy qu'on soit obligé de changer d'eau assez souvent, parce qu'elles y trouvent leur nourriture, on ne l'est pas d'en faire de même du sable, qu'il suffira de laver une fois ou deux durant huit jours.

Les petites tanches, les carpes & les brochetons, se peuvent conserver assez de tems, en les mettant dans un vaisseau qui leur conviennent, avec autant d'eau de riviere & de pain qu'il en faudra pour les nourrir durant deux ou trois jours.

Fin de la premiere Partie.

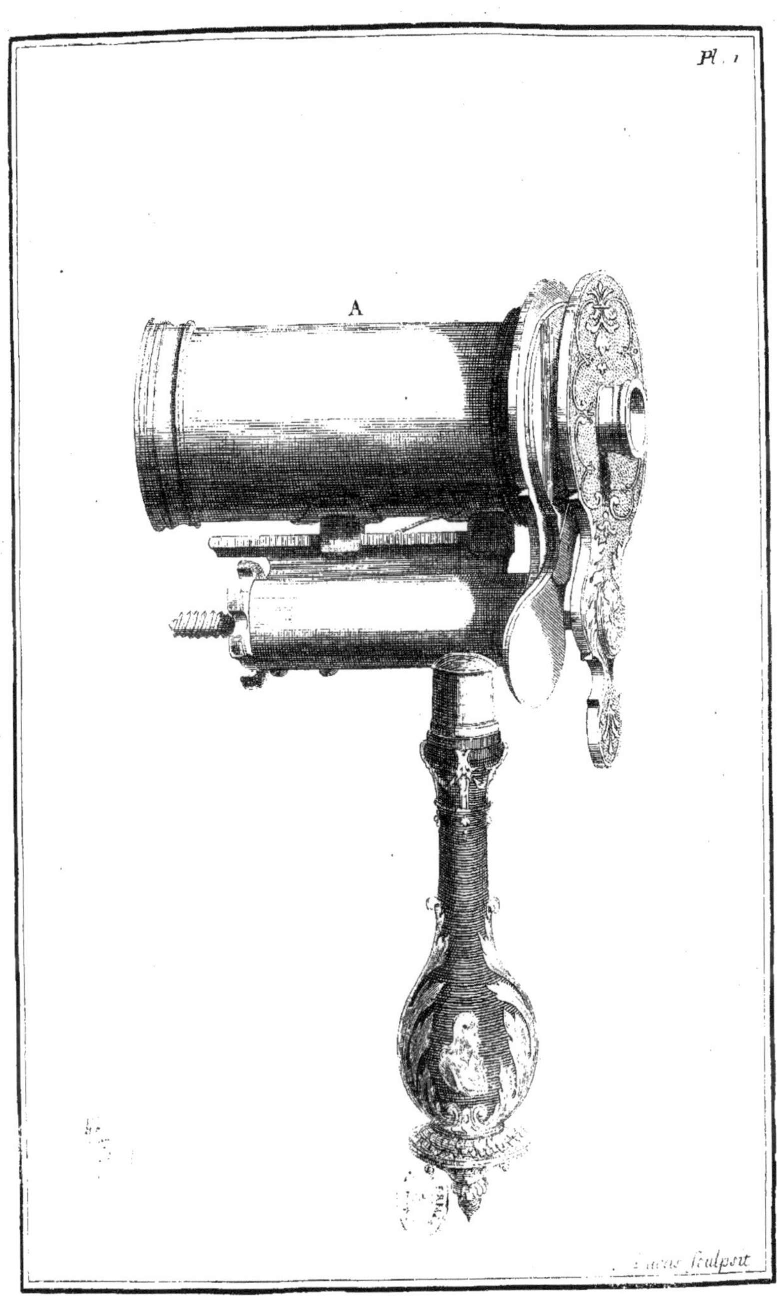
Pl. 1
A
sculpsit

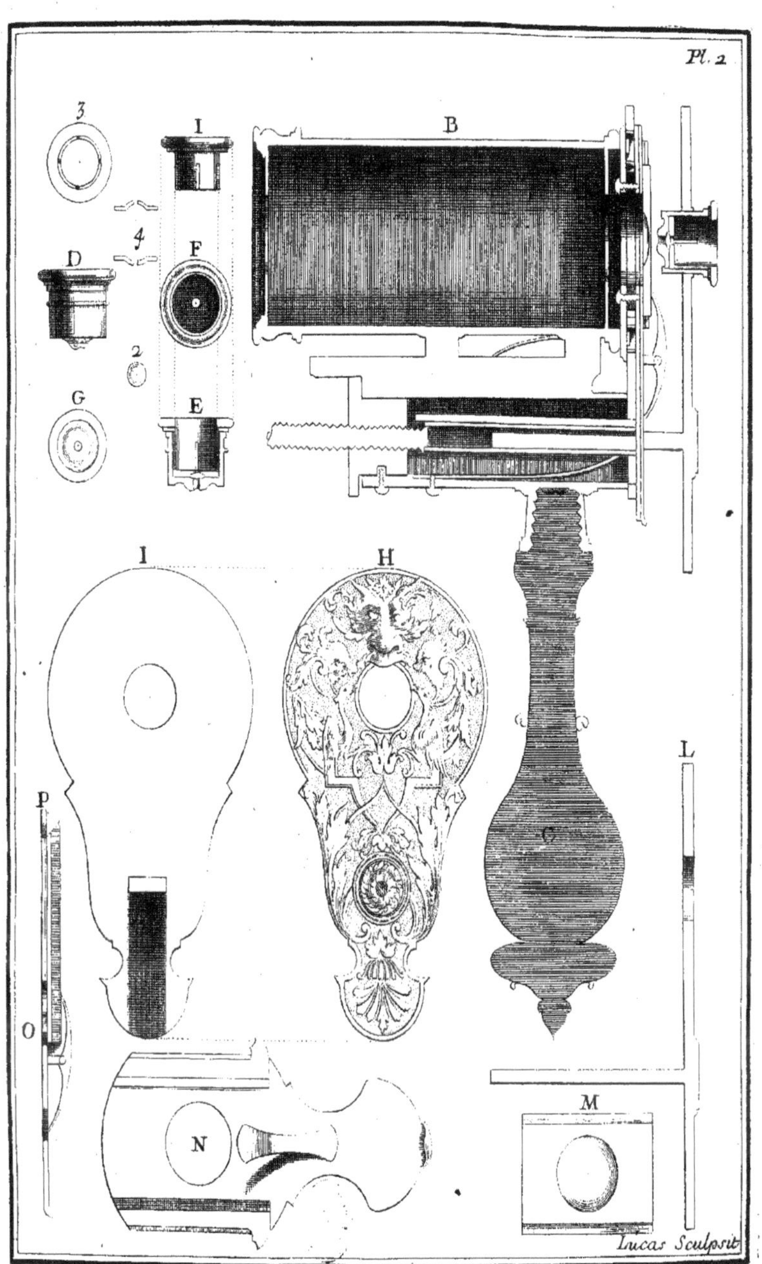
Pl. 2
3
I
B
4
D
F
2
G
E
I
H
L
P
C
O
M
N
Lucas Sculpsit

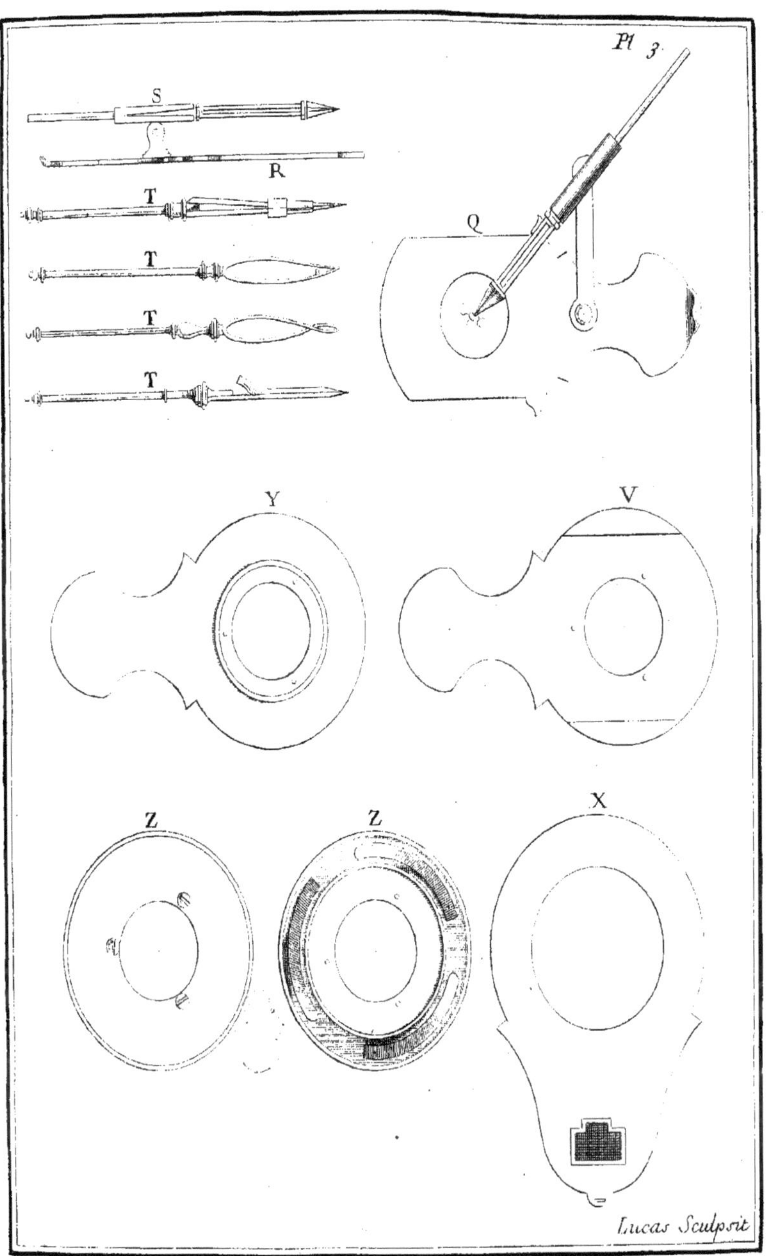

Pl 3.
S
R
T
T
T
T
Q
Y
V
Z
Z
X
Lucas Sculpsit

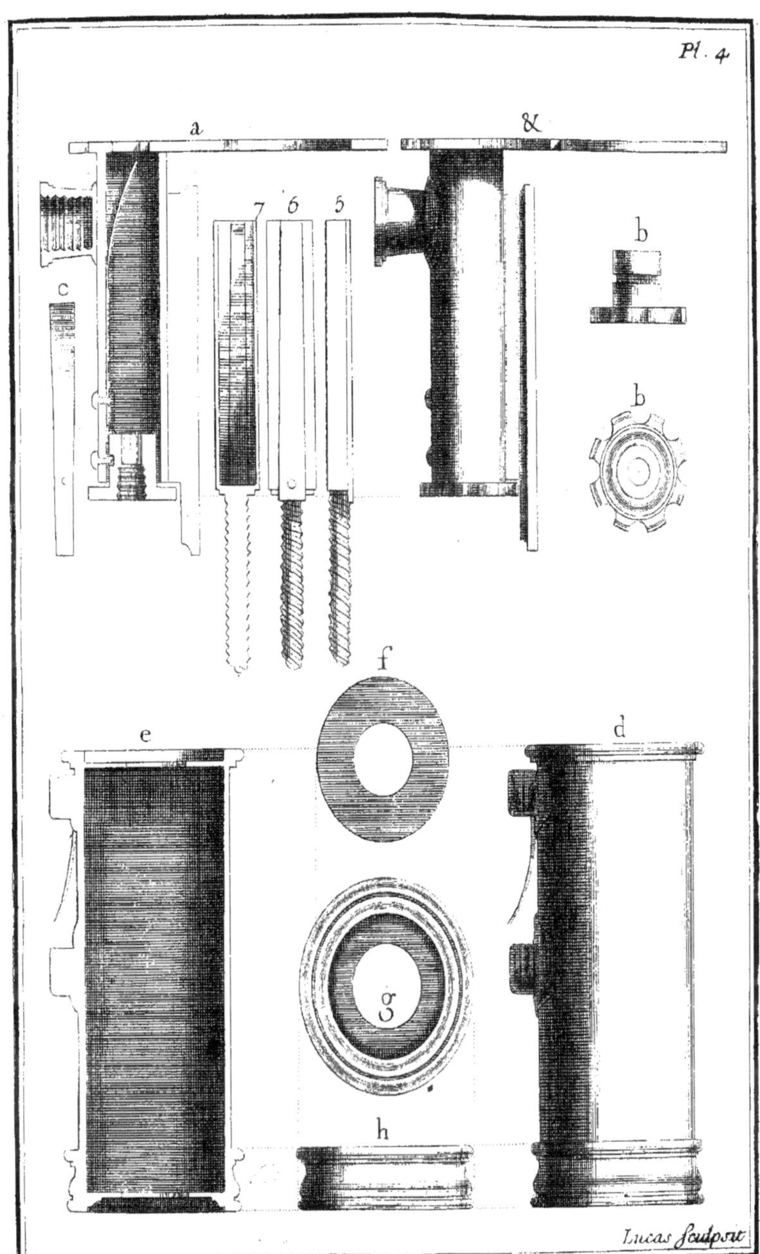
Pl. 4
a
&
7
6
5
b
c
b
f
e
d
g
h
Lucas Sculpsit

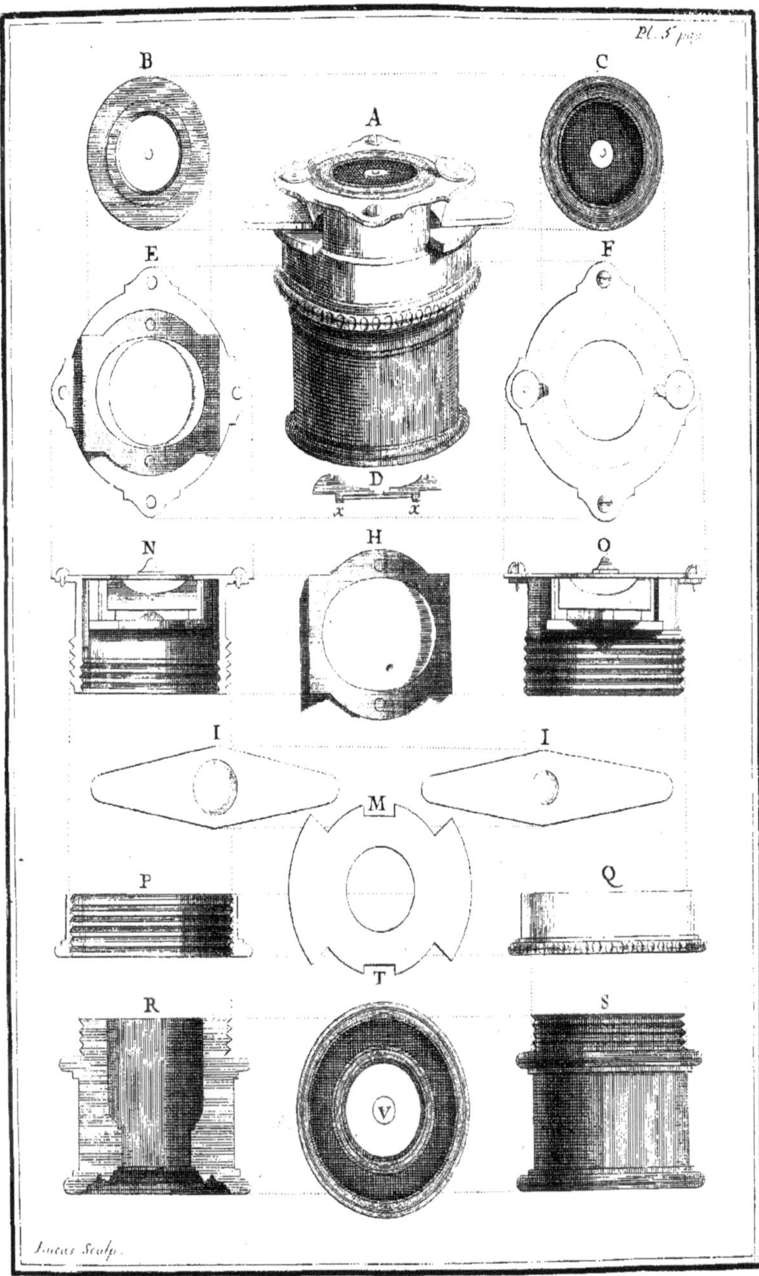
Pl. 5 pag
B
A
C
E
F
D
x
x
N
H
O
I
I
M
P
Q
R
T
S
V
Lucas Sculp.

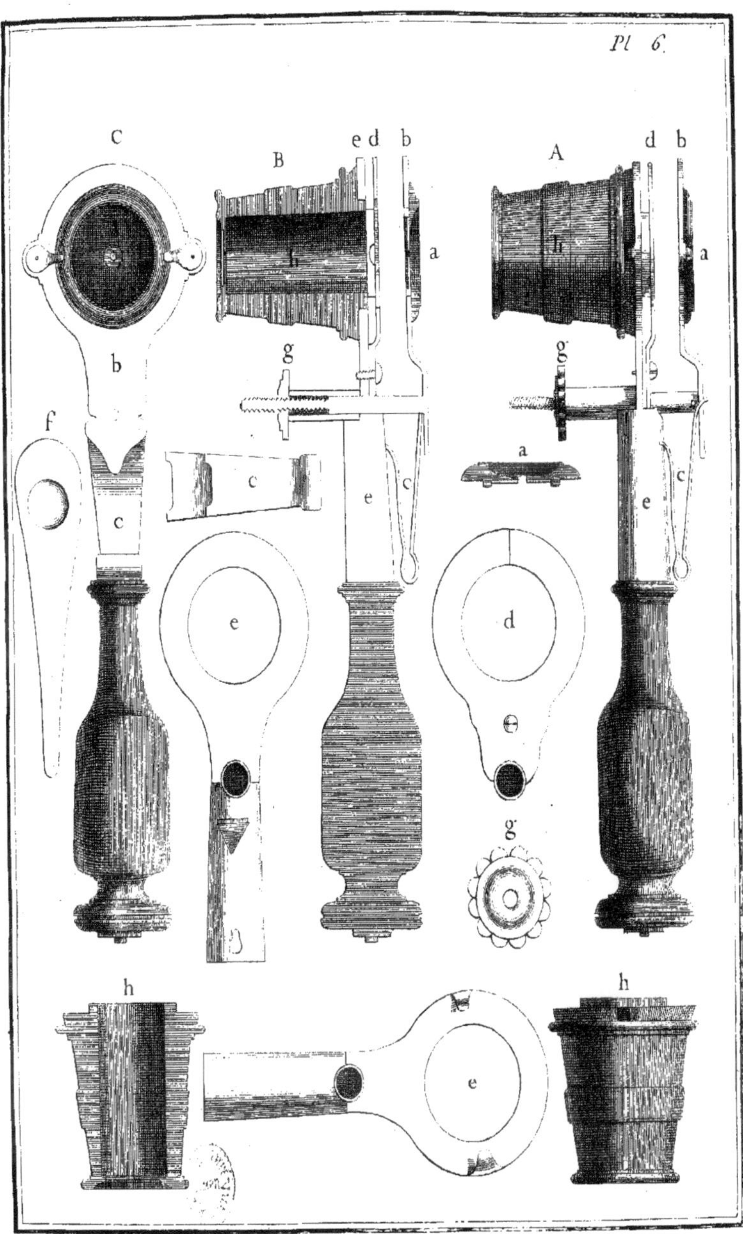

Lucas Sculp.

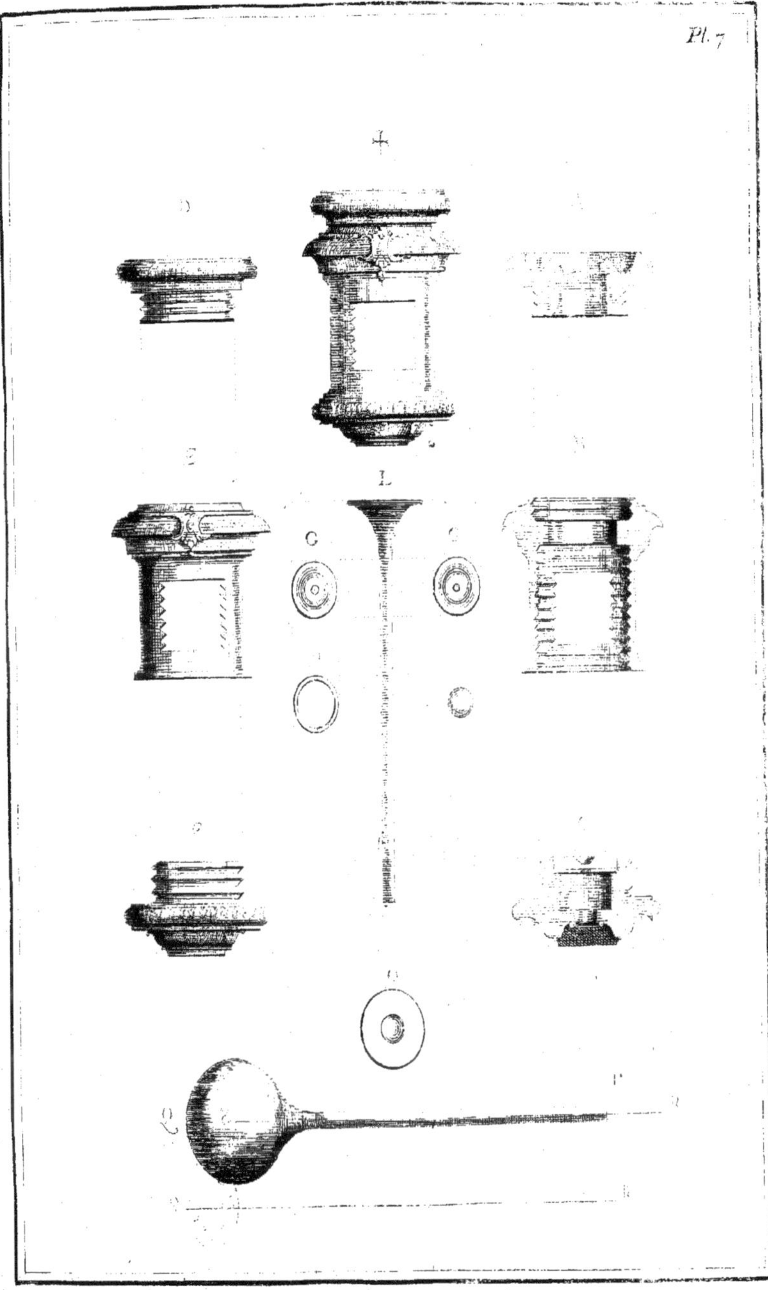
Pl. 7
L

Pl 8

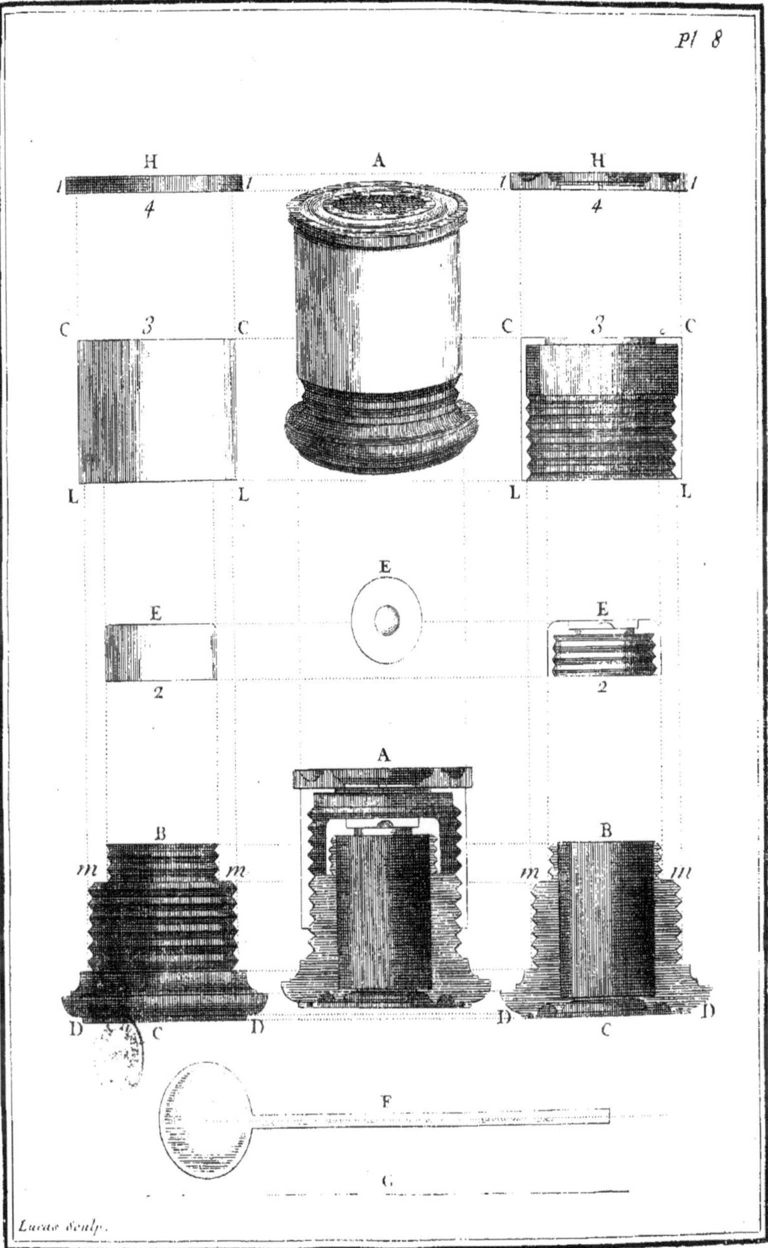

Lucas sculp.

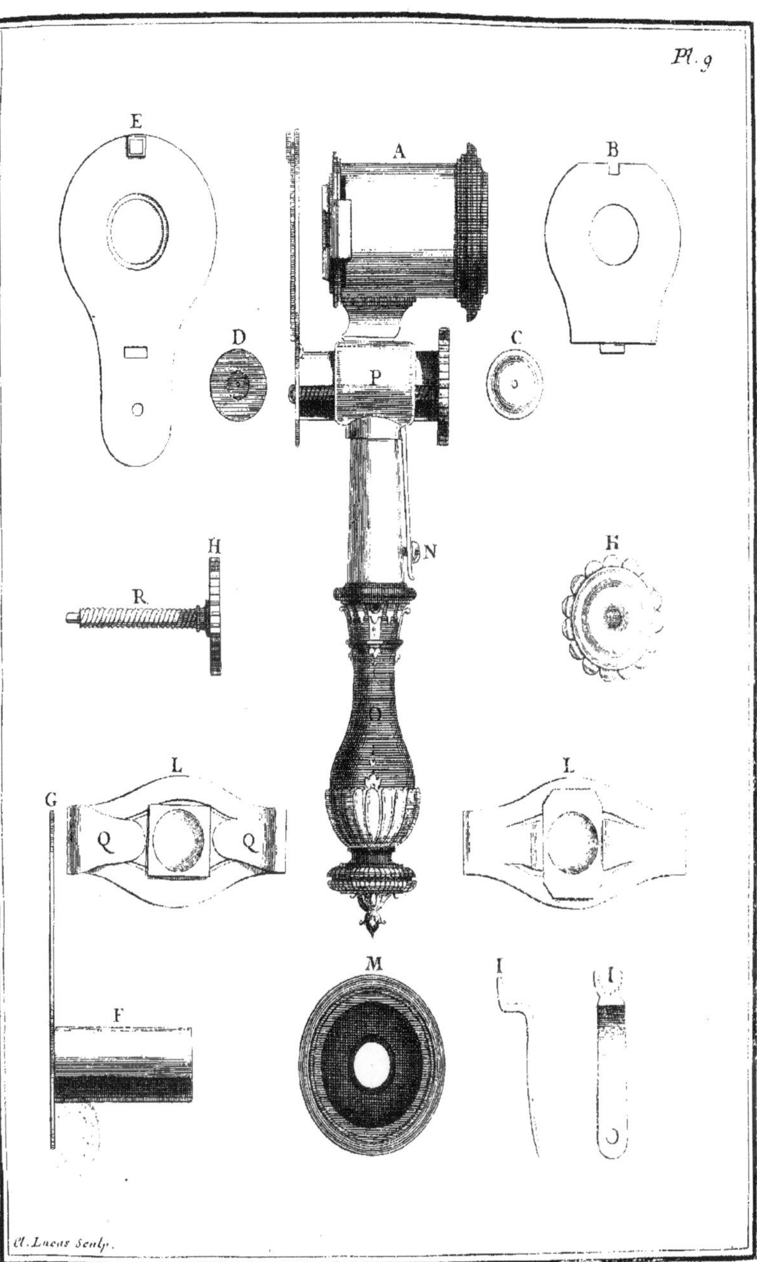
Pl. 9
E
A
B
D
P
C
N
H
R
K
O
L
L
G
Q
Q
M
I
I
F
Cl. Lucas Sculp.

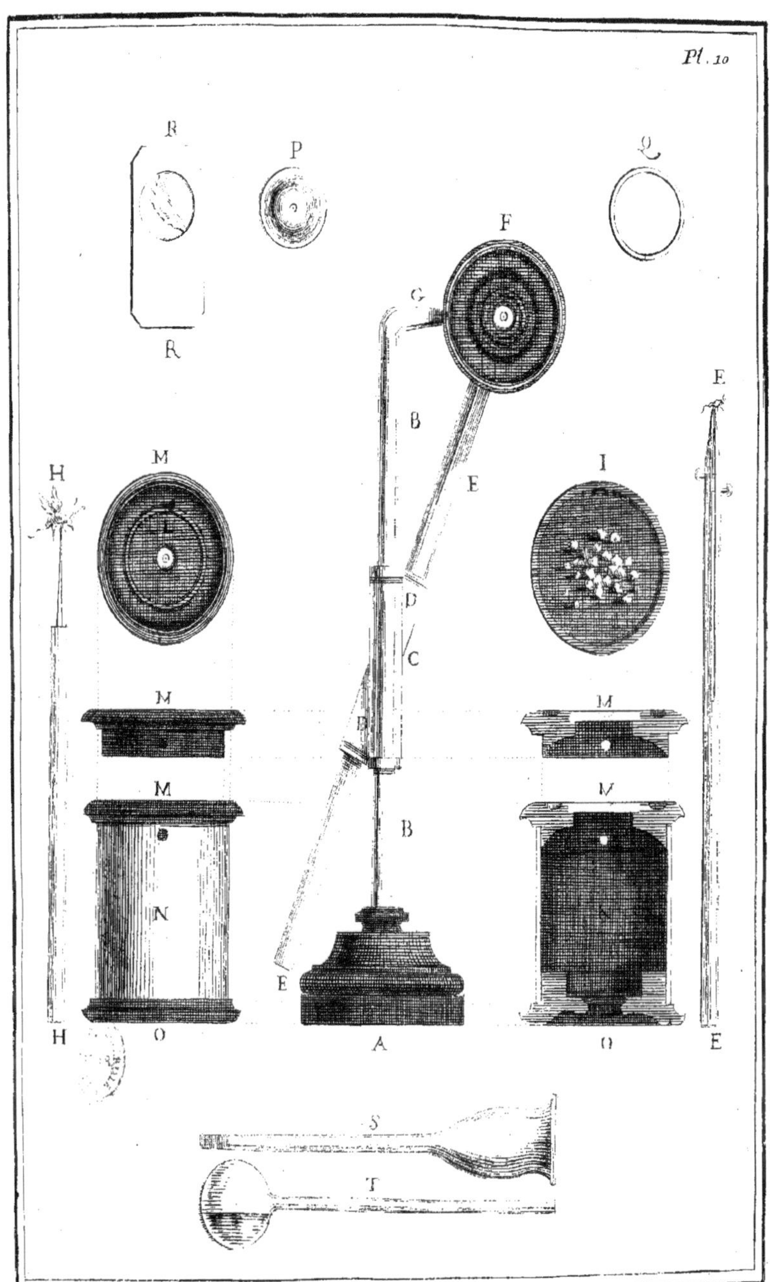
R
P
Q
F
G
R
B
E
E
H
M
I
D
C
M
M
B
M
M
N
E
H
O
A
O
E
S
T

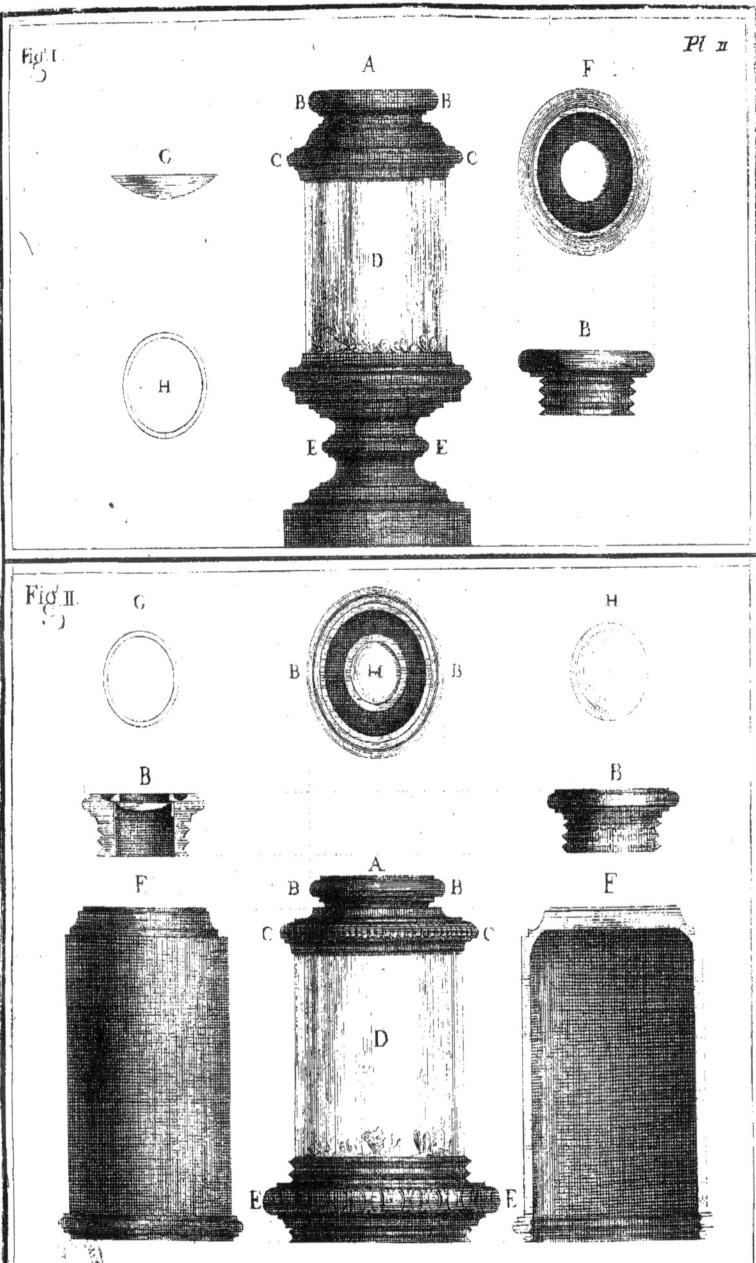
Fig. I.
Pl. II
A
B
B
C
C
F
G
D
B
H
E
E
Fig. II.
G
H
B
H
B
B
B
A
B
B
F
C
C
F
D
E
E

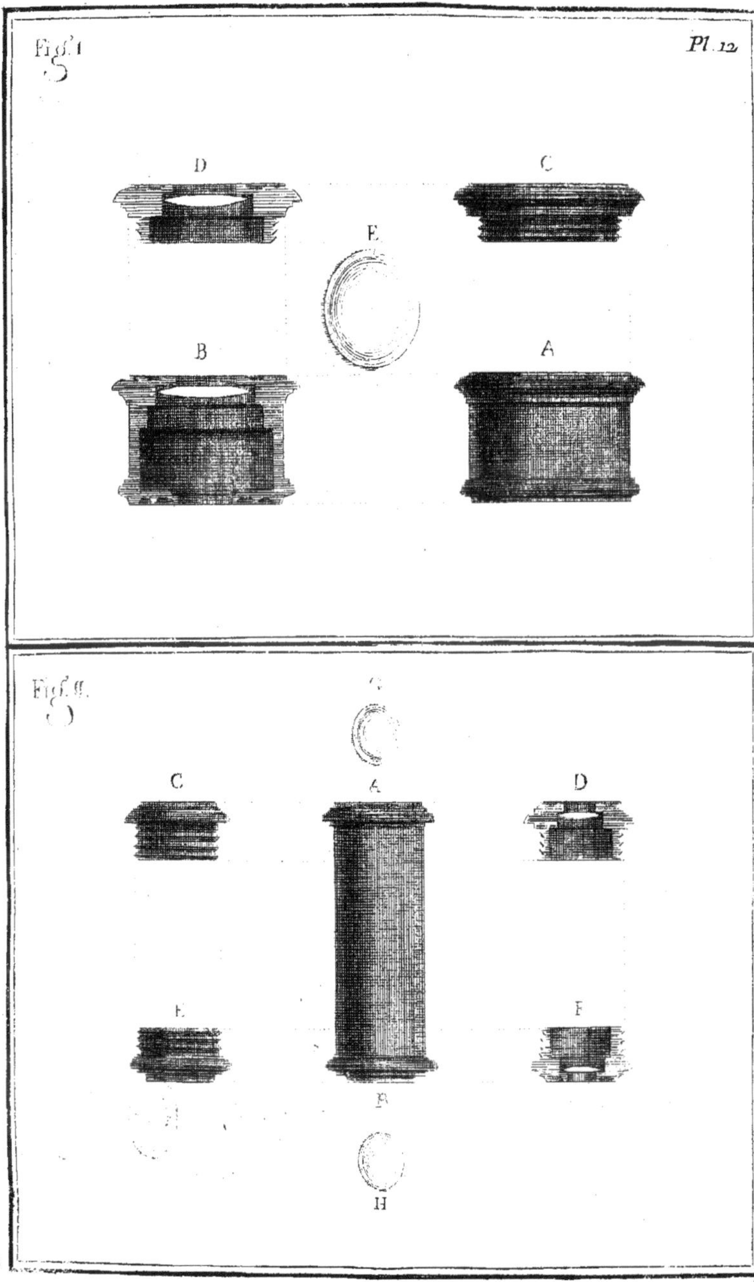
Fig. 1
Pl. 12
D
C
E
B
A
Fig. II
G
C
A
D
E
F
B
H

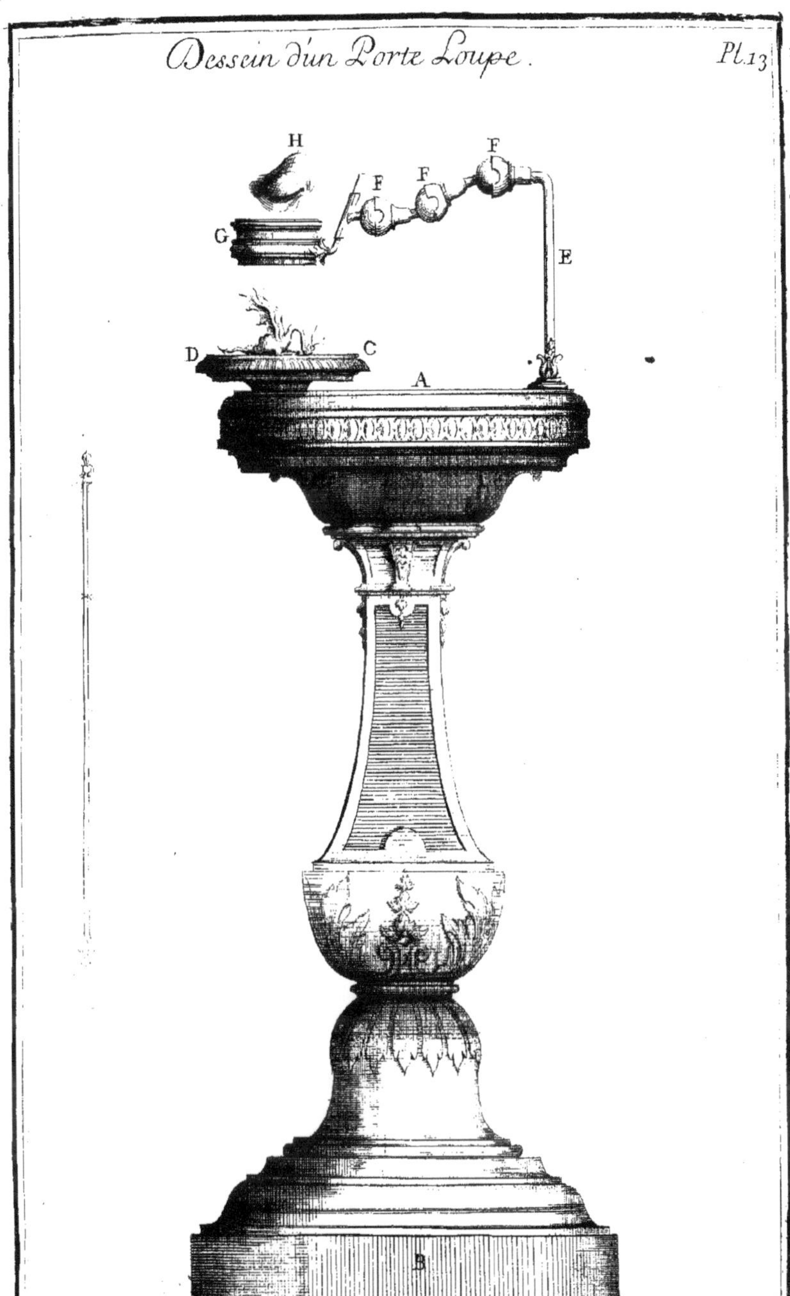
Dessein d'un Porte Loupe.
Pl. 13
H
F
F
F
G
E
D
C
A
B

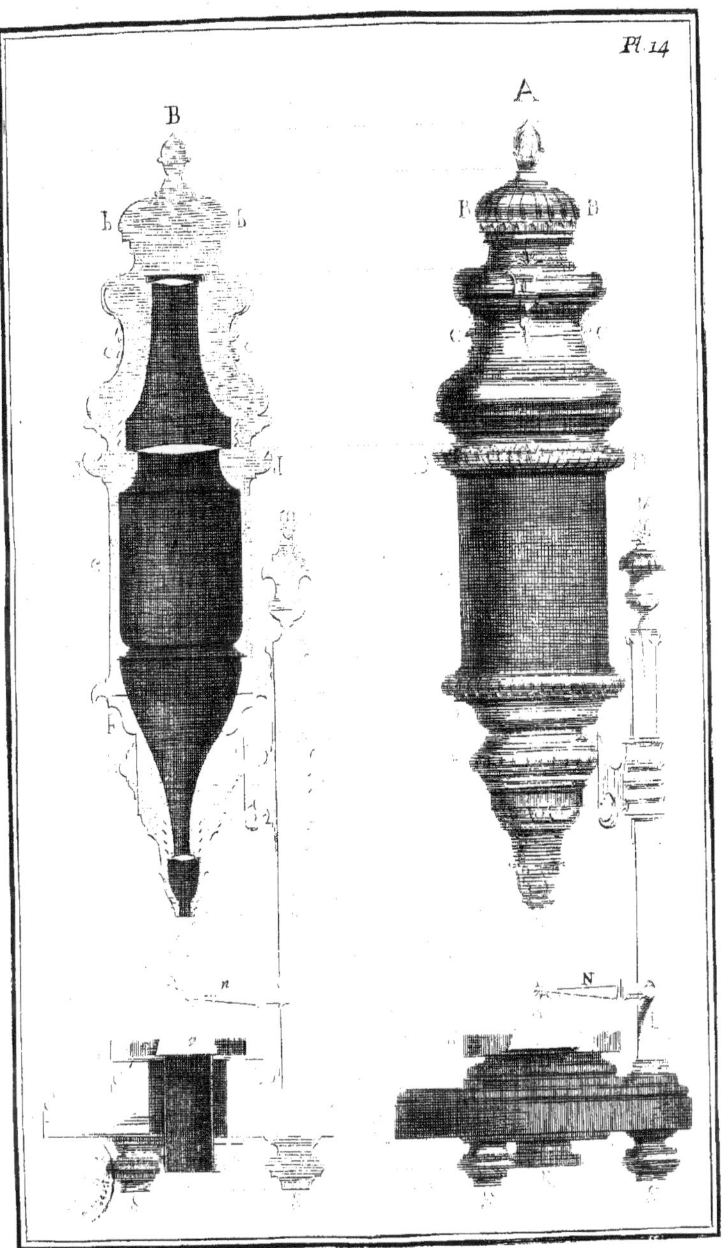
Pl. 14
B
b
b
A
B
B
n
N

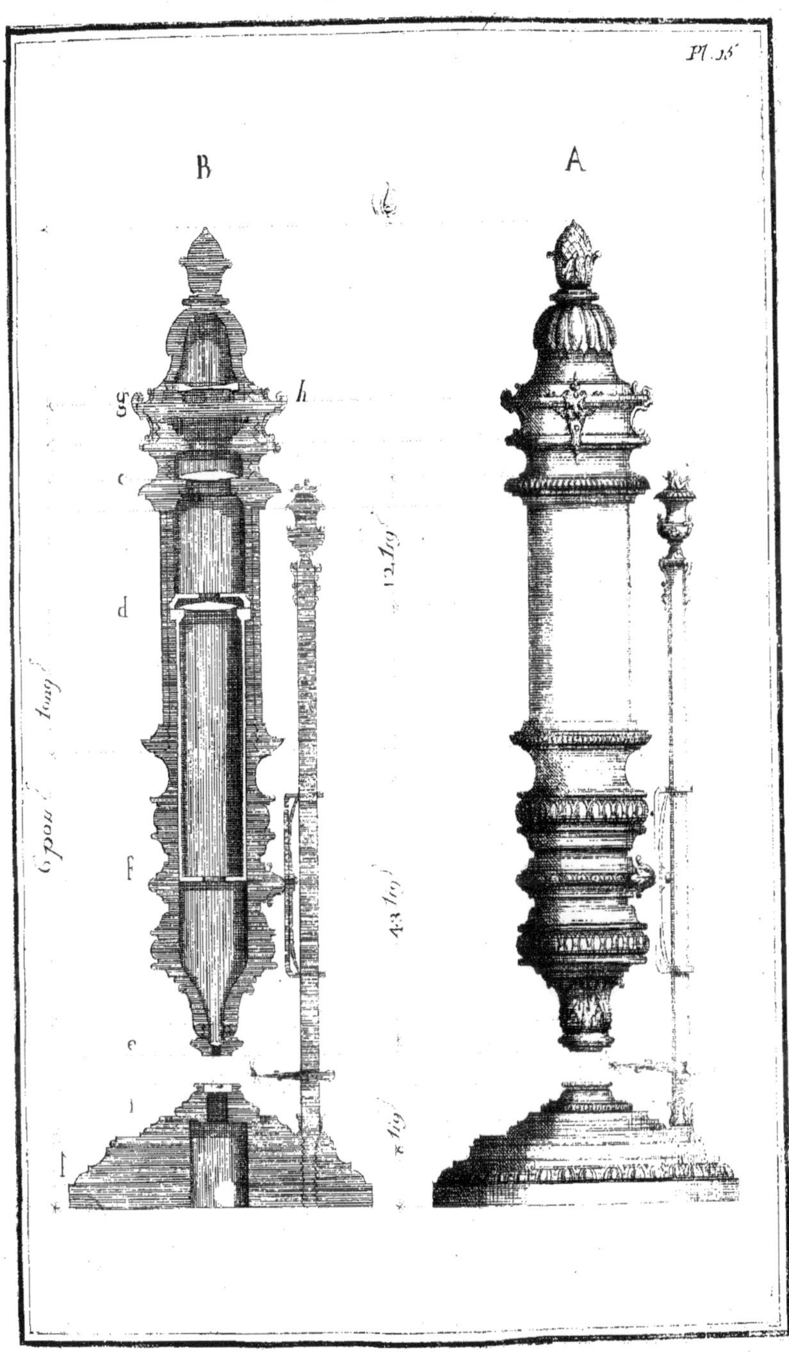
Pl. 15
B
A
g
h
c
d
f
e
i
l

Nouveau Microscope Universel

Fig. I. Fig. II.

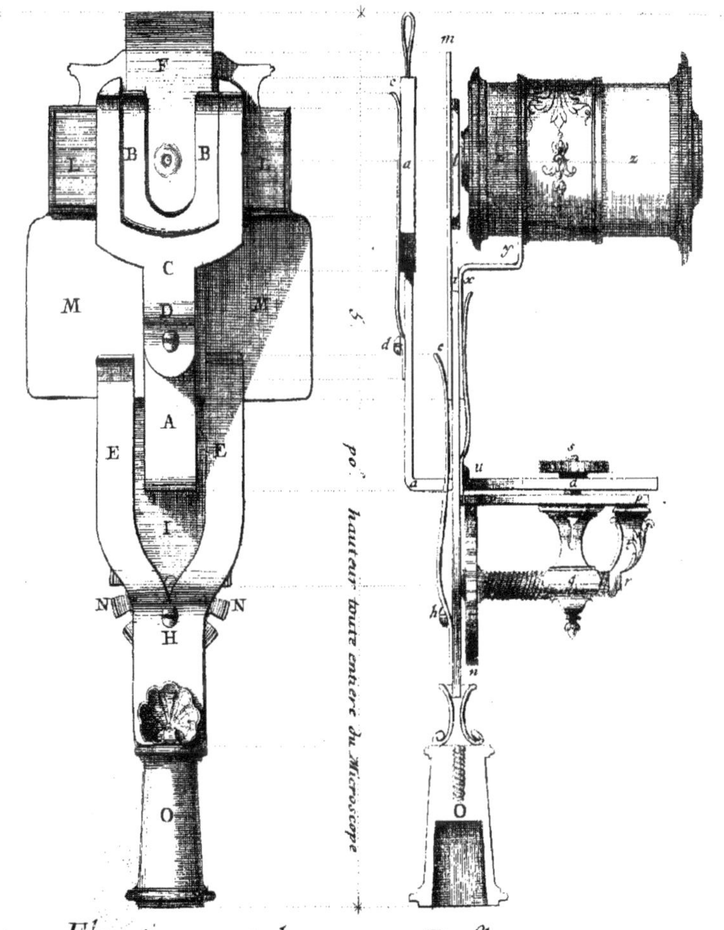

Elevation geometrale

Profil

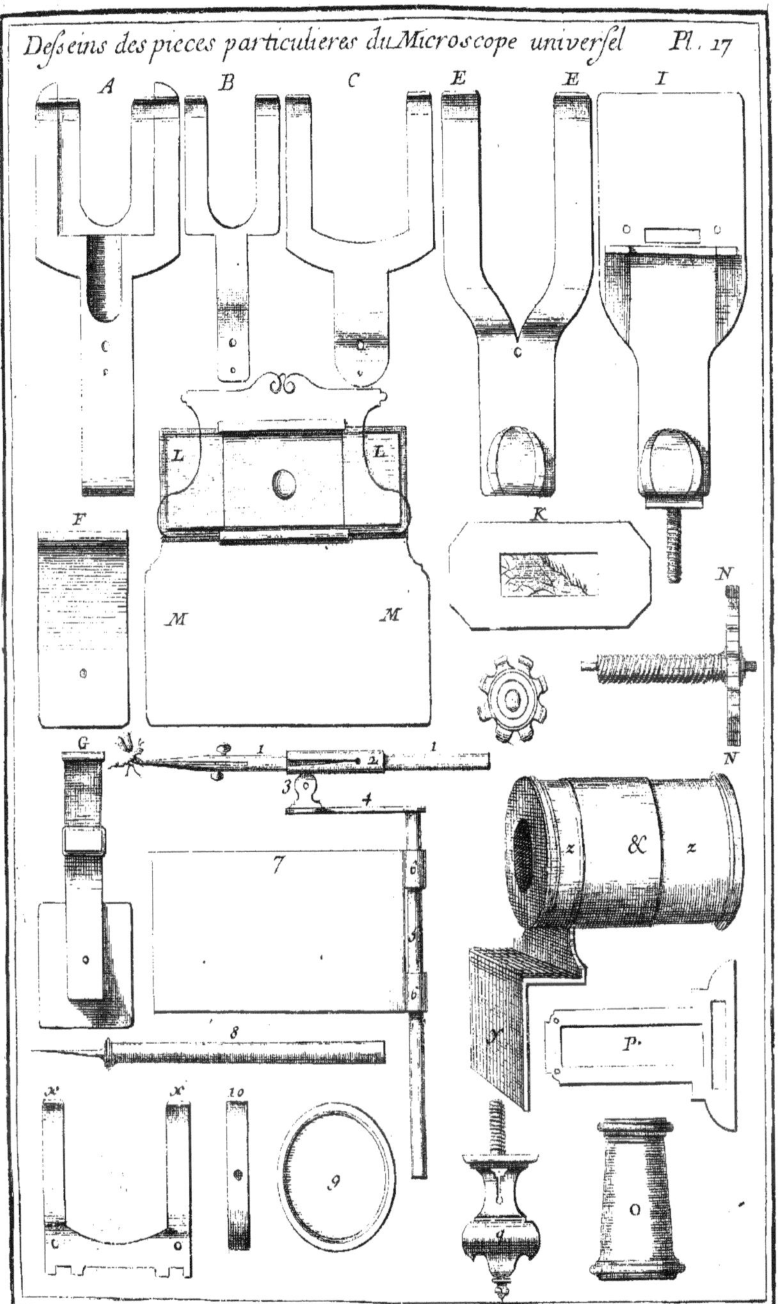

Desseins des pieces particulieres du Microscope universel Pl. 17

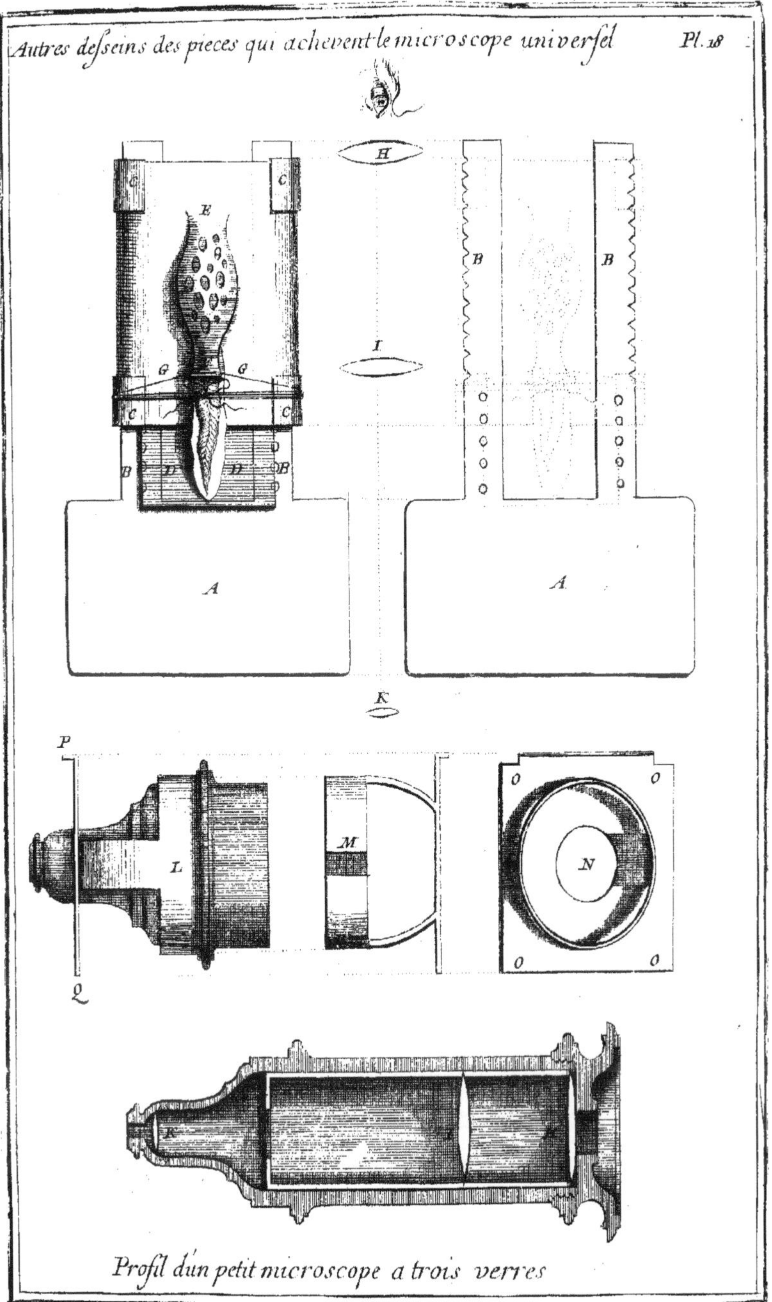

Autres desseins des pieces qui achevent le microscope universel Pl. 18

Profil d'un petit microscope a trois verres

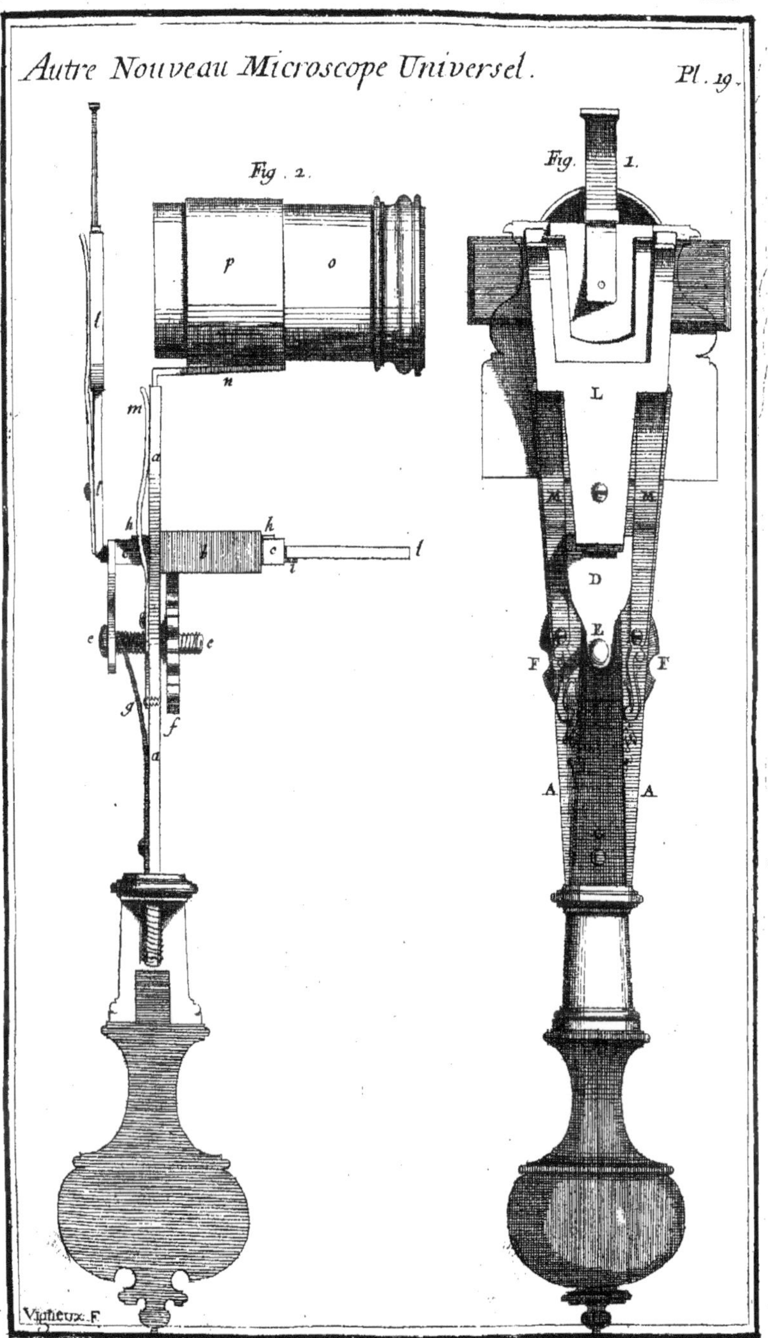
Autre Nouveau Microscope Universel.
Pl. 19.
Fig. 2.
Fig. 1.
p
o
n
l
m
a
h
b
c
i
e
g
f
L
M
D
E
F
A
Vinieux F.

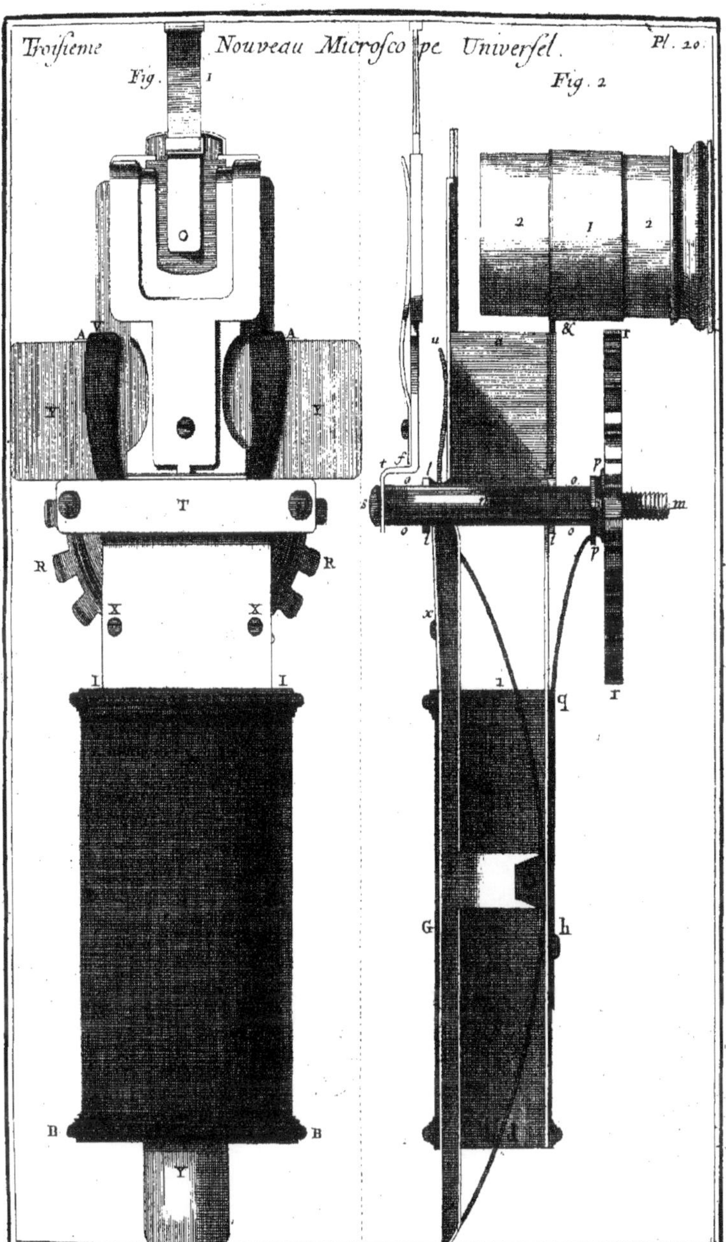

Troisieme Nouveau Microscope Universel. Pl. 20.

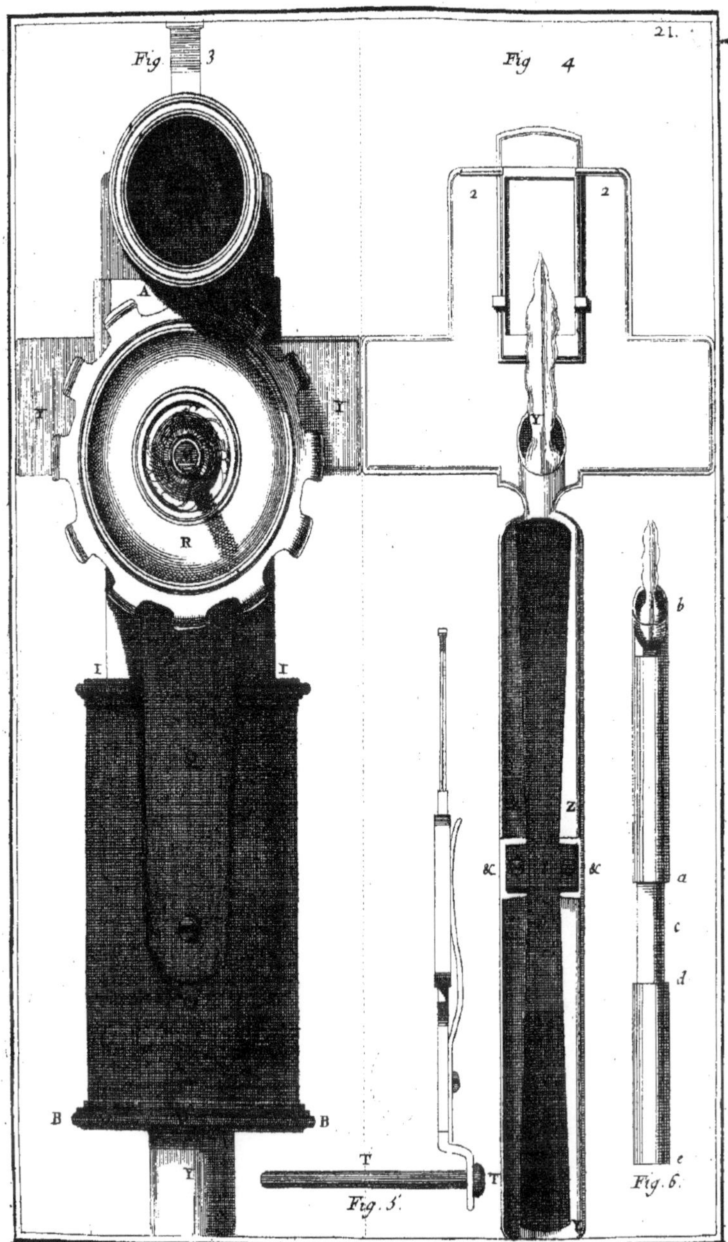
Fig 3
A
Y
Y
M
R
I
I
B
B
Y
Fig 4
2
2
Y
Z
&
&
T
T
Fig. 5.
b
a
c
d
e
Fig. 6.

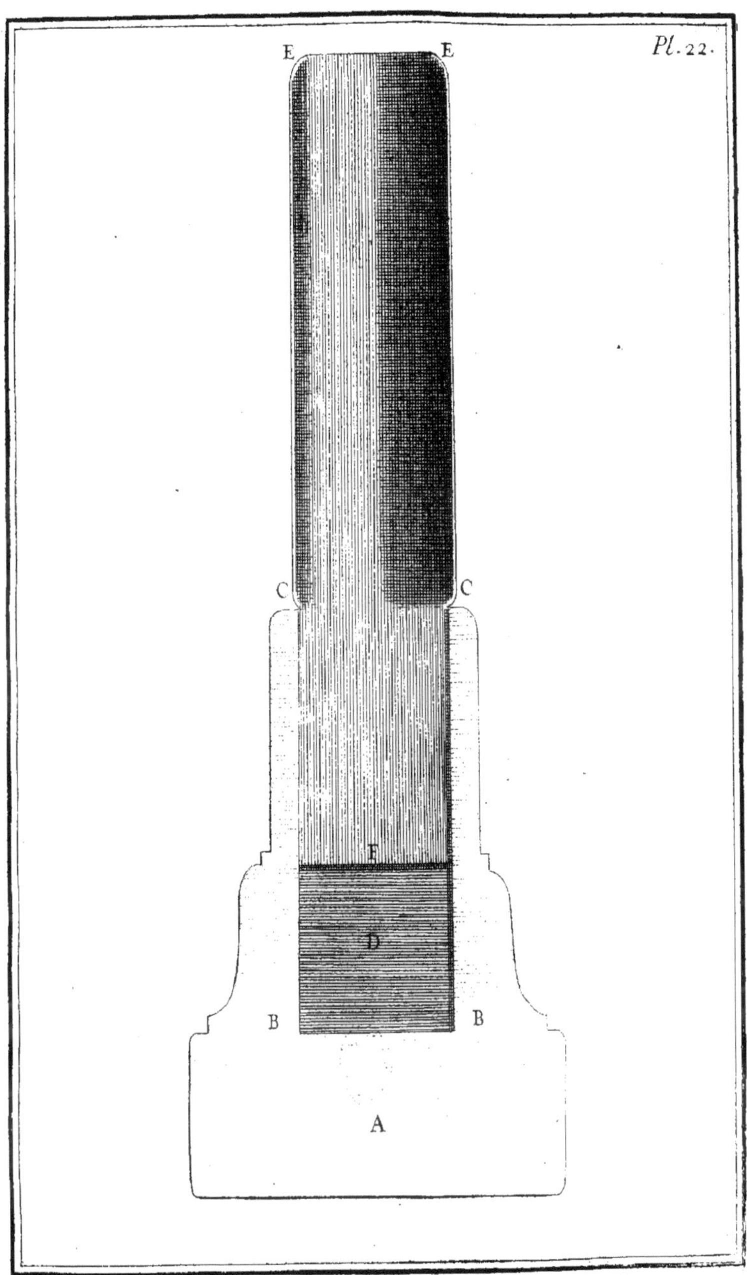
Pl. 22.
E
E
C
C
F
D
B
B
A

NOUVELLES OBSERVATIONS,

Faites avec de nouveaux Microſcopes, ſur une multitude innombrable d'inſectes, & d'autres animaux de diverſes eſpeces, qui naiſſent dans des liqueurs préparées, & dans celles qui ne le ſont point.

SECONDE PARTIE.

AVERTISSEMENT.

APRE'S avoir expliqué dans la premiere Partie de cet Ouvrage, la conſtruction, & quelques uſages de pluſieurs nouveaux Microſcopes à liqueurs, beaucoup plus parfaits & plus commodes qu'aucun de ceux qui ſont venus juſqu'à preſent à ma connoiſſance; il eſt neceſſaire de les mettre en uſage, pour faire l'Hiſtoire anatomique d'une multitude presque infinie de tres-petits animaux aëriens, terrestres & aquatiques, qui ont été jusqu'à present inconnus, à cause de leur petitesse, & des grands défauts qui sont inséparables des Microscopes ordinaires.

CHAPITRE PREMIER.

Des Anguilles, Serpens, ou petits vers que l'on trouve dans le vinaigre.

CE n'est pas d'aujourd'huy qu'on est assuré que le vinaigre contient en esté beaucoup de petites anguilles; mais ce n'est que depuis l'invention du Microscope, que l'on s'est apperçû que ces serpens ont une queuë fort aiguë; & c'est ce qui a donné occasion à plusieurs personnes de croire que le vinaigre ne piquoit, que par l'impression que ces petits animaux faisoient sur la langue; mais les diverses experiences que nous avons faites sur ce sujet nous persuadent, que ce n'est point à ces animaux qu'il faut attribuer l'acidité qui se remarque dans cette liqueur; mais seulement à ses parties invisibles; puisque nous avons vû de bon vinaigre sans anguilles.

Au commencement du mois d'Avril de l'année 1680. nous n'apperçûmes aucun de ces insectes dans du vinaigre qui avoit été exposé au Soleil durant quelques heures.

Vers la fin du mois de Juin de la même année, & tout le reste de l'esté, il étoit difficile de trouver dans Paris du vinaigre dans lequel il n'y eût point d'anguilles: & cela fit que bien des gens qui les avoient vûës dans nos Microscopes discontinuerent de manger de la salade. J'avois beau leur dire qu'elles étoient environ cent mille fois plus petites qu'ils ne les voyoient par ces instrumens; que la chaleur de l'estomach les faisoit mourir en un instant; & que, puisqu'ils avoient mangé de la salade jusqu'à present sans en avoir ressenti aucune incommodité, ils pouvoient continuer sans danger l'usage d'une chose qui leur faisoit plaisir. Et quoy que toutes ces raisons leur parussent assez solides & assez convain-

convaincantes pour les tirer de l'erreur où ils étoient ; la plûpart ne pouvoient comprendre que des ſerpens qui leur avoient paru plus gros que le doigt, & plus longs que le bras, ne fiſſent quelque mauvaiſe impreſſion ſur les membranes interieures de l'eſtomach.

Ce qui nous engagea à faire quelques experiences pour ſeparer ces animaux d'avec le vinaigre, & le purger d'une choſe qu'on s'imaginoit capable de nuire à la ſanté.

La premiere experience que je fis fut de paſſer le vinaigre au travers d'un tamis aſſez fin ; mais je connus que les petites anguilles paſſoient auſſi avec la liqueur.

2°. Je fis chauffer du vinaigre ſur le feu ſans le faire boüillir ; toutes les anguilles perirent ſans que la force du vinaigre fut conſiderablement diminuée.

3°. J'expoſay encore de cette liqueur durant deux heures au Soleil, & la même choſe arriva, de maniere qu'au bout de quelque tems la plus grande partie de ces animaux furent précipitez au fond de la bouteille.

Enfin faiſant paſſer le vinaigre au travers d'un papier broüillard, ou d'une chauſſe, l'on aura tout d'un coup la liqueur comme on la veut.

Les animaux dont nous parlons ſe multiplient, & groſſiſſent en peu de tems juſqu'à un certain point ; & on remarque que l'air leur eſt ſi néceſſaire, qu'on les voit s'amaſſer en beaucoup plus grand nombre vers la ſuperficie de la liqueur, que par tout ailleurs ; & s'ils deſcendent quelquefois au fond du vaiſſeau, ils remontent bien-tôt aprés juſqu'au haut pour y reſpirer.

Si l'on prend deux bouteilles au commencement du mois de May, & qu'on les rempliſſe d'un vinaigre pur, bouchant l'une des deux bouteilles, & laiſſant l'autre ouverte, on verra dans la ſuite des anguilles dans celle-cy, & point dans l'autre, au moins pendant tout le tems qu'elle aura été bien bouchée.

Ceux qui croyent que toutes les generations ſe font par les œufs, diſent qu'au commencement des chaleurs certains petits animaux imperceptibles à nos yeux, qui volent ou nagent dans l'air, étant comme attirez par les parties ſpiritueuſes qui s'exalent continuellement du vinaigre, laiſſent tomber des œufs dans cette liqueur, où recevant une chaleur moderée, & cauſée par une douce fermentation, ils y peuvent éclore, & fournir ainſi en peu de tems les petits animaux dont je parle.

Cette maniere de faire naître les anguilles du vinaigre, ne s'accorde pas avec ce que deux de mes amis ont obſervé dans quelques petites gouttes de vinaigre miſes dans un Microſcope; ni avec ce que j'ay vû dans deux ſemblables experiences, dont je parleray à la fin de cette ſeconde Partie, où je rapporte exactement les obſervations que j'ay faites ſur deux petites anguilles qui alloient & venoient dans les corps de leurs meres.

Cela ſuppoſé, il ne paroît pas qu'on puiſſe rapporter l'origine des anguilles du vinaigre à aucune corruption qu'on pourroit ſuppoſer y être ſurvenuë, puiſqu'on ne trouve en cette liqueur aucun changement ſenſible, ſoit avant ou aprés leur naiſſance.

Monſieur Amontons, de l'Academie Royale des Sciences, m'apporta un jour une petite bouteille de vinaigre diſtilé, qui étoit d'une force extraordinaire, & qui contenoit un nombre prodigieux de petites anguilles d'une tres-grande vivacité. Je conſervay cette liqueur durant quinze mois ou environ, ſans boucher la bouteille; de ſorte que s'étant évaporée, il ne reſta plus au fond de cette bouteille qu'un ſediment fort épais, & d'une odeur aſſez deſagréable.

Ces animaux meurent ſouvent d'une eſpece de paralyſie qui attaque d'abord une partie de leurs petits corps; ſouvent auſſi on voit qu'elles en guériſſent en peu de tems, particulierement durant les chaleurs de l'eſté, pourvû que la tête ne ſoit pas attaquée de cette maladie.

Il eſt aſſez rare de voir vivre ces anguilles durant une année entiere; ſoit parce qu'elles manquent de nourriture, ſoit parce qu'elles ne reſpirent pas un air aſſez chaud, où elles ſe conſervent bien mieux qu'elles ne ſont ailleurs.

En A, on voit deux de ces anguilles figurer enſemble, de Planche 1. telle maniere qu'elles s'accordent à faire des ondulations pareilles; on en voit même quelquefois juſqu'à cinq ſe mouvoir ainſi.

En B, B, B, B, on en voit quatre autres courbées diversement, & qui se débandent avec autant de vîtesse que feroit un ressort de pendule qu'on auroit plié de même qu'elles le sont.

En C il s'en voit une dont la queuë est divisée en deux parties ; ce qui est si rare, qu'en plus de 36. années d'observations, je n'en ay vû que deux à la queuë fourchuë.

Celle qui est marquée D, a la bouche toute ronde de même que les précedentes, quoy qu'elles ne soiẹnt pas representées de même. On a jugé à propos d'en varier ainsi les desseins, pour satisfaire ceux qui se persuadent que ce sont veritablement des serpens. Comme ces anguilles sont d'üne vivacité extraordinaire, & qu'elles se mouvent avec beaucoup de vîtesse, on est obligé d'attendre qu'une bonne partie de la liqueur que l'on met sur le concave de verre soit évaporée ; afin que leur mouvement soit considerablement rallenti, pour appercevoir leur bouche, & plusieurs autres circonstances particulieres qu'on remarque en ces petits poissons.

Le peu d'étenduë qu'à cette Planche ne m'a pas permis de les representer de la grosseur ni de la longueur que je les ay vûës & fait voir à des personnes qui en ont été effrayées. Je ne la détermine point icy cette grosseur ; car cela dépend du foyer de la lentille dont on se sert pour les observer.

Quelque attention que j'aye pû donner à observer la tête de ces anguilles pour en découvrir les yeux, je n'ay jamais pû en venir à bout, soit à cause de leur petitesse, ou à cause que la liqueur venant à s'épaissir & à se dessécher, elle les couvre & y forme un voile qui ne permet pas qu'on les apperçoive au travers : je suis cependant tres-assuré qu'elles en ont ; car les détours qu'on leur voit faire pour s'éviter les unes les autres, ne permettent pas d'en douter un moment.

Si l'on veut conserver les anguilles du vinaigre durant plus d'un an, il faut avoir soin de remplir la bouteille où elles sont, à mesure que l'évaporation s'en fait.

Il est tres-rare de voir dans le bon vinaigre d'autres animaux mêlez avec les anguilles ; mais on en trouve assez souvent dans les vinaigres corrompus ou gâtez, & même en tres-grand nombre, particulierement si l'on y mêle beaucoup d'eau commune, & qu'on le garde débouché durant plusieurs semaines; & ce qu'il y a de particulier à observer est, que si l'on ajoûte une tres-petite goutte de vinaigre ordinaire avec celuy où il se trouve de ces animaux, ceux-cy perissent en un instant, & les premieres anguilles subsistent, & même elles paroissent avoir plus de vigueur qu'elles n'en avoient auparavant.

On verra dans la suite de cette seconde Partie beaucoup d'autres anguilles, qui ont pris naissance dans des infusions toutes differentes les unes des autres, & qui sont d'une autre nature que celles du vinaigre.

Enfin nous avons encore observé que les anguilles du vinaigre subsistoient dans une infusion de poivre en grain mis dans de l'eau commune; & que les animaux de cette infusion meurent tout subitement étant mêlez avec quelque peu de vinaigre.

CHAPITRE II.

Du vinaigre commun.

LEs Vinaigriers font un si grand mystere de la maniere de faire le vinaigre, qu'ils ne l'enseignent à leurs apprentifs qu'au bout de sept années. Peut-être sera-t'on surpris de ce qu'ils en usent ainsi, lorsqu'on sçaura le peu de précaution qu'il faut prendre pour faire de bon vinaigre; car il suffit d'échauder un baril neuf avec de l'eau commune toute boüillante, & de mettre en sa place, le plus vîte qu'il est possible, le meilleur vin qu'on puisse avoir, & quelque peu de sel; car c'est principalement de la bonté du vin que dépend celle du vinaigre.

Il faut observer que le vinaigre se perfectionne mieux & se fait plus promptement quand le vaisseau est dans un lieu chaud & débouché, que lorsqu'on le tient bouché & dans un lieu froid: on aura ainsi au bout d'un mois ou deux d'excellent vinaigre ; & pour l'entretenir il faudra avoir soin de remplir de bon vin le même vaisseau, à mesure que l'évaporation ou la consommation s'en fera.

Si l'on veut que le vin s'aigrisse promptement, il faut mettre le baril dans un lieu chaud, & y mêler de tems en tems la partie la plus claire de la lie du vin, tirée par expression.

Monsieur Hombert, de l'Academie Royale des Sciences, a proposé une maniere nouvelle de faire du vinaigre avec du bon vin, la plus prompte de toutes : elle consiste à attacher une bouteille, ayant environ les deux tiers de sa capacité pleine de vin, à un cliquet de moulin : les frequentes secousses que la liqueur y reçoit brisent tellement ses principes, & ce qui luy donnoit de la douceur, qu'elle devient en peu d'heures un vinaigre tres-fort, qui se garde long-tems dans le même état.

CHAPITRE III.

Des vinaigres composez.

TOus les vinaigres composez se préparent, en y ajoûtant seulement des roses, ou des fleurs de sureau, de l'ail, ou de l'estragon, &c. avec quelques clous de girofles, & un peu de poivre, si on l'aime.

Cette composition donne de l'agrément à ces vinaigres ; mais elle ne les rend pas exempts de la production des anguilles ; tout au contraire, j'en ay plus trouvé dans ces sortes de liqueurs composées, que dans le vinaigre commun.

CHAPITRE IV.

Nouvelles observations sur les anguilles du vinaigre, faites avec le Microscope representé en la Planche septiéme.

LE 25. Septembre 1710, sur les neuf heures du soir, je mis une petite goutte de vinaigre, qui contenoit des anguilles, sur un petit concave de verre qui sert de porte-objet au Microscope ; & je m'avisay de couvrir d'un petit verre plan des deux côtez le dessus de ce concave, afin d'empêcher l'évaporation subite de la goutte de vinaigre ; ce qui me réüssit parfaitement.

1°. Il se forma d'abord au milieu du concave un petit cercle d'air extrémement rond, qui n'occupoit qu'une partie du petit enfoncement, dans lequel il ne parut aucune anguille.

2°. Toute la liqueur se plaça dans une espece de zone, comprise entre la circonference de cet air, & celle qui termine le concave de verre : tous les animaux qu'on avoit mis dans le concave, se trouverent rangez dans cette zone comme dans une prison.

3°. On apperçût le lendemain, dans la même zone, un grand nombre de petites boules de diverses grosseurs, qui paroissoient ombrées & éclairées avec tant d'art, que plus on les consideroit, plus on les admiroit.

4°. La rondeur de ces boules, qui semblent être de fer ou d'acier, paroît si exacte, & leurs surfaces si polies, qu'il seroit impossible au plus habile ouvrier d'atteindre à une si grande justesse.

Parmy toutes ces boules d'air, on en remarque qui ont bien un pouce apparent de diametre, d'autres un demi pouce ; & encore de si petites, que l'on a de la peine à les bien distinguer.

Quoyque ces boules n'ayent d'elles-mêmes aucune agitation, on ne laisse pas d'y remarquer deux mouvemens particuliers ; celuy que la liqueur leur communique, & celuy qui leur est causé par les allées & venuës des anguilles qui les poussent en les rencontrant ; ce qui produit un spectacle assez agréable, pour récompenser du tems que l'on employe à les observer.

Les raisons de toutes ces choses m'ont paru si faciles à trouver, que je n'ay pas crû les devoir rapporter. J'omet aussi plusieurs circonstances dont je ne dis rien, afin de donner aux spectateurs la satisfaction de les découvrir.

Il y a cependant une remarque à faire, qui peut, ce me semble, servir à décider une question ; qui est de sçavoir, si les objets que nous voyons dans tous les Microscopes en general, sont apperçûs simplement par une lumiere refléchie de dessus ces objets ; comme il arrive dans les Microscopes où l'on regarde les objets de haut en bas : ou si on les apperçoit dans les Microscopes à liqueurs, par les rayons qui les ont traversez simplement, & qui passant ensuite au travers de la lentille, vont peindre leurs images sur la retine ; ou enfin si on voit ces objets par des rayons de lumiere, qui n'arrivent à l'œil qu'aprés avoir traversé les objets, s'être refléchis à la rencontre des parties solides de la lentille, & de celles des corps qui les renvoyent à l'œil.

Pour résoudre solidement toutes ces questions, nous joindrons les experiences de ce Chapitre qui les regardent avec plusieurs autres que l'on verra à la fin de cet Ouvrage, dans une Dissertation particuliere.

En couvrant, comme j'ay dit, la petite goutte de vinaigre qui se met sur le concave, on pourra facilement transporter le Microscope ainsi préparé, & faire voir les boules d'air & les anguilles quand on voudra.

Si pendant que l'on tient le Microscope, & que l'on observe ce qui s'y passe, on vient à le tourner rondement avec les doigts & avec assez de vîtesse, les boules d'air seront apperçûës s'y mouvoir d'un sens tout opposé ; ce qui doit nécessairement arriver : car puisque le volume d'air qui compose chaque boule, est plus leger qu'un égal volume de la liqueur où elle nage, il s'ensuit que ces boules d'air doivent être repoussées vers le lieu d'où ce mouvement circulaire les éloignoit.

Le transport qui se fait du Microscope, sert à multiplier le nombre des boules, en diminuant leur grosseur par l'agitation qu'on leur donne.

Quand la chaleur diminuë sensiblement, on apperçoit que le mouvement des anguilles diminuë aussi; de sorte que le matin elles se remuent plus difficilement que vers le reste du jour; ce qui vient sans doute de la résistance des parties du liquide où elles nagent, qui se trouvent differemment agitées en differentes parties du jour, & du plus ou du moins de souplesse des organes destinées au mouvement de ces petits animaux.

Quand j'observe dans ce Microscope les petits globules qu'une pierre à fusil vient d'arracher d'un morceau d'acier par un mouvement tres-violent, ils me paroissent clairs & lumineux du côté qui se presente à mon œil, en les regardant à la lumiere d'une chandelle, quoyqu'ils soient d'eux-mêmes tres-opaques: d'où je conclus, que c'est par refléxion qu'on les voit ainsi dans ce Microscope à liqueurs, de même qu'on les verroit avec un Microscope à deux ou à trois verres, s'ils y étoient regardez comme on y regarde ordinairement les objets.

Pour comprendre comment se forment les globules d'air qui s'observent dans la petite portion de vinaigre où se trouvent les anguilles; il suffira de remarquer que le verre plan, & le verre concave qui en est couvert, ne se touchent pas si parfaitement, qu'il ne s'échape d'entr'eux peu à peu quelques particules de la liqueur qui déterminent une égale quantité d'air à s'insinuer dans le lieu qu'elles abandonnent; & cet air se trouvant là également pressé de toutes parts, est contraint de prendre la figure d'une sphere, tres-petite d'abord, mais qui grossit en peu de tems, par l'addition de plusieurs autres qui se joignent ensemble, par le mouvement continuel des anguilles de ce vinaigre qui les poussent l'une contre l'autre, & qui souvent est assez considerable pour dissiper les plus gros de ces globules.

Nous n'avançons rien icy qu'on ne puisse observer avec attention; mais il est à propos d'avertir que toutes ces circonstances ne se manifestent pas en un moment, & que ce qui ne

se

se peut appercevoir dans un tems, se pourra remarquer dans un autre.

L'espace du concave terminé par la petite circonference de la zone, ne contient ordinairement que de l'air, dont la figure est ronde en un sens, & platte en un autre. Cet air s'y enferme naturellement, en y laissant tomber le petit verre plan des deux côtez, qui sert de couvercle au concave ; & il ne se trouve dans le milieu ni liqueur, ni anguilles, ni boules ; parce que cet air, par sa compression, les en a éloignez pour en occuper la place ; d'où il suit que le vinaigre qui l'environne doit comprimer ce peu d'air, & l'arrondir comme on le voit.

Le jour suivant, à huit heures du matin, j'apperçûs deux ou trois de ces anguilles dont le mouvement n'étoit pas bien libre ; leurs corps paroissoient roides, comme si elles eussent été attaquées d'une espece de paralysie : ensuite la chaleur de ma main ayant un peu échauffé l'air qui les environnoit, & la liqueur où elles nageoient ; la maladie se dissipa, elles reprirent vigueur, & enfin on leur remarqua autant de force & de souplesse qu'aux autres.

J'observay aussi en même tems que le nombre des globules d'air s'y étoit multiplié durant la nuit, & qu'une anguille ayant ébranlé la plus grosse, l'avoit dissipée en des particules invisibles. Une heure après il se produisit dans la liqueur une fort grosse boule d'air, qui comprimoit celuy qui étoit au milieu du concave, en s'y enfonçant à proportion de sa grosseur.

Le lendemain, environ à pareille heure, j'observai les anguilles qui se transportoient assez librement dans cette liqueur, accompagnées d'une vingtaine de tres-belles boules d'air, dont le tiers me sembloit avoir environ sept à huit lignes de diametre, & les autres plus petites, ne paroissant avoir au plus qu'une demie ligne chacune.

Pendant que l'on observe toutes ces choses à la lumiere d'une bougie, si l'on frappe du doigt la partie exterieure du Microscope qui porte les objets, on s'apperçoit souvent qu'il vient du dehors de tres-petites boules d'air qui s'introduisent dans la zone, en se glissant entre le porte-objet & le petit verre qui sert à le couvrir ; d'où l'on doit conclure qu'il sort nécessairement de cette zone tout autant de liqueur qu'il y entre d'air grossier. Mais si l'on donne encore quelques petits coups à la piece du Microscope dont je viens de parler, pour y faire entrer davantage d'air, il n'y en entrera pas ; parce qu'alors tout est plein, & qu'il faut donner le tems à quelque nouvelle portion de la liqueur de s'évaporer, pour faire place à de nouvel air.

Le premier & le second Octobre je m'apperçûs que la liqueur s'étoit épaissie, que l'espace circulaire du milieu du concave s'étoit augmenté, & que les anguilles avoient plus de difficulté à s'y mouvoir. Le troisiéme, de cinq anguilles qu'il y avoit encore en vie le second, il ne s'y en trouva plus qu'une seule vivante, qui mourut le même jour troisiéme à midy. Ainsi ces animaux ont demeuré en vie neuf jours durant enfermez dans cette zone.

J'ay réïteré plusieurs fois ces mêmes experiences, & j'y ay toujours remarqué à peu près les mêmes choses. Toute la difference la plus remarquable que j'aye observée dans une même quantité de vinaigre, a été l'inégalité de tems qu'elle a employée à s'évaporer entierement ; une de ces gouttes ayant été évaporée en neuf jours, une autre en douze, & une autre en quinze, selon le degré de la chaleur de l'air, de la saison, & du lieu où étoit le Microscope durant ces experiences.

CHAPITRE V.

Observations faites sur plusieurs sortes d'infusions de poivre en grain, mis à froid dans de l'eau commune.

IL y a au moins trente-huit ans que Monsieur Hartsoeker apporta, de Hollande en France, un nouveau Microscope à liqueurs, monté d'une seule lentille soufflée, avec lequel il nous fit remarquer qu'en mettant infuser à froid des grains de poivre noir dans de l'eau commune, on y voyoit au bout de quelques jours un nombre innombrable de petits animaux, qui nous ont donné occasion d'observer plusieurs choses tres-singulieres que nous n'avions point encore vûës.

Premierement, par le moyen de cette lentille de verre, on a vû des animaux de couleur d'or pâle, à peu près de la grandeur & de la figure qu'on les voit representez dans cette Planche, aux endroits marquez B, D, K, H, O, R, L, avec de petites taches plus transparentes que le reste de leur corps. Planche 2.

2°. La figure ovale & réguliere sous laquelle ces animaux paroissent ordinairement, & leur mouvement rapide, ne permettent pas de déterminer d'abord l'endroit de leur corps où est la tête; mais avec un peu de patience on le découvre bien-tôt, par la direction suivant laquelle ils continuent à se mouvoir. D'ailleurs, la liqueur où ils nagent s'épaississant insensiblement par l'évaporation de ses parties les plus subtiles & les plus agitées, fait diminuer peu à peu la vîtesse de ces poissons; & c'est alors que l'on peut à loisir observer plusieurs choses, qui donnent occasion d'admirer la sagesse du Créateur jusques dans la moindre partie des petites créatures que nous entreprenons de décrire.

3°. On s'apperçoit que deux des animaux de cette infusion avançant directement, l'un de A en B, & l'autre de C en D s'en retournant, le premier suivant la ligne ponctuée B E, & le second de D en F.

4°. J'ay quelquefois observé que deux de ces poissons, après avoir parcouru l'un la ligne G H, & l'autre la ligne I K, laissent entr'eux un espace trop petit pour permettre à un troisiéme marqué L, de le traverser; celuy-cy pris & serré contre l'un & l'autre, s'allonge en se courbant pour se sauver vers M.

5°. Il y en a qui après avoir parcouru une ligne droite, comme N O, tournent si vîte autour du point O, où est la tête, que leur figure ovale semble devenir circulaire, après quoy ils s'élancent vers p avec une promptitude extrême. Et l'on en remarque aussi d'autres, qui après avoir parcouru une ligne droite, semblable à Q R, tournent sur leur centre de grandeur & de pesanteur marqué R, traçant ainsi un grand nombre de circonferences de cercles concentriques les unes aux autres ; puis s'élançant avec une vîtesse extraordinaire, on les voit parcourir une autre ligne droite marquée S T. Voilà ce que nous avons remarqué de plus considerable dans la premiere infusion, dans laquelle il ne paroissoit que des *Ovales* ; c'est ainsi que je nomme ces poissons : & voicy ce qui nous a paru dans une seconde, observée avec des lentilles travaillées à la main, & taillées au tour, qui est la maniere de les faire beaucoup plus parfaites que les précedentes.

La premiere figure represente un poisson, que je nomme la *Poule hupée*, dont la tête est garnie de poil au lieu de plumes : son mouvement le plus ordinaire étoit circulaire. Ce poisson est le seul que j'aye vû dans cette infusion, & je n'en ay jamais apperçû de pareil dans aucune de celles que j'ay préparées.

La seconde espece de poisson, representé à l'endroit marqué 2, sont des animaux que je nomme *Cornemuses* argentées, & dont je parleray dans la suite de cette Histoire.

La troisiéme, est une grosse araignée aquatique, dont la bouche s'ouvre assez grande pour engloutir les cornemuses précedentes.

La quatriéme figure represente deux de ces araignées accouplées, qui tournent ensemble sur leur centre commun de pesanteur.

La cinquiéme figure en represente deux autres aussi accouplées, mais dont le nager s'execute en ligne droite. Nous décrirons plus exactement ces grosses araignées aquatiques vers la fin de cette seconde Partie, en parlant des animaux que nous avons vûs dans une infusion d'un peu d'écorce de bois de chêne, qui porte le gland.

La sixiéme figure represente un autre poisson, dont le corps est à peu près semblable à la navette d'un Tisserand. Il a de grands poils au derriere qui luy servent de nageoires.

Enfin au-dessous de l'endroit marqué sept, on y a representé une fourmiliere de petits insectes de diverses figures & grosseurs qui viennent de naître, & qui servent ordinairement de nourriture aux plus gros.

Du poivre blanc.

LE poivre blanc en grain mis en infusion, produira des poissons d'une grande beauté ; mais ce ne sera peut-être pas en aussi peu de jours que les précedens. Les grosses cornemuses de cette infusion avancent & reculent presque également pendant leur nager. Peu de tems avant que la liqueur où on les voit soit totalement desséchée, on s'apperçoit qu'elles deviennent plus grosses qu'elles n'étoient auparavant ; & dans ce moment-là on a le plaisir d'observer un bon nombre d'œufs dans leurs corps ; & de remarquer qu'un moment aprés qu'elle est desséchée, leurs corps changent tellement de forme, qu'ils ne paroissent plus que comme une masse confuse, à cause de leur grande délicatesse.

Du poivre long.

UNe infusion de poivre long mis en entier dans de l'eau commune, ne donnera pas moins de satisfaction que les deux précedentes ; car dans les premiers mois cette infusion est si nette, qu'elle facilite le moyen de découvrir jusqu'aux parties interieures des poissons que l'on y trouve en grande quantité : & ce qui merite quelque attention, est que cette infusion, ni les deux précedentes, n'exalent aucune mauvaise odeur, quoy qu'elles soient conservées en experience durant plus de quatorze mois. On trouve quelquefois dans cette infusion, un peu vieillie, des animaux que nous avons nommez *Chenilles aquatiques* ; & de nouvelles anguilles, plus grosses & plus courtes que celles qui se voyent ordinairement dans le vinaigre ; mais elles n'y vivent pas si long-tems à beaucoup prés.

En conservant ces infusions le plus de tems qu'il est possible, & en les réïterant dans des saisons & dans des années differentes, on apperçoit des animaux differens de ceux qui sont representez dans cette Planche.

Nous finirons ce Chapitre, en avertissant que ces poissons soutiennent les rigueurs d'un hyver tres-rude & tres-long,

& qu'ils se conservent en vie au-dessous d'une glace d'environ deux lignes d'épaisseur ; car à mesure que la surface de l'eau du vaisseau se géle, les poissons s'y enfoncent davantage. Mais si vous faites fondre cette glace, & que vous gardiez cette infusion, vous y verrez ces poissons, au bout d'environ quinze jours d'un tems plus doux, en beaucoup plus grand nombre qu'ils n'y étoient avant que cette eau fut gelée.

CHAPITRE VI.

Observations faites durant une année entiere, de ce qui s'est trouvé dans une infusion à froid de sené.

ENviron le 15. Juillet de l'année 1710. je mis infuser à froid une bonne pincée de feüilles, de queuës & de branches de sené ; & je m'apperçûs qu'au bout d'environ huit jours il y avoit dans cette liqueur quantité de tres-petits corps longuets, separez les uns des autres sans se toucher, & sans avoir d'autre mouvement que celuy qu'ils pouvoient avoir receu de la liqueur où ils étoient. Et par plusieurs observations que j'en ay faites à diverses reprises, je me suis persuadé que ces corpuscules, que vous voyez en A de la troisiéme Planche, n'étoient autre chose que de tres-petites parcelles de l'écorce des branches du sené, & non pas les parties des sels contenuës dans ces choses, comme le vouloit un Medecin à qui je les fis voir ; parce que les sels dissous dans autant d'eau qu'il y en avoit, ne s'y font point appercevoir, non plus que les parties de l'air qui sont éparses dans cette infusion.

Tous ces petits corps étant devenus les uns plus pesans, par l'union de quelques autres ; les autres plus legers, par leur division ; ceux-là se précipiterent au fond de la caraffe, & ceux-cy monterent à la surface de l'eau, pour y composer une pellicule épaisse, molle & opaque, sur laquelle je vis paroître de petits vers blancs, assez sensibles aux yeux nuds,

Environ huit jours après ces vers disparurent, & je fus assez surpris d'en appercevoir de nouveaux, beaucoup plus petits que les premiers : ces petits vers vivoient dans la liqueur, & nageoient un peu au-dessous de sa surface; j'en mis un dans un petit Microscope monté d'une seule lentille de deux lignes de foyer : sa longueur m'y parut d'environ neuf lignes : il étoit composé en partie d'onze petits anneaux : sa tête étoit ronde à son extrémité; & par l'autre bout son corps se terminoit quelquefois par un plan perpendiculaire à sa longueur; & d'autres fois, par trois petites éminences arrondies; de maniere que celle du milieu avoit quelque peu plus de saillie que les deux autres.

Il paroissoit au-dessous de sa peau un filet tres-blanc, & ployé; de maniere que ses deux bouts finissoient vers la queuë, d'où ils s'étendoient en droite ligne vers la tête, où ce fil étoit recourbé.

I M, represente le ver, dont la tête est en I, & le derriere en M. Planche 3.

Le fil dont je viens de parler est vû en N O; & l'on remarquoit qu'il s'allongeoit & se raccourcissoit alternativement; & par ces divers mouvemens il obligeoit les anneaux de ce ver à s'approcher, ou à s'éloigner un peu les uns des autres.

Une partie de la liqueur s'étant évaporée pendant plusieurs jours, j'augmentay le reste par l'addition d'une eau commune, ce qui détrempa tellement la pellicule qui s'étoit formée à la surface de l'infusion, qu'elle se précipita quelque tems après au fond du vaisseau, ce qui rendit l'infusion plus belle & plus transparente qu'elle n'étoit auparavant; & me donna en même tems occasion d'observer un nouveau spectacle, dont je vais vous parler. Trois sortes de nouveaux poissons se faisoient appercevoir dans la moindre petite goutte que je mettois au Microscope; sçavoir de tres-petits, des moyens & des gros. D, E, F, en sont les Figures. Les gros ressembloient assez à une Cornemuse, chacun d'eux ayant la tête recourbée, comme vous voyez en F; j'y remarquois aussi deux mouvemens differens, l'un droit & l'autre circulaire; celuy-cy se faisoit pour l'ordinaire de F par P &

Q. Ces deux mouvemens qui se succedoient l'un à l'autre étoient assez lents pour être facilement observez.

Dans la suite, je découvris une sixiéme sorte de poisson, mais en petite quantité, dont la figure se voit en G : ce poisson ayant assez de ressemblance à une carpe, peut être ainsi nommé. Son mouvement s'executoit en serpentant, décrivant une ligne courbe à peu près semblable à la ligne a b c d, pour arriver de a en r, où est la tête.

Après plusieurs jours, il parut un autre poisson assez semblable au corbillon d'un Oublieur ; sans qu'on pût deviner de quel côté étoit la tête, sinon lorsqu'on le voyoit se mouvoir ; parce que les extrémitez de sa longueur étoient en tout semblables en apparence.

J'ay vûs ces poissons sous les formes representées au-dessous des lettres K, L : le mouvement de ces animaux s'execute par ondulation, & assez lentement.

Tous ces animaux, excepté les vers, mouroient dés que j'enfonçois dans la goutte de liqueur qui les contenoit, le bout d'une plume trempé dans du vinaigre ; & cette infusion de sené ne faisoit pas sur les anguilles du vinaigre le même effet que ce vinaigre faisoit sur celles de l'infusion.

Les animaux de forme ovale, & de moyenne grosseur, s'accouplent comme les hannetons, & étant ainsi attachez, le plus fort entraîne le plus foible d'une vîtesse surprenante.

Ces poissons ne s'éloignent pas du haut de ces liqueurs, parce qu'ils y respirent de tems en tems un air qui leur convient, & y trouvent plus de nourriture qu'en aucun autre endroit du vaisseau où ils sont ; & s'ils descendent en bas, ils n'y restent pas long-tems. On ne peut pas douter de ce que j'avance à l'égard des anguilles du vinaigre ; & on le peut tres-facilement observer dans la bouteille où elles sont, avec une loupe.

Les animaux des autres liqueurs étant trop petits pour être ainsi apperçûs ; je me suis avisé d'y enfoncer un petit tuyau capillaire, ayant pris auparavant la précaution d'en boucher le haut avec le pouce, que j'en ôtois lorsque le bout inferieur étoit au fond du vaisseau ; je retirois ensuite ce tuyau, aprés l'avoir rebouché, & je mettois sur le porte-objet beaucoup plus de cette liqueur qu'à l'ordinaire, prise au fond du vaisseau qui la contenoit ; cependant je ne voyois dans cette grosse goutte que quatre ou cinq animaux, au lieu que si j'eusse pris autant de la même liqueur au haut du vaisseau, j'en eusse trouvé peut-être cent fois davantage.

L'eau tiéde ne fait pas mourir en hyver les poissons dont nous parlons, au contraire ils semblent s'y mouvoir beaucoup plus librement qu'auparavant ; mais lorsqu'elle est un peu plus chaude, ils y perissent tous. Il y a donc un certain degré de chaleur qui les fait vivre, & un autre un peu plus fort qui les tuë.

Le 30. Janvier 1711. j'observay une autre sorte de poissons, qui vinrent en assez grand nombre dans cette infusion de sené, dont le nager me parut singulier ; car en avançant directement, ils se balançoient à droit & à gauche, de même que feroit un petit bateau conduit par le fil d'une eau courante, pendant qu'un homme debout au milieu de ce bateau, panchant tantôt d'un côté & tantôt d'un autre, le feroit balancer pour se divertir.

J'ajoûtay de l'eau commune pour la seiziéme fois, afin d'en augmenter le volume, & d'en diminuer l'épaississement, & fournir aussi en même tems quelque nouvelle substance aux animaux qui s'y trouvoient.

Je vis le lendemain que ces animaux s'y mouvoient beaucoup plus vîte qu'auparavant, & sans s'y balancer ; dont la raison ne peut, ce me semble, être attribuée qu'au plus de facilité que ces poissons trouvoient à diviser ce liquide.

Ce même jour-là, & le premier Février, je remarquay d'autres insectes si petits, & se mouvans si vîte, que je n'en pûs découvrir la figure. Peu de jours après j'y découvris d'autres poissons semblables à celuy qu'on voit en H : la tête finissoit presque en pointe, & servoit de gouvernail à tout le reste de son corps, qui s'accordoit parfaitement avec elle, en avançant assez lentement, pour donner la facilité d'observer plusieurs choses qui seroient trop longues à décrire.

Enfin les grandes chaleurs qui survinrent sur la fin du mois de Juillet 1711, durant trois ou quatre jours, firent mourir presque tous les animaux de cette infusion, qui avoit été une année entiere en experience ; & dans le tems que je la voulus supprimer, je m'avisay d'en prendre encore une fois, & de la mettre sur le porte-objet du Microscope dont je m'étois servi, afin de voir s'il y auroit quelque nouveauté ; & j'y apperçûs un ver composé en partie de treize à quatorze anneaux, semblables chacun à un bourlet.

A B, est sa longueur apparente. A, en est la bouche toute ronde, d'autour de laquelle partent trois filets qui s'étendent d'une extrémité à l'autre, & qui en s'enflant & se désenflant font rentrer les anneaux les uns dans les autres, des extrémitez a & b, vers le milieu D ; & par cette méchanique rallongent & raccourcissent successivement le corps de cet insecte. C, marque sa longueur vûë aux yeux nuds.

CHAPITRE VII.

De l'eau qui se trouve dans les huistres à l'écaille, & de ce que l'on y apperçoit en peu de jours ou d'heures, après être ouvertes.

ON sçait qu'il y a des huistres de diverses especes, tres-differentes les unes des autres, tant par le goût que par la grandeur, & la composition du corps de ces animaux.

L'huistre dont nous parlons icy est un poisson de mer qui se nourrit entre deux écailles ; il est fort estimé d'un grand nombre de personnes, & on le mange tout en vie.

Ces huistres jettent leur fray au mois de May, c'est-à-dire leurs œufs, d'où les petites huistres doivent sortir. On a remarqué qu'au bout de vingt-quatre heures ces petites huistres avoient de l'écaille, & que les meres sont malades aprés avoir bien frayé, n'étant bien gueries que vers la fin du mois d'Aoust suivant.

Monsieur Mery fameux Anatomiste, premier Chirurgien de l'Hôtel-Dieu de cette Ville, & Pensionnaire de l'Académie Royale des Sciences, lut en public un discours tres-curieux sur les huistres des étangs ; mais il manque à ce discours les curieuſes obſervations que nous avons faites ſur ces ſortes d'huiſtres ou moules des étangs, ou de celles qu'on trouve dans les canaux de Seaux & ailleurs.

Samedy 15. Novembre 1710. à midy, je fis ouvrir une demie douzaine d'huiſtres, j'en mis l'eau dans un petit verre à boire, & je l'y laiſſay repoſer environ deux heures : cette eau me parut trouble & d'une couleur de perle fine, ou tirant plutôt ſur la couleur du petit lait, & un peu plus épaiſſe, portant au nez une odeur de marée. J'en obſervay une tres-petite goutte avec differens Microſcopes à liqueurs, & je n'y apperçûs rien de particulier qui merite d'être dit.

Je n'y découvris rien le ſecond ni le troiſiéme jour ; mais le quatriéme au ſoir je commençay d'y voir une aſſez grande quantité de petites huiſtres, belles, tranſparentes, & dont quelques-unes n'avoient pas un mouvement trop rapide pour m'empêcher de voir la tête & le reſte du corps. Leur groſſeur me parut avoir fait un grand progrès en peu de tems, par rapport à celle des animaux que j'ay obſervez dans d'autres liqueurs. En voicy une repreſentée en a b c d, dont a eſt la tête, & b c d le reſte du corps, qui n'étoit pas également tranſparent. La forme de leur corps eſt changeante ; on les voit ſe plier & replier en differentes façons : leur mouvement eſt quelquefois direct, & d'autres fois circulaire : on les apperçoit ſouvent s'entre-choquer, & par-là interrompre leur courſe, tres-vîte en pluſieurs, & moins en d'autres. Planche 4. Figure 4.

Ces animaux étoient aſſez gros dés le quatriéme jour de leur naiſſance, pour ſe faire voir avec un Microſcope à trois verres d'environ quatre pouces de hauteur, dont la lentille objective n'avoit pas moins de cinq lignes de foyer.

Le cinquiéme & le ſixiéme jour, je vis pluſieurs de ces animaux parfaitement en repos, de ſorte que je les crus morts ; mais en continuant de les obſerver, je fus détrompé, les voyant nager avec beaucoup de vîteſſe, les uns allans d'un côté & les autres d'un autre, s'entre-frolant ſouvent, & s'arrêtant quelquefois pour un moment l'un contre l'autre ; puis étant écartez par d'autres qui faiſoient effort pour paſſer entr'eux, & changeoient de figure ſuivant leur maniere de ſe rencontrer, ou le retreciſſement du lieu qu'ils vouloient traverſer.

On s'apperçoit quelquefois qu'une de ces petites huiſtres paſſe ſur un groupe de pluſieurs autres ſans les ébranler ; ce qui marque qu'elles n'en ſont pas touchées , & qu'elles ſont environnées d'aſſez de liqueur pour faciliter le mouvement de celles qui nagent par-deſſus.

Ces animaux s'allongent & ſe raccourciſſent conſiderablement ; & même ils s'accouplent , comme on le peut voir en a & c : ils ſe mouvent ainſi accouplez d'a vers b, & de c vers d , long-tems avant qu'ils ſe ſeparent ; de ſorte que le plus fort entraîne le plus foible.

Ces petits animaux tournent beaucoup plus lentement que ne font ceux de l'infuſion du poivre en grains , ni même ceux du ſené.

Le mouvement circulaire des petites huiſtres s'execute en deux façons toutes differentes ; la premiere les fait voir tournant autour de leur centre ; & la ſeconde les fait paroître tourner comme ſur un point qui ſeroit vers l'extrémité de leur tête.

L'eau de ces poiſſons ſe trouve au bout de quelques jours d'une odeur inſupportable , mais dans la ſuite elle s'adoucit conſiderablement ; & parce qu'elle eſt ſalée naturellement , il y avoit lieu de croire qu'elle ſe conſerveroit long-tems ; ce qui n'eſt pas arrivé. L'experience nous a appris que la ſeule odeur du vinaigre eſt un poiſon qui tuë ces petites huiſtres.

Quoyqu'on ne puiſſe pas voir les yeux de ces animaux , on peut neanmoins aſſurer qu'ils apperçoivent les objets qui ſe preſentent à eux ; puiſqu'on remarque certainement qu'ils s'en écartent en ſe mouvant , & qu'ils font des détours tres-frequens pour les éviter.

Le 21. je mis une groſſe goutte de cette liqueur ſur le porte-objet du Microſcope , que je portay & rapportay de fort loin durant cinq heures au moins , qu'elle employa à s'évaporer entierement ; pendant ce tems-là les petites huiſtres qu'elle contenoit firent l'admiration de pluſieurs perſonnes à qui je les montray.

Le 22. au ſoir je trouvay cette eau plus tranſparente qu'elle n'avoit été cy-devant , quoy qu'elle fut devenuë plus épaiſſe , du moins elle ne s'étendoit pas ſi facilement ſur le porte-objet, qu'elle faisoit auparavant.

Je m'apperçûs d'ailleurs que la même eau avoit perduë cette odeur forte & desagréable qui s'y faisoit sentir dés les premiers jours; que les animaux s'y étoient considerablement multipliez; qu'ils sembloient être devenus un peu plus gros qu'ils n'étoient; & enfin il ne m'en parut plus d'accouplez.

Le lendemain 23. j'observay encore les mêmes choses, à quoy l'on peut ajoûter ces particularitez.

Que jusque icy je n'ay vû dans cette eau qu'une seule espece d'animaux, presque tous d'une même figure, & d'une grosseur assez uniforme, se mouvans tous d'une maniere assez égale.

Comme il est difficile de porter, avec le plus petit bout d'une plume à écrire, un peu de l'eau où nagent ces poissons, sans enlever en même tems quelque petite portion d'une legere pellicule qui se forme dés le commencement sur cette liqueur; on est tout étonné de voir que cette parcelle, presque insensible aux yeux nuds, paroît dans le Microscope d'une étenduë extraordinaire; en sorte qu'elle ressemble à une grosse masse de rocher, chargée d'une multitude extraordinaire de petites creatures.

Ces animaux semblent se plaire davantage, & trouver sous cette pellicule une nourriture plus propre à leur temperament que par tout ailleurs, vû le nombre prodigieux que nous y appercevons: ils y fourmillent les uns sur les autres, de maniere que cet endroit-là devient beaucoup moins transparent que les autres.

Le Samedy 13. Decembre 1710. il étoit resté tres-peu d'huistres vivantes, & même elles parurent diminuées de grosseur. Le 16. je n'y en remarquay aucune; ainsi mes premieres observations sur ces sortes d'animaux-là, finirent.

Mais ayant prévû ce qui devoit arriver, j'avois déja mis en experience de nouvelle eau; deux jours aprés j'apperçûs de ces animaux tout naissans, qui paroissoient avoir environ deux lignes de longueur & une ligne de largeur.

Le 16. & le 17. j'apperçûs ces huistres en plus grand nombre, & j'en vis quelques-unes sous la forme d'un huit de chiffre: c'étoient apparemment deux petites huistres accouplées.

L'augmentation du froid, l'épaississement survenu à cette eau par l'évaporation des parties les plus subtiles & les plus agitées, joint à cela le défaut de nourriture, les fit enfin perir environ le 30. Janvier 1711.

Dés ce même jour je recommençay pour la troisiéme fois une semblable experience; mais depuis ce jour-là jusqu'au 22. Février, je n'y apperçûs rien que je n'y eusse déja remarqué. En voyant dans la moindre goutte de cette eau un si grand nombre de ces poissons, qu'il y en avoit, je ne pûs distinguer les uns d'avec les autres, tant cette eau en étoit obscurcie; c'est pourquoy, afin de l'éclaircir, j'y ajoûtay un peu d'eau commune, & j'observay que ce mêlange avoit fait diminuer subitement la longueur des huistres, en les rendant presque toutes rondes; mais dans la suite elles reprirent leur forme ovale & leur longueur ordinaire. Durant l'espace de deux heures consecutives, j'appliquois sept ou huit fois de l'eau fraîche sur le porte-objet, à mesure que la liqueur s'évaporoit; & j'aurois même pû continuer plus long-tems ce manége, si j'eusse voulu prolonger davantage la vie de ces animaux: ainsi cette eau commune, bien loin de leur nuire, les accommode fort. Il n'en est pas de même du mêlange d'une tres-petite goutte d'eau de l'infusion du sené avec celle des huistres, qui les fait mourir en un instant.

On remarque encore que le mêlange de l'eau commune avec celle des petites huistres, les fait devenir plus grosses & plus claires, pourvû qu'elle ne soit ni trop froide ni trop chaude, ce qui les tuëroit, ou du moins arrêteroit leur mouvement pour un tems.

Dans une semblable experience que je fis ensuite, j'apperçûs une chose singuliere que je n'avois pas encore observée; sçavoir, deux cornes mobiles à la tête de chacun de ces animaux, lesquelles formoient ensemble un croissant, comme on le voit en e, & ces cornes mobiles paroissoient aussi quelquefois comme on les voit en d; mais elles étoient si courtes en de certains tems, qu'on avoit de la peine à les voir.

Je m'avisay ensuite d'ajoûter à une goutte de l'eau des huistres une tres-petite goutte de vin avec le bout d'une plume, & je vis expirer ces petits animaux presque sur le champ, & à mesure que le vin se mêloit avec cette eau, ou que les animaux passoient de l'eau dans le vin.

Le 19. Mars, dans un tems assez chaud, je remarquay que les petites huistres se manifestoient dans leur eau beaucoup plutôt qu'elles n'avoient fait dans les tems moins chauds; & que quelques heures auparavant on y avoit remarqué un grand nombre de petits corps ronds & transparens, qui peuvent passer pour les œufs de ces poissons.

Le 29. du même mois, il paroissoit dans cette eau trespeu de petites huistres; & quoy qu'elles fussent devenuës bien maigres, elles ne laissoient pas de se mouvoir tres-vîte: ce fut pour lors que l'on cessa de vendre dans Paris des huistres à l'écaille, à cause qu'elles n'étoient plus bonnes à manger.

Le 15. Juillet 1711. à midy, je mis dans un vaisseau de verre de l'eau de six à sept huistres; & le 16. à sept heures du soir j'y observay une bonne quantité de petites huistres nageant dans cette eau, quoyque le vaisseau eût été bouché; ce qui semble donner occasion de penser que ces animaux sont produits des œufs des huistres mêmes, & qu'ils ne viennent pas des autres animaux qui volent ou nagent dans l'air que nous respirons.

Le 22, je vis dans cette même eau de deux sortes de nouveaux animaux, dont plusieurs me parurent de la figure & grosseur qu'il paroît en f, s'allongeant & se raccourcissant alternativement d'un instant à l'autre. Ceux de la seconde espece, dont un seul est vû en g, se mouvoient assez lentement pour qu'on pût remarquer en eux les particularitez suivantes.

On apperçoit vers la tête & au derriere un mouvement d'ondulation, dans une matiere blanche, lumineuse & transparente, laquelle étant bien considerée, on s'apperçoit qu'elle est causée par les pattes, tant du devant que du derriere de ces animaux. On les voit marcher sur le porte-objet du Microscope, sans sortir de l'eau où ils ont pris naissance; & l'on remarque que les pattes de derriere sont plus longues que celles du devant. J'ay aussi vû dans le même tems, &

dans la même goutte de cette liqueur, d'autres animaux un peu plus gros que les anguilles du vinaigre, ayant la partie du derriere de leur corps aſſez groſſe & arrondie, & la tête un peu plus longue que celle de ces anguilles : leur corps étoit moins tranſparent & plus court de beaucoup que celuy des anguilles du vinaigre. Ces nouveaux poiſſons, dont on voit la figure en h, changent de figure à tout momens.

Leur nager s'execute aſſez lentement ; le mouvement de leur tête, qui eſt plus menuë de beaucoup que le reſte de leur corps, approche aſſez de celuy que j'ay remarqué dans les vers de quelques autres liqueurs ; ils l'avancent & la retirent alternativement, ils la portent à droit & à gauche, s'arrêtant tres-ſouvent, comme s'ils avoient peur de quelque objet qui traverſeroit leur route.

Le 22. Aouſt je fus ſurpris de ne trouver plus d'huiſtres dans cette eau, ni même aucun des animaux de figure ovale ; & ce ne fut pas manque de nourriture, puiſque les dernieres anguilles dont je viens de parler y vivoient. Enfin le 5. Septembre, à peine pouvoit-on voir deux animaux dans cette liqueur ; ce qui me la fit abandonner.

Le 21. Octobre 1711. nous vîmes dans de nouvelle eau d'huiſtres, juſqu'au 4. Novembre, les animaux repreſentez en i, l, m, n, o, p, q.

La figure m repreſente un ver, dont la tête eſt en pointe, & le derriere rond. Celles qui ſont en n & o, repreſentent deux de ces vers qui ſe tiennent enſemble de deux façons differentes, le plus fort entraînant le plus foible.

En p, vous en voyez un plus gros d'un autre genre, & d'une autre figure. Enfin au-deſſous de la lettre q, il y en a deux plus petits qui ſe tiennent par le bec, allant ainſi nageant de compagnie.

CHAP.

CHAPITRE VIII.

Des infusions d'œillets mis dans de l'eau commune, chaude & froide.

LE 14. Juillet je mis infuser à froid dans de l'eau commune des œillets qui n'étoient pas encore épanoüis ; & le 19. je commençay d'appercevoir de tres-petits animaux nageant dans l'eau, dont voicy à peu prés la grosseur & la figure apparente, marquée en B, Planche 4. Figure 2.

Quelques personnes prennent ordinairement les animaux de cette grosseur pour de petites mouches ; mais c'est une erreur qui provient ou de ce que l'extréme petitesse de ces insectes rend leur espece équivoque à nos yeux, ou de la mauvaise figure de la lentille du Microscope, défaut tres-commun aux lentilles soufflées ; ou de ce qu'elle est mal placée entre les diaphragmes ; ou enfin de ce que l'objet n'est pas placé au point de vûë où il faudroit qu'il fut.

Le 20. je commençay d'en appercevoir de tres-gros ; mais en petit nombre, ayant le corps bien transparent, & parsemé de petites taches, comme on le peut remarquer en A.

Le 22. les gros me parurent plus beaux & plus longs qu'auparavant ; ils se mouvoient aussi d'une maniere nouvelle.

Le 29. j'apperçûs sur la surface de la liqueur de petits vers blancs ; & un peu au-dessous de cette même surface, j'y vis un nombre extraordinaire de tres-petits animaux.

Le 11. Aoust, la masse composée d'une multitude presque infinie de ces animaux, étoit si épaisse & si fourmillante, qu'à peine y pouvoit-on discerner leur figure ; & l'on remarquoit parmy eux quelques gros vers sous la forme representée en C.

Le 20. du même mois j'apperçûs dans une goutte de cette infusion des especes d'anguilles, dont on voit la representation en E & en F, plus grosses & plus courtes que celles qu'on voit ordinairement dans le vinaigre ; ce que je n'avois point encore vû dans aucune des infuſions ou liqueurs précedentes : leur mouvement s'executoit à peu prés comme celuy des ſerpens du vinaigre. Ces nouvelles anguilles paroiſſent tres-blanches vers la tête & vers la queuë, qu'elles ont tres-courtes; tout le reſte de leur corps étant d'une couleur d'ambre plus ou moins claire, ſelon le temps qu'elles avoient demeurées dans cette infuſion.

Le 22. j'obſervay un petit ver blanc, que j'avois pris en la ſurface de cette eau, dont le corps étoit aſſez tranſparent pour me donner la facilité d'obſerver au dedans de ſon corps pluſieurs filets blancs, dont les deux du milieu qui étoient un peu écartez l'un de l'autre, & paralleles entr'eux, ſe recourboient vers la tête pour s'unir là, & s'étendre juſqu'à l'extrémité poſterieure du corps, au-delà de laquelle ils paroiſſoient avancer de plus d'une ligne.

De chacun de ces filets droit & gauche, partoient de diſtance en diſtance d'autres filets blancs qui deſcendoient de haut en bas, & du dos vers le ventre, où ils pouvoient ſe joindre.

Ces animaux ont auſſi à la tête deux petits points noirs, qui ſont de veritables yeux; puiſqu'ils ſe détournent à la preſence de quelques petits objets dont on ſe ſert pour traverſer leur chemin.

Au devant de la tête on remarque deux eſpeces de crochets, dont ils ſe ſervent comme d'appuis pour avancer leur corps, par un mouvement ſemblable à celuy des vers que nous voyons ordinairement ſe traîner ſur la terre ; car ils n'ont point de pieds, leur corps étant diſtinguez par pluſieurs anneaux, qui s'approchent & s'éloignent ſucceſſivement les uns des autres, par la contraction des fibres dont nous avons parlé. Vous voyez la figure de cet inſecte en D.

Le dernier Aouſt 1711. je vis au moins une douzaine d'anguilles dans une tres-petite goutte de cette infuſion, bien groſſes & bien courtes, en comparaiſon de celles du vinaigre, dont le mélange les fait mourir en moins de trois minutes. Et ce qu'il y a de particulier eſt, que la tête de ces nouvelles anguilles devient immobile, pendant que le reſte de leur corps ſe meut encore.

L'effet de ce mélange prouve, ce me semble assez, que ces dernieres anguilles sont d'une espece differente de celles du vinaigre; & si cela ne suffit pas, voicy dequoy convaincre parfaitement de ce que j'avance.

Prenez deux Microscopes montez de lentilles d'un même foyer, afin de découvrir par la vûë les differences qui suivent.

1°. Les anguilles du vinaigre sont beaucoup plus longues, plus dégagées, plus blanches, & plus également transparentes dans toute leur longueur, que celles qui se trouvent dans l'infusion d'œillets.

2°. Celles du vinaigre figurent souvent plusieurs ensemble, de maniere qu'elles accordent les mouvemens de leur corps avec tant de justesse, que les convexitez & les concavitez des unes se trouvent répondre exactement à celles des autres; ce qui n'arrive pas aux anguilles de l'infusion dont je parle.

3°. La tête des anguilles du vinaigre n'est pas si grosse que celle de l'infusion d'œillets.

4°. Ces mêmes têtes different encore en autres choses.

5°. Le mouvement de celles du vinaigre paroît plus libre & plus aisé, que celuy des anguilles de l'infusion d'œillets.

6°. Celles du vinaigre ne sont jamais entierement en repos, qu'elles ne soient mortes; & j'en ay vû des autres y demeurer comme immobiles durant plus d'un quart-d'heure, & se remettre ensuite dans un mouvement assez prompt, qui durera autant de tems que la goutte de liqueur où elles nageoient demeurera à se dessécher.

7°. Ces anguilles sont beaucoup plus sensibles au froid que celles du vinaigre; car quand les matinées sont fraîches on a de la peine d'en prendre; & pour en trouver je fus obligé de mettre au Soleil le vaisseau qui contenoit l'infusion où elles étoient, & de luy laisser environ un quart-d'heure, aprés quoy j'en trouvay deux tout à la fois.

Enfin lorsque les anguilles du vinaigre sont mortes depuis quelque tems, leur corps paroît d'ordinaire comme plusieurs noyaux d'olives, enfilez à peu prés comme des grains de chapelets; au lieu que le corps des autres anguilles m'a toujours paru en son entier.

Le 14. Juillet je mis infuser dans de l'eau boüillante une portion des mêmes œillets dont je viens de parler, dans laquelle je ne commençay à découvrir des animaux que le 25. du même mois ; ils étoient tres-petits & en fort grand nombre.

Le 29. je ne trouvay plus de petits insectes ; mais je vis des vers assez sensibles aux yeux nuds, rampans sur la surface de l'infusion, où il s'étoit formé une épaisseur d'une matiere molle, mais assez ferme pour les soutenir. La grande chaleur qu'il avoit fait durant quatre jours, fut la cause de la mort des premiers insectes, ce qui m'obligea à supprimer cette infusion, beaucoup plutôt que je n'aurois fait sans cela.

CHAPITRE IX.

D'une infusion à froid d'un bouquet composé de roses, d'œillets & de jassemin.

LE 11. May 1711. je mis infuser à froid, dans de l'eau commune, un bouquet de roses, d'œillets & de jassemin, coupé par morceaux, pour le faire entrer plus facilement dans un petit vaisseau, tenant environ demi-septier, mesure de Paris ; & je trouvay au bout de trois ou quatre jours un grand nombre de petits animaux parmi quelques gros : ils se multiplierent considerablement, & donnerent durant un mois un spectacle agréable à plusieurs personnes.

Je serois trop long si j'entreprenois de décrire la figure, la couleur & les mouvemens de ces animaux ; il vaut mieux vous laisser la satisfaction de remarquer toutes ces merveilles en les examinant comme j'ay fait.

Je ne juge pourtant pas à propos de passer sous silence une sorte de nouveaux animaux que je n'avois point encore vûs, & qui commencerent à se faire appercevoir dans cette
Planche 5. même liqueur le second jour de Septembre : c'étoit une es-
Figure 1. pece de limace que je vis, en me servant d'une lentille d'environ une ligne de foyer. Toute sa longueur, dans laquelle

je distinguay trois parties considerables, me parut d'environ dix à douze lignes, & sa plus grande largeur de six à sept lignes ou environ.

La premiere partie marquée A en est la tête, qu'elle retire & avance par secousses lorsqu'elle va lentement ; ce qu'elle ne fait pas lorsqu'elle nage assez vîte.

La seconde partie marquée B est le tronc, & C represente la partie du derriere, que cet animal retire souvent, & à l'extrémité de laquelle on apperçoit comme deux grands poils blancs marquez D, D, qui luy servent de nageoires. Tout son corps, qui est blanc & transparent, semble n'être qu'une masse charnuë composée de muscles, & de filets presque imperceptibles, qui s'allongent & se raccourcissent si aisément, que d'une forme ovale assez longue, cet animal se change promptement en boule.

Il cache souvent ses nageoires D, D sous luy, de maniere qu'on ne les apperçoit plus, sans cesser néanmoins de nager. Son corps est mal terminé, de sorte qu'on le voit souvent sous une forme incertaine, à cause du changement qui s'y passe par les divers mouvemens de ses muscles ; & même lorsque cette limace approche de sa fin, sa figure devient si inégale & si irréguliere, qu'on ne la peut autrement exprimer que par le dessein marqué en E, demeurant quelque tems transparente, ainsi qu'un gros grain de sable vû au Microscope à liqueurs, ou dans un Microscope à plusieurs verres, en y regardant comme on fait dans une lunette d'approche pour observer les Astres.

CHAPITRE X.

De l'infusion des barbeaux, ou petites fleurs bleuës qui viennent parmi les bleds.

LE second Juin je mis infuser à froid, dans de l'eau commune, les queuës d'un gros bouquet de barbeaux, avec quelques fleurs ; & en même tems je jettay dans une caraffe de verre des mêmes fleurs seules, sur lesquelles je répandis de l'eau en suffisante quantité. Environ douze heures aprés j'apperçûs dans ces infusions des animaux de la grosseur & de la figure qu'on les a representez en F, par le moyen d'un Microscope, où j'avois mis une lentille d'environ une ligne de foyer. Le lendemain au soir j'y vis de quatre sortes d'animaux bien transparens, de figure ovale, & d'inégale grosseur, se mouvans diversement.

Planche 5. Figure 2.

Le cinquiéme du même mois je me servis d'une autre lentille, qui n'a qu'un quart de ligne de foyer, & j'apperçûs les plus gros animaux comme en G; mais avec beaucoup plus de confusion que je ne les avois observez au travers de la lentille précedente; ce qui arrive nécessairement, quand on se sert des lentilles dont le foyer est tres-proche de l'objet, & par consequent fort court.

Ces gros animaux changent de figure, & même de mouvement en un instant, s'allongeant & se raccourcissant de maniere qu'on les méconnoît d'un moment à l'autre; ce qui fait qu'on prend souvent en divers tems le même animal pour un autre.

Le 6. j'apperçûs une nouvelle espece d'animaux, dont vous voyez icy toute la grosseur & la figure en H, qui s'allongeoit & se raccourcissoit en nageant dans une tres-petite goutte d'eau, sans que j'aye pû remarquer de difference entre la tête & la queuë de ce poisson, que je nomme insecte des barbeaux ou chabot: mais parce qu'il doit y avoir une partie constante où se trouve la tête de cet animal; je la juge à l'extrémité qui précede ou devance toujours l'autre dans le transport de tout son corps.

Le septiéme, j'observay une chose tres-curieuse en quelques-uns des plus gros; ils avoient une figure ovale terminée assez irréguliérement, traînant aprés eux une longue queuë d'environ deux pouces, d'une substance beaucoup plus blanche & plus transparente que n'est leur corps, depuis lequel elle s'étend directement en diminuant de grosseur, & finissant comme en pointe, ainsi qu'on le peut voir representé en H. Le bout de cette queuë, qui est souvent cinq ou six fois plus longue que le corps, est ordinairement attachée à une masse de la matiere grossiere de l'infusion, qui se colle au concave de verre où la goutte de liqueur est en observation; & alors il y a du plaisir à voir l'animal tirer cette molecule, sans la pouvoir entraîner, comme en I; ce qui l'oblige à s'en rapprocher de tems en tems à reculons, en repliant sa queuë, comme en L, qu'il redresse en s'en écartant avec beaucoup moins de vîtesse qu'il ne s'en étoit rapproché, allant d'un mouvement assez égal; d'autres fois on voit cinq ou six de ces insectes attachez autour d'une grosse masse qui tient fermement attachée au porte-objet, dont ils se rapprochent & se retirent tour à tour, comme nous venons de dire.

On observe que durant cet exercice, il change & reprend alternativement sa premiere figure, & que cette queuë naturellement droite, comme en I, reprend sa direction, à mesure qu'il fait des efforts pour s'écarter en droite ligne de la masse qui l'enchaîne au concave de verre, & qu'il entraîne quelquefois après luy allant directement.

J'ay remarqué que l'excessive chaleur de l'air en fit perir une tres-grande quantité, & que cinq ou six jours après il en revint d'autres.

Il ne m'est pas permis de douter, après ce que j'ay vû de ces derniers animaux, qu'ils n'ayent des yeux, & qu'ils ne voyent; car on en remarque souvent deux qui figurent ensemble l'un proche de l'autre sans se toucher, tournant tous deux d'une vîtesse si grande autour d'un même centre, que les deux, quoy qu'ovales, ne paroissoient que comme un seul, & tout rond.

On voit au-dessous de M un petit poisson, dont les extrémitez sont terminées par deux surfaces planes, tellement paralleles entr'elles, qu'on n'y apperçoit rien de distinct qui puisse faire juger du lieu où est sa tête: pour le connoître, il faut observer son mouvement, qui s'execute en courbant differemment tout son corps, qui va en avant, formant des ondulations tres-lentes; de sorte qu'il fait peu de chemin en beaucoup de tems.

CHAPITRE XI.

Du Thé mis en infusion.

LE 15. Juillet 1711. aprés avoir mis dans une théhere autant de thé & d'eau boüillante qu'il en falloit pour six grandes prises; j'en mis dans une caraffe de verre, d'environ demi-septier, les feüilles qui resterent aprés l'infusion chaude; & ayant rempli d'eau de fontaine le vaisseau, je laissay reposer cette seconde infusion qui s'en faisoit à froid: dix jours aprés j'apperçûs dans la moindre goutte que je pusse prendre de cette liqueur, une fourmilliere de tres-petits animaux de figure ronde, & dont le mouvement étoit tres-lent.

Planche 5. Figure 3.

Quelques jours ensuite, ces petits animaux y parurent en moindre quantité, mais beaucoup plus gros, plus clairs & plus distincts qu'auparavant: leur figure étoit ovale, & comme on en voit un seul representé au-dessous de N. Le contour apparent de leur corps paroissoit noir, & le reste tres-blanc & transparent; on les voyoit nager d'une vîtesse surprenante.

Le corps de ces insectes étoit d'une consistance si délicate, qu'ils n'ont conservé leur figure naturelle que deux ou trois minutes aprés leur mort.

Le 23. Septembre j'apperçûs dans la même liqueur de trois sortes d'animaux, sçavoir de tres-petits, & en grand nombre; de moyens, en moindre quantité; & de gros encore en plus petite; mais ils nageoient beaucoup plus vîte que les autres. Aujourd'huy 8. Decembre il s'y en trouve encore de tres-beaux; & j'ay vû par hazard une grosse anguille dans une tres-petite goutte de cette infusion; on la voit icy representée toute entiere: elle differe des anguilles du vinaigre, en ce que son corps est plus court & plus gros, & que son nager est de beaucoup plus lent.

L'infusion qu'on fait des feüilles de thé, tel qu'il vient des Indes, étant mises à froid dans de l'eau commune, n'a rien fait voir d'extraordinaire.

CHAP.

CHAPITRE XII.

Des infusions de queuës de framboises, mises à froid dans de l'eau commune.

L'Infusion des queuës de framboises, dans de l'eau commune, est une de celles qui n'acquiert aucune mauvaise odeur, depuis le commencement jusqu'à la fin, c'est-à-dire durant deux mois; cependant elle produisit en moins de vingt-quatre heures les plus beaux animaux que l'on puisse voir dans les liqueurs, & en tres-grand nombre; vous en verrez icy les Figures representées en O. Ces poissons paroissent tres-blancs & transparens dans le commencement de leur naissance, avec de petites marques sur le corps; plus diaphanes en des endroits qu'en d'autres: cette grande blancheur se change dans la suite en une couleur jaunâtre, & toujours assez transparente. Planche 5. Figure 4.

On les voit s'allonger & se raccourcir, devenant ovales ou ronds, selon qu'il leur convient, par rapport aux obstacles qu'ils trouvent dans leur route. J'en ay vû souvent deux se tenir ensemble comme par le bec, ainsi que font ordinairement deux tourterelles, ou deux pigeons mâle & femelle qui se caressent; & on voyoit ces animaux se mouvoir assez vîte, sans quitter cette attitude representée en P, dans laquelle on les voit même jusqu'aprés leur mort.

Le premier Septembre de l'année 1711. j'en vis un groupe de huit d'une belle couleur d'ambre, & d'une grosseur remarquable, figurant ensemble comme feroient plusieurs danseurs qui prendroient plaisir à divertir une compagnie: dans de certains momens ils nageoient, & marchoient assez lentement pour se faire observer à loisir: je n'ay pû cependant jusqu'icy parvenir à découvrir leurs nageoires ou leurs pattes; mais le 8. Septembre suivant, je vis dans cette infusion quantité de gros animaux sans aucun petit; & parmi eux j'en apperçûs deux ronds qui ne se quittoient point; l'un des deux avançoit sur l'autre, comme font deux jettons sans être couverts totalement; d'autres fois ils se touchoient seulement par leurs circonferences, tournant ainsi ensemble comme s'ils n'en faisoient qu'un seul, tantôt en un sens & tantôt en un autre. Enfin le 27. du même mois j'apperçûs dans cette infusion, pour la premiere fois, des animaux semblables à celüy qui est representé par Q, ayant une matiere transparente & agitée assez regulierement, dont je ne pûs discerner la figure à cause de la vîtesse de son mouvement. Cette matiere est située entre le milieu du corps de l'animal, & sa tête, qui est immédiatement sous la lettre Q. Peut-être que c'est le cœur de ce poisson, & que les agitations qu'on y apperçoit en sont le systole & le diastole: ces mouvemens ne peuvent être remarquez que dans le tems que l'animal se meut tout entier & tres-lentement.

CHAPITRE XIII.

Des infusions de fenoüil, de sauge, de melon, de verjus, de tiges de soucy avec les fleurs.

LE 11. Aoust 1711. je mis infuser à froid, dans de l'eau commune, du fenoüil avec ses tiges, grosses & menues; & le 13. ensuivant j'observay que dans la moindre goutte que l'on puisse prendre de cette liqueur, on découvroit une fourmiliere composée d'un nombre presque innombrable de petits animaux, que nous avons representez en R, parmi lesquels il y en avoit d'autres de figure ronde, & environ cinq ou six fois plus gros.

Planche 5. Figure 5.

Le 22. Aoust 1711. je mis infuser à froid des feüilles de sauge, qui ont conservé leur odeur naturelle durant tout le tems de leur infusion: dans l'intervalle de douze jours ou environ, je n'ay vû dans cette liqueur que quelques petits animaux de la grosseur d'un grain de millet, & une infinité de plus petits, qui ne paroissoient que comme des points marquez sur du papier, avec une plume à écrire taillée des plus fine ; & un peu au-dessous de la surface de la liqueur, j'y apperçûs de tres-petits vers blancs.

Le 28. Septembre je vis dans une goutte de cette même eau deux sortes de petits poissons representez en S, & comme ils paroissoient vûs avec une lentille d'une ligne de foyer. La goutte de liqueur venant à se dessécher, on voit mourir les gros avant les petits, qui prennent autour des gros des arrangemens semblables à celuy qui se voit icy.

Le 22. Aoust je mis infuser à froid des bayes ou fruits d'épine-vinette, & au bout de vingt-quatre heures j'apperçûs des animaux de la grosseur & figure representée en T, dont le corps étoit blanc & transparent ; mais ils n'ont vécu que tres-peu de tems. Figure 6.

Le 25. du même mois, au soir, je mis infuser à froid de petits morceaux de la côte d'un melon, avec un peu de la chair & de sa graine ; le lendemain au matin j'apperçus quelques animaux assez beaux & transparens, dont on voit la figure en V.

Le 30. au matin je ne vis plus dans cette infusion que de petits corps longuets, blancs & transparens ; comme on les peut voir representez en X, dans une goutte de la liqueur mise au Microscope, parmi lesquels on apperçoit d'autres petits corps moindres que celuy qu'on voit marqué T, sans aucun mouvement sensible ; ce qui me fit supprimer cette infusion.

Ayant mis infuser le 14. Aoust des grains de verjus en grappe, dans de l'eau commune & froide, j'y apperçûs le 20. un grand nombre de si petits poissons, que je n'en pus distinguer la figure.

Le 25. du même mois j'y découvris de deux sortes de poissons ; les uns de la figure & grosseur representée en Y, & les autres si petits, que je n'en pus voir la forme. Figure 7.

Le 4. Septembre je trouvay les petits animaux de ce verjus considerablement multipliez ; & les gros augmentez de volume : j'en vis de ronds qui paroissoient avoir une bonne ligne de diametre, & qui étoient joints ensemble, en formant comme un 8 de chiffre, se mouvant ainsi tantôt circulairement, & tantôt en ligne droite.

Le 8. Septembre j'apperçûs quantité de petits vers sur une croute formée en la surface de cette infusion, & des anguilles en assez grande quantité dans une seule petite goutte de la liqueur.

Enfin le 5. Decembre j'apperçûs encore dans cette infusion de trois ou quatre sortes de petits poissons, de diverses grosseurs, de differentes figures, se mouvans tres-lentement, à cause de l'épaississement de la liqueur, & de l'augmentation du froid.

Le 25. Aoust 1711. je mis infuser à froid, dans de l'eau commune, des tiges & des fleurs de soucy, & huit jours après j'y vis de trois sortes d'animaux, dont les plus petits se Figure 8. voyent representez en Z Z, les seconds en &, & les derniers, qui n'ont pû trouver de place icy, étoient de grosses anguilles, differentes en especes de celles du vinaigre, & differentes aussi de celles que j'ay vûës dans l'infusion d'œillets.

Enfin le 8. Septembre je ne trouvay plus dans cette infusion qu'une seule espece de poisson; les anguilles même étoient devenuës invisibles, & l'infusion avoit acquis en peu de jours une odeur d'urine si forte & si désagréable, que je fus obligé de la supprimer.

CHAPITRE XIV.

D'une infusion de foin nouveau, mis à froid dans de l'eau commune, le 4. Juin 1711.

CEtte infusion de foin nouveau n'est pas vingt-quatre heures en experience, sans donner des marques avantageuses de ce qu'on peut voir en elle : En effet, au bout de cinq ou six jours on découvre dans une tres-petite goutte de cette eau, jusqu'à cinq ou six sortes d'animaux vivans, differens en couleur, en grosseur, en figure & en mouvement.

L'extrême délicatesse du corps de ces poissons les fait méconnoître, dès qu'ils sont morts, sur le porte-objet du Microscope.

L'odeur de cette infusion, durant les grandes chaleurs, est tres-forte dans les premiers jours; & j'ay remarqué qu'elle avoit un si grand rapport avec celle des crotins du cheval, que sans voir cette infusion, on assureroit que ce sont des crotins qui la causent; mais elle diminuë en vieillissant; de sorte qu'elle devient dans la suite tres-supportable.

Dans la plûpart des liqueurs que j'ay vûës, je n'y ay guéres trouvé de plus gros animaux, de plus transparens & de plus nets, ni qui durent plus long-tems que ceux-ci; puis qu'au mois d'Octobre j'y en apperçûs encore une assez grande quantité de gros & de petits.

CHAPITRE XV.

Seconde infusion de foin nouveau.

LE 4. Octobre 1711. je mis infuser à froid, dans de l'eau commune, un peu de foin nouveau, dans deux differens vaisseaux; j'en bouchay un le mieux que je pus avec du velin bien moüillé, & je laissay l'autre ouvert. Deux jours après j'apperçûs dans l'une & dans l'autre infusion de trois sortes d'animaux, & en assez grand nombre: cette experience semble tres-propre pour persuader que ces animaux étoient produits des œufs que d'autres animaux avoient déposez sur ce foin, & non de ceux qui étoient répandus dans l'air.

Le 10. du même mois je trouvay plus d'animaux dans une goutte de l'infusion qui avoit été bouchée, que je n'en vis dans une pareille quantité de celle qui ne l'étoit pas. On peut penser que la fermentation & l'évaporation de la liqueur débouchée, y étant devenuës plus grandes qu'en celle de l'autre, elles furent les causes occasionnelles du plus grand nombre de poissons qui s'y sont trouvez.

Troisiéme experience faite sur de semblable foin.

LE 13. Octobre je fis boüillir de semblable foin nouveau dans de l'eau commune, durant plus d'un quart-d'heure; j'en mis ensuite une égale quantité dans deux vaisseaux, à peu près de même grandeur; j'en bouchay un sur le champ, & même avant que le tout fut refroidi : je laissay l'autre découvert, & j'y apperçus des animaux au bout de quelques jours, & pas un dans l'infusion qui avoit été bouchée; & après l'avoir gardée ainsi fermée un tems considerable pour y trouver quelque insecte vivant, s'il y en eût dû venir; mais n'y ayant rien trouvé, je la laissay enfin débouchée, & au bout de quelques jours j'y en remarquay : ce qui fait comprendre que ces animaux avoient pris naissance des œufs répandus dans l'air; puisque ceux qui s'étoient pû rencontrer sur ce foin avoient été ruinez totalement dans l'eau boüillante.

CHAPITRE XVI.

Composition de plusieurs infusions mises ensemble dans un seul vaisseau.

MEslez ensemble des parties à peu prés égales de l'infusion de sené, de l'infusion de queuës de framboises, de l'infusion de foin, &c. & demie heure après prenez à l'ordinaire une seule petite goutte de ce mélange, pour la mettre sur le porte-objet du Microscope, afin de l'y observer, & vous aurez le plaisir de voir dans cette goutte de liqueur des animaux de toutes les infusions, dont vous aurez fait le mélange. A l'occasion de cecy, il est à propos de remarquer que tous ces petits poissons ne subsisteront pas ainsi dans ce mêlange si long-tems, à beaucoup prés qu'ils auroient fait, s'ils fussent demeurez chacun dans sa premiere infusion. Je croy encore devoir avertir que toutes sortes d'infusions ne sont pas propres à donner le plaisir de ce spectacle, vû qu'elles doivent avoir un certain rapport pour y faire subsister les animaux en vie ; & c'est ce que nous avons fait voir dans plusieurs des Chapitres de cette seconde Partie.

CHAPITRE XVII.

On prouve dans ce Chapitre qu'il y a de tres-petits animaux qui en devorent de plus gros.

Qu'il y en a de si petits qu'ils échappent aux meilleurs yeux armez de Microscopes.

Qu'au bout d'un certain tems en esté on découvre des petits poissons dans l'eau de riviere, ou dans celle de fontaine, sans s'être corrompuë.

Qu'au bout de quatre heures, & même en moins de tems, on trouve plusieurs especes de poissons dans l'eau que l'on a donné à boire à des oiseaux.

Et enfin comment les graines & les plantes doivent être mises en infusion, pour produire de bons effets, par rapport aux experiences dont nous parlons.

QUoyque notre vûë soit à present portée par les Microscopes aussi loin qu'elle peut aller ; & que nous ayons comme forcé la nature à nous découvrir une grande partie de ce qu'elle avoit de plus caché dans les infusions dont nous parlons dans cette seconde Partie ; je ne doute pas neanmoins qu'une infinité d'especes d'insectes, & d'autres animaux, ne demeurent toujours invisibles, soit par le défaut des instrumens, soit par la foiblesse de nos organes, soit par le manque d'application à suivre & à épier ce qui se passe dans une infusion ; soit enfin parce qu'il est difficile, & même impossible de prendre avec le plus menu bout d'une plume à écrire, ou autre semblable corps, de toutes les differentes especes des petits animaux qui se peuvent rencontrer dans une infusion. Je suis persuadé, par ma propre experience, qu'il y en a qui échapent aux plus attentifs ; puisqu'il m'eſt arrivé pluſieurs fois de n'en trouver qu'un d'une ſeule eſpece, dans quelque infuſion particuliere.

L'on découvre, mais rarement, de tres-petits animaux ſur le poux & ſur la puce ; & je ne doute pas qu'il ne s'en puiſſe voir encore de bien plus petits ſur le corps de ces derniers, qui les incommodent, & qui les devorent enfin ; comme je l'ay ſouvent obſervé, en examinant de certaines mouches qui étoient mangées par des animaux environ deux mille fois plus petits qu'elles.

Les infuſions d'œillets, de queuës de framboiſes, de ſené, de tabac de toutes les ſortes, font éclore les œufs d'une multitude viſible d'inſectes, qui dans les premiers jours ſont ſi menus que l'on a de la peine à les appercevoir, quoy qu'on ſe ſerve d'une lentille qui groſſiſſe conſiderablement : & cela nous fait penſer, qu'il peut y en avoir de ſi petits dans les liqueurs, que nous manquons de Microſcopes pour nous les faire appercevoir ; ou plutôt, que le peu de lumiere que ces petits animaux ſont capables de refléchir dans nos yeux, n'eſt pas ſuffiſante pour cauſer un ébranlement capable de les faire ſentir.

L'eau commune expoſée à l'air durant une quinzaine de jours, d'un tems aſſez temperé, nous preſente aux yeux armez d'un Microſcope quantité de petits poiſſons, de groſſeur, de figure & de mouvemens differens, qui ne ſubſiſtent que tres-peu de tems, en comparaiſon de la plûpart de ceux qui s'obſervent dans les infuſions des plantes, ou dans celles des drogues telles qu'elles puiſſent être, à cauſe du peu de nourriture qu'ils y trouvent.

La même eau dont je viens de parler étant donnée à boire aux ſerins de Canarie, ou à d'autres oiſeaux, nous en preſente d'un jour à l'autre : il s'y en voit ſouvent de quatre à cinq eſpeces tres-differentes les uns des autres, & tres-propres à divertir agréablement le ſpectateur ; parce qu'en un moment il y obſervera des anguilles à peu près ſemblables à celles du vinaigre, mais plus courtes : Des limaſſes qui s'étendent & ſe raccourciſſent conſiderablement, en ſe traînant & s'appuyant tantôt ſur la tête, & tantôt ſur le derriere, où l'on voit deux pointes faites en forme d'un foſſet, avançant

aſſez

assez lentement ; ce qui fournit le moyen d'observer plusieurs choses assez curieuses. D'autres fois on voit ces animaux nager tres-vîte, & alors ils paroissent avoir deux têtes, qui s'écartent & se rapprochent alternativement l'une de l'autre : leur couleur ressemble à celle de l'ambre jaune. Le contour du corps de ce poisson se voit mal terminé ; il ressemble à la massuë d'un Géant, particulierement quand il étend quelque peu son corps du côté de la tête seulement.

On voit aussi dans cette même eau de petits vers longuets, d'une apparence d'environ quatre à cinq lignes de longueur, qui changent de figure en nageant ; & d'autres animaux assez semblables à une Cornemuse : enfin j'y en ay vû encore de figure ovale, à la reserve de l'endroit où est la tête, qui est un peu applatie ; traînant aprés eux une longue queuë blanche & transparente, qui se termine en une pointe tres-aiguë.

Nous avons toujours mis les tiges des plantes, leurs feüilles, leurs fleurs, & les fruits en infusion, sans les réduire en poudre, & sans les macerer ; parce qu'étant autrement préparées & mises en infusion, elles rendroient la liqueur opaque & trop épaisse, & l'on n'y pourroit rien voir de distinct.

L'écorce des arbres se met en infusion par petits morceaux, de même que le bois des gros arbres, & les gros fruits. Les pepins de ces fruits, les grains de poivre, & autres choses semblables s'y mettent tout entier.

La suie de nos cheminées, le tabac grainé, le râpé, & celuy qu'on passe au tamis, produisent de petits animaux ; mais on les voit si confondus avec les menuës parcelles de tous ces corps, qu'on n'a aucune satisfaction des observations que l'on fait sur ces poudres.

Et à l'égard des sucs, tant des fruits que des plantes, on en separera la partie la plus grossiere pour mettre le reste en infusion dans de l'eau commune, qui les éclaircira suffisamment pour y faire appercevoir successivement toutes les productions dont ces sucs seront capables.

Les experiences précedentes me paroissent en assez grand nombre, pour oser entreprendre de jetter les fondemens d'une nouvelle hypothése, qui puisse servir à rendre raison de tous les Phénomenes qui regardent les insectes, & les autres animaux contenus dans les infusions précedentes; & même dans toutes celles que nous examinerons cy-aprés.

CHAPITRE XVIII.

Hypothése pour servir à rendre raison de la naissance, du progrès, & de la mort des animaux que l'on observe dans les liqueurs préparées, & dans celles qui ne le sont point.

ON a crû autrefois que tous les insectes, & d'autres petits animaux s'engendroient de corruption; mais depuis que plusieurs celebres Philosophes ont donnez sur cette matiere les observations qu'ils ont faites avec beaucoup de soin & d'exactitude, on est revenu de cette erreur: Ils ont prouvé par un grand nombre d'experiences, & par des raisonnemens incontestables, que tous les animaux, de quelque nature qu'ils soient, viennent des œufs. En effet, comment peut-on comprendre que l'alteration & la pourriture, qui naissent de la division & de la separation des parties d'un corps en d'autres parties plus petites, puissent jamais s'ajancer les unes auprès des autres, & s'unir comme il le faudroit, pour composer des corps vivans, qui devinssent capables de chercher de quoy se nourrir en marchant, en rampant & en nageant, & même de produire leur semblable, comme l'on voit que font ceux qu'on trouve dans les infusions des plantes? C'est ce que je ne pense pas qu'un homme capable de refléxion puisse s'imaginer, quelque effort qu'il fasse pour en venir à bout.

Mais afin d'avoir de quoy combattre ce préjugé si dangereux à la Religion, en attribuant au hazard, c'est-à-dire, à une cause qui n'est ni apparente ni nécessaire, ce qui est assurément l'ouvrage le plus parfait d'une puissance infinie; il n'y a qu'à faire attention aux experiences contenuës dans cette Histoire, & aux raisonnemens qui suivent.

La corruption n'est pas la cause de la generation des petits animaux qui se voyent, avec le Microscope, dans l'eau des moules, dans celle des huistres à l'écaille; puisqu'on les y découvre avant que ces mêmes eaux soient corrompuës.

Elle n'est pas non plus la cause de la generation d'une infinité de tres-petits poissons que nous avons vûs dans differentes infusions; puisque les matieres de toutes ces infusions n'étoient point encore alterées ni corrompuës, lorsqu'on a commencé à les y voir.

Si la pourriture étoit la cause de la naissance des insectes que nous appercevons dans une seule infusion, on les y devroit voir tous, dés que la matiere infusée seroit pourrie; ce qui n'arrive pas, puisqu'on les y voit se succeder les uns aux autres durant plus de treize à quatorze mois.

Si la pourriture contribuoit à la generation des insectes dont nous parlons; plus un corps seroit pourri, plus on y devroit voir d'animaux; cependant on voit arriver tout le contraire dans l'urine que l'on garde plusieurs jours. Dans une infusion de poreaux mis dans de l'eau commune, les champignons, une coque d'œuf remplie d'eau, &c. sont des choses que l'on est obligé de supprimer en peu de jours durant les grandes chaleurs; parce qu'elles choquent l'odorat d'une maniere insupportable.

Le sang humain, sans aucun mêlange, ayant été exposé à l'air durant prés d'un mois, & dans un tems assez chaud, n'a fait sentir qu'une odeur insupportable; & quoyque j'aye mis de l'eau commune dans le même vaisseau où il étoit, & examiné ce mêlange assez de tems, je n'y ay rien vû qui m'ait paru avoir aucune apparence de vie.

On peut encore ajoûter, qu'il y a des corps qui ne changent que peu ou point d'odeur; qui fournissent des animaux differens les uns des autres, durant tout le tems qu'on les garde en infusion.

Voilà ce me semble des experiences en suffisante quantité, pour montrer que ni l'alteration, ni la corruption, ni la mauvaise odeur, ne sont point la cause de la generation des animaux, tels qu'ils puissent être: cela supposé, passons à l'établissement d'une hypothése, pour expliquer ce qui se voit de plus surprenant dans les infusions des plantes. Je suppoferay qu'il vole ou nage dans l'air voisin de la terre, un nombre innombrable de tres-petits animaux de diverses especes, qui s'appliquant sur les plantes qui leur conviennent, s'y reposent, y prennent quelque nourriture, & y mettent au jour leurs petits, pendant que d'autres y déposent des œufs, où de nouveaux insectes sont renfermez.

Et enfin que ces mêmes animaux laissent aussi tomber dans l'air qu'ils parcourent, des petits & des œufs, particulierement dans les lieux où ils sont arrêtez par des corpuscules spiritueux qui s'échapent continuellement des plantes, & generalement de tous les autres corps, dont les parties ont entr'elles quelque mouvement capable de les subtiliser assez pour en faire l'évaporation.

De plus, il est à propos de remarquer qu'une même plante peut être la favorite de diverses especes d'animaux, & par-là devenir en même tems la dépositaire des œufs & des petits tout vivans de plusieurs especes d'insectes; d'où il suit que son infusion sera suffisante pour faciliter la naissance, & fournir tout ce qui sera nécessaire à l'accroissement de tous les differens animaux que nous y appercevrons successivement, pendant tout le tems que durera cette infusion.

CHAPITRE XIX.

Continuation des experiences sur les Liqueurs.

D'un ver de terre trouvé parmi des herbes potageres.

J'Ay mis dans un vaisseau de verre, de figure cilindrique, d'environ trois pouces de diametre, de l'eau commune, & un ver qui s'étoit rencontré parmi des herbes potageres; long d'environ deux pouces & demi, & d'une ligne de diametre : je le changeay de vaisseau, & je luy donnay de nouvelle eau commune. Au bout de trois semaines ou environ, il y fit de nouveaux excremens, ce qui me fit juger qu'il avoit trouvé dans cette eau quelque nourriture propre à le faire vivre durant tout ce tems-là. Je pris alors une tres-petite goutte de cette eau; je la mis sur le porte-objet de mon Microscope à liqueur, & j'y vis de deux sortes de poissons qui nageoient dans ce peu d'eau ; les uns brillans, & de figure ovale, n'ayant au plus qu'une demie ligne de longueur apparente, & les autres un peu plus gros, faits comme de petites cornemuses blanches & transparentes. Tous ces petits poissons disparurent au bout de quatre ou cinq jours ; peut-être que cela vint de ce que le ver les avoit mangez, ou de ce qu'ils étoient morts faute d'avoir trouvé dans cette eau de quoy se nourrir plus long-tems. Six semaines aprés je jettay l'eau de ce vaisseau pour y en mettre d'autre ; trois jours aprés j'y apperçûs de deux sortes de petits poissons : enfin au bout de trois mois ce ver me parut comme lié ou tors en un seul endroit de tout son corps, ce qui le fit mourir aprés s'être bien tourmenté durant un jour.

Cette experience, & une seconde toute semblable, que je fis long-tems aprés, sur un autre ver de terre de même nature, semblent suffire pour prouver qu'il y a des animaux qui ne laissent pas de vivre dans l'eau, quoy qu'ils ayent pris naissance sur la terre, où ils subsistent ordinairement.

Voicy encore une belle experience qui prouve la même chose. Ayant mis de la poudre, que l'on trouve sur de certains fromages, parmy laquelle il y avoit beaucoup de mittes vivantes dans de l'eau commune, je m'apperçus qu'elles y vêcurent depuis le 20. Février jusqu'au 15. Mars suivant, durant lequel tems il s'y forma de trois sortes de poissons, qui ne meritent pas d'être décrits.

CHAPITRE XX.

D'une infusion de Rhubarbe.

LA Rhubarbe est une des drogues purgatives qui demeure le plus de tems en infusion dans de l'eau commune, sans qu'on y apperçoive aucun poisson, ny qu'elle rende aucune odeur désagréable : je l'ay observée durant un mois sans y avoir vû aucune chose de considerable. Enfin au bout de cinq semaines je commençay d'y remarquer une seule sorte d'animaux, qui ne merite pas que j'en fasse une description particuliere ; nous dirons seulement que le mélange d'une goutte de cette infusion, avec autant de celle du sené, ne fait pas perir les poissons de l'une ny de l'autre espece ; & qu'au bout de quinze jours, les animaux de l'infusion de la Rhubarbe se sont trouvez morts.

CHAPITRE XXI.

De l'infusion d'un champignon, mis à froid dans de l'eau commune.

L'Infusion à froid d'un gros champignon, produisit d'un jour à l'autre une multitude étonnante de tres-petits animaux de figure ronde, de la grosseur d'un grain de navette, vûs au Microscope, qui multiplie environ vingt-cinq mille fois l'apparence ordinaire de ce grain.

Le troisiéme jour de cette infusion, j'y en découvris qui étoient plus gros, & dont la tête un peu courbée se terminoit en pointe, & dont tout le corps étoit assez approchant d'une larme de verre.

Une troisiéme espece parut bien-tôt parmy les deux précedentes, s'y tremoussant extraordinairement sans pourtant y parcourir plus de deux lignes apparentes de chemin ; ils étoient de figure ovale, dont le grand diametre n'avoit au plus que deux lignes de longueur : & une quatriéme sorte se presenta à mes yeux, n'ayant au plus que la douziéme partie d'un pouce de diametre, formant un contour parfaitement rond en apparence.

Cette infusion devint au bout de cinq ou six jours d'une odeur tres-forte, & difficile à supporter : ce fut alors qu'on apperçut de petits moucherons s'amasser & voltiger au-dessus de sa surface, où ils demeuroient assez de tems pour y déposer un grand nombre de tres-petits vermisseaux, qui se nourrissoient dans la pellicule qui s'y étoit formée.

Cette mauvaise odeur se dissipa peu à peu : les morceaux de champignon se précipiterent au fond du vaisseau; la pellicule épaisse qui s'étoit formée à sa surface y tomba aussi, & les vers n'y parurent plus. Mais l'on continua de voir dans une tres-petite goutte de cette infusion, de petits animaux de figure ovale, les uns presque en repos, & les autres en grand mouvement.

J'examinay ce champignon avant que de le mettre en infusion; je le trouvay beau, vermeil, & frais cueilly; j'y apperçûs avec une loupe d'un pouce de foyer, deux petits animaux blancs, ayant chacun pour ornement deux belles cornes au-devant de la tête, plus longues que n'étoit le reste de son corps. Chacun de ces petits animaux paroissoit avoir au plus la grosseur d'un ciron; ce qui me semble prouver qu'il y a des animaux qui déposent leurs petits sur des végétaux; & confirmer en même tems une partie de ce que nous avons avancé dans notre hypothése.

CHAPITRE XXII.

Des petites fleurs colorées diversement, qui se trouvent dans les prez.

SI vous mettez infuser à froid, dans de l'eau commune, de ces menues fleurs diversement colorées & cueillies dans un pré, lorsqu'elles sont nouvellement épanoüies; vous aurez dans l'infusion, au bout de quelques jours, une espece singuliere de poisson qu'on peut nommer semelles, à cause de la ressemblance qu'il y a. On en voit un representé au haut de cette Planche, placé entre les lettres A B C; dont le nager m'a paru assez lent, & s'executer en dandidant. Cette lenteur qui se remarque en luy, nous donne occasion de conjecturer que ces poissons sont tournez en forme d'une gourde allongée; parce que l'apparence de leur largeur B C est toujours égale à elle-même, dans le tems que la partie C s'abaisse, & que B s'éleve.

Sa tête est immédiatement au-dessous de la lettre A; elle s'incline vers B & vers C: elle s'allonge aussi & se raccourcit. On voit quelquefois tout son corps devenir rond comme une boule, dont la superficie paroît inégale & raboteuse. Le dedans de leur corps est marqueté de taches longuettes, en chacune desquelles on a remarqué un mouvement peristaltique.

On voit souvent ces animaux se frôler les uns contre les autres, en se mouvant assez lentement; & on les apperçoit rarement se choquer par la tête, qu'ils dirigent durant le nager d'une maniere tres-agréable, en s'évitant les uns les autres, comme feroient des danseurs figurant ensemble, dans une entrée de balet. Leur corps est si transparent qu'on y distingue toutes les parties interieures qui font plaisir à voir, par le changement de figure & de couleur qu'on apperçoit dans ces visceres, qui brillent lorsqu'ils se mouvent d'une certaine maniere. Et lorsque la goutte de liqueur, mise sur le porte-objet du Microscope, vient à s'épaissir par l'évaporation qui s'en fait, on apperçoit des agitations surprenantes, qui les écartent & qui les rapprochent les uns des autres.

Ces gros animaux paroissent tout seuls dans le commencement de l'infusion; & ce n'est qu'au bout d'environ quinze jours que l'on commence d'y en appercevoir un assez bon nombre representez en 2; ce qui est tout le contraire de ce que j'ay observé dans la plûpart des autres infusions, où les petits paroissent avant les gros.

Au bout d'un mois ou environ tous ces gros poissons perissent dans l'infusion, où l'on continuë d'observer les petits autant de tems, aprés quoy on n'y voit plus rien qui ait vie. Or il est à propos que j'avertisse que cette infusion avoit été separée des fleurs, & comme tirée au clair, pour la mettre dans un autre vaisseau, afin de la pouvoir plus facilement transporter en divers endroits de cette Ville.

CHAP.

CHAPITRE XXIII.

Du petit basilic qui a une odeur de citron.

NOus avons observé quelques jours aprés l'infusion à froid de ce basilic, trois sortes de poissons ; les premiers sont vûs au-dessous du chiffre 1 ; les seconds au-dessous du chiffre 2 ; & ceux de la troisiéme espece sont vûs à peu prés comme celuy que l'on a representé au-dessous du chiffre 3. Planche 6.

Le nager de ce dernier poisson s'execute en serpentant ; pliant & repliant son corps diversement, & en tout sens. L'odeur de cette infusion a quelque agrément, qui diminuë de force de jour en jour ; & cette liqueur ne conserve ses animaux qu'environ quinze jours ou trois semaines.

Nous avons representé dans cette Planche les poissons marquez quatre & cinq, qui se sont trouvez dans une infusion de foin nouveau. La couleur des uns & leur figure m'obligent de les nommer Cornemuses dorées ; & celles des autres, Cornemuses argentées. Le poisson marqué cinq, sera nommé Massuë, dont la tête est en D.

Ces animaux s'allongent & se raccourcissent : ils se plient & replient diversement en nageant.

CHAPITRE XXIV.

D'un sediment de vinaigre détrempé d'eau commune.

SI l'on met dans le sediment du vinaigre, qui sera resté dans un vaisseau aprés l'évaporation presque entiere de cette liqueur, environ dix fois autant d'eau commune que de matiere sedimenteuse ; l'on y trouvera au bout de trois ou quatre jours des anguilles, & une infinité d'animaux tres-petits, dont la figure m'a paru incertaine, & difficile à dé-

Planche 6. terminer. La lettre A, du groupe marqué 6, en est la tête: les autres figures du même groupe sont des especes de Cornemuses, découvertes dés le lendemain de cette experience.

Les anguilles de ce vinaigre d'eau m'ont paru plus grosses que celles du vinaigre ordinaire, vûës l'une & l'autre avec la même lentille.

Remarques importantes.

S'Il arrive qu'on mette infuser, par exemple, du foin dans un vaisseau où il y avoit eu quelque tems auparavant une infusion d'une plante, ou de quelques drogues aromatiques tres-fortes en odeur, & que ce vaisseau n'ait pas été bien lavé aprés cette premiere infusion, la seconde ne réüssira pas bien; car cette seconde pourroit ne pas convenir avec la premiere.

D'ailleurs, l'eau qu'on tire d'une fontaine de cuivre mal étamée, ne convient pas pour bien entretenir la vie de la plûpart des animaux de nos infusions; parce que cette eau acquiert par le séjour qu'elle fait dans ce vaisseau, une qualité particuliere qui les empoisonne. J'ay même autrefois oüy dire à Monsieur l'Abbé Bourdelot, Medecin de Monseigneur le Prince de Condé, que les eauës qui séjournoient dans ces fontaines de cuivre mal étamées, étant bûës toutes pures, causoient des cours de ventre.

CHAPITRE XXV.

De l'infusion des Barbeaux.

LE 6. Octobre 1712. je vis pour la premiere fois un nouveau poisson dans une infusion de barbeaux, dont la figure marquée 7, represente le premier. A, marque la tête de ce poisson, B la queuë, C D la largeur de son corps, qui paroissoit divisé suivant sa longueur par une ligne courbe tirée de B vers A.

Planche 6.

La partie du corps de cet animal qui se voit du côté marqué C, sembloit être remplie de plusieurs petits globules, moins transparente en cet endroit que du côté marqué D. Le col de ce poisson qui est fort long, se raccourcit de tems en tems, de même que le derriere marqué B : son nager est d'une lenteur extraordinaire, ce qui me faisoit douter dans le commencement que ce fut quelque chose de vivant. Ce poisson ne dura pas plus de cinq à six minutes en vie ; & quoy qu'il fut difficile d'en rencontrer dans cette infusion où il y en avoit tres-peu ; puisqu'en cinq ou six coups de filets, je n'en pus découvrir que deux, & je m'apperçus que le second marqué 8. n'y dura en vie qu'environ autant de tems que le premier : ce dernier me parut un peu different du premier ; car son corps BC, garni de petits globules, le rendoit moins transparent qu'il n'étoit en AB, & en CD. Figure 8.

CHAPITRE XXVI.

D'une infusion de foin-vieux.

LE 16. Octobre 1711, ayant jetté un coup de filet dans l'infusion d'un foin vieux, qui avoit été mis en experience le 20. Aoust précedent; j'y trouvay des animaux de plusieurs especes, parmi lesquels il s'en trouva de deux sortes qui meritent une explication particuliere, dont les moindres en longueur & en grosseur paroissoient au Microscope, monté d'une lentille d'une ligne & demie de foyer, comme il est representé à côté du chiffre 9.

A, est le côté où l'on apperçoit la tête, & B la queuë, qui se termine par deux pointes, formant une espece de fourche blanche & transparente, & dont les pointes luy servent d'appuy pour le faire avancer plus facilement, en rampant sur le porte-objet du Microscope où on le met. Ces animaux ont encore une autre allure qui s'execute en nageant tres-vîte, sans qu'on puisse s'appercevoir d'aucun raccourcissement, ni d'aucun allongement sensible de leur corps.

Les seconds sont des animaux des plus surprenans & des plus extraordinaires que j'aye encore vûs dans les infusions des plantes, tant pour leur grosseur que pour les autres circonstances qui les accompagnent : en voicy deux que j'ay representez en 10, 10, sous deux diverses formes marquées A C D B, & A C E E B. L'endroit qui répond au-dessous de A en désigne la tête, B la queuë qui est fourchuë, C le cœur qu'on voit mouvoir régulierement, & D les intestins de cet animal, que j'appelleray Chenille aquatique, à cause de quelques petits rapports de ressemblance qu'elles paroissent avoir avec nos chenilles terrestres. Il y en a de deux differentes couleurs, les unes sont blanches & transparentes ; les autres sont d'un jaune pâle ; celles-cy paroissent d'ordinaire un peu plus grosses que les autres.

Leur allure s'execute en appuyant les pointes B sur le porte-objet du Microscope, pour s'étendre en avant tant qu'elles peuvent ; puis en appuyant l'extrémité anterieure de leur corps sur un autre endroit, elles en rapprochent le derriere, & continuent ainsi de se mouvoir en rampant. On les voit souvent s'arrêter sur un endroit du porte-objet, où fixant les pointes B, elles allongent & raccourcissent tout le corps à diverses reprises, sans changer sensiblement le lieu où elles appliquent ces pointes. On voit aussi quelquefois tout leur corps se tourner à l'entour du point B, comme un de nos sauteurs fait tourner tout le sien sur sa tête, en faisant mouvoir ses pieds comme sur une circonference de cercle, dont le centre est à l'endroit où est sa tête.

Cette sorte d'allure n'est pas la seule qu'on apperçoit en ces chenilles ; elles s'élancent quelquefois avec tant de force, qu'elles parcourent en un instant une étenduë considerable & apparente du porte-objet, où elles nagent sans se raccourcir ni s'allonger davantage qu'elles ont fait dans le moment de la premiere secousse.

Quand ces chenilles s'arrêtent, on apperçoit pour l'ordinaire qu'elles ouvrent une grande bouche marquée A dans la plus grosse des deux, dont on voit les lévres garnies de poils qui paroissent noirs, & mûs avec beaucoup de vîtesse ; ce qui fait voir avec étonnement que les petits poissons, &

les autres corps qui se trouvent n'être éloignez de l'ouverture de leur bouche, que d'environ un pouce apparent, semblent s'y précipiter.

Dans les premieres observations que je fis de ces chenilles, j'apperçûs un petit corps marqué C, qui se mouvoit assez vîte & régulierement; je crûs d'abord que c'étoit un petit poisson encore vivant qui s'étoit jetté dans son estomac; mais en continuant mes observations, je fus obligé de croire que c'étoit le cœur de la chenille, dont le mouvement égal executoit ce qu'on nomme sistole & diastole.

J'apperçus aussi en même tems les intestins de cet insecte marquez D, qui formoient une masse de matiere qui étoit dans un mouvement assez irrégulier. Quand ces chenilles s'arrondissent, ce qu'elles font assez rarement, & qu'elles demeurent ainsi quelque tems en repos, on voit briller le dedans de leur corps, qui paroît souvent d'une couleur dorée tres-belle. Il y en a d'autres qui paroissent toutes blanches & transparentes, sans qu'on puisse distinguer les parties interieures, comme on les distingue dans celles dont je viens de parler, qui apparemment sont les mâles, & celles-cy les femelles.

Dans de certains momens on les voit avoir le derriere tout herissé de poils, couchez de E E en B. On les voit aussi avoir le corps mal terminé, & comme s'il étoit façonné en dents de scie. Et en examinant bien ce contour, on apperçoit que ce sont des anneaux qu'on voit rentrer les uns dans les autres, & sortir ensuite avec une promptitude merveilleuse. On apperçoit encore dans de certains momens des filets de nerfs presque imperceptibles, qui s'étendent de la tête à la queuë de ces chenilles, qui s'enflent & qui se désenflent alternativement dans le tems qu'elles rampent; & font ainsi le jeu, curieux à voir, des anneaux qui composent en partie le corps de ces insectes.

Enfin nous avons encore observé que le mélange des infusions de foin & du celery, dont je parleray bien-tôt, ne faisoient point perir les animaux de ces deux liqueurs, & que ce composé donne lieu à un spectacle tres-réjoüissant; puisque dans la moindre goutte de ce composé le Spectateur y peut découvrir en un instant une douzaine de poissons differens les uns des autres, & si curieux à voir & à observer, que je ne pense pas que le divertissement de la Comédie, celuy de l'Opera avec toute sa magnificence, ceux des Danseurs de cordes, des Sauteurs, & des combats d'animaux, que nous voyons dans cette superbe Ville, doivent leur être preferez.

Et il est certain que l'étude de ce que nous remarquons dans ces infusions durant une année, remplit davantage la capacité de l'esprit, que ne font tous les grands appareils d'un festin des plus magnifiques.

Voicy le dessein d'une autre espece de chenille aquatique, qui a été pêchée dans une infusion à froid de la queuë d'un bouquet, composé d'œillets, de jassemin, de tubereuses, & de quelques autres fleurs; qui n'ayant pû trouver place dans la sixiéme Planche, a été dessinée & gravée de toute sa longueur apparente dans la cinquiéme. Celle-ci differe de la précedente; 1°. En ce qu'elle est beaucoup plus longue: 2°. Que sa queuë marquée 1 est composée de trois pointes, au lieu de deux. 3°. Que l'on observe deux petits bras à côté du cœur marqué 3, qui luy servent d'appuis pour ramper, & pour s'élancer quand elle veut nager; ce que je n'ay pû remarquer dans l'autre. 4°. Que ses intestins marquez 4 ne forment qu'une masse, sans aucune division ou separation qui soit apparente.

Enfin l'on n'y découvre ni anneaux, ny filets de nerfs, ny dents de scie, ny poils dans la longueur de sa queuë. Tout le reste est icy de même que dans la chenille precedente.

CHAPITRE XXVII.

De l'infusion des fleurs d'un Citronier.

LE 14. Aoust 1713. un de mes Amis ayant mis infuser à froid des fleurs d'un Citronier, dans de l'eau commune, il y apperçut de trois sortes de poissons en peu de jours, qui ne meritoient pas d'être representez par des figures : mais en continuant ses observations, il en vit d'autres qu'on peut appeller Tortuës. En voicy une representée en 11, comme il l'a vûë. Sa tête, que l'on voit assez large, est bien courte ; elle est ornée de deux cornes, à peu près semblables au bois d'un cerf, & comme emboêtée dans l'une des extrémitez de son corps, qui paroissoit comme couvert d'écailles. Planche 6.

Sa queuë est tres-longue, & composée de plusieurs pieces emmanchées l'une dans l'autre ; & quoy qu'on n'ait pû découvrir de pieds ou de nageoires autour du corps de cette tortuë, neanmoins les divers mouvemens que l'on a observez dans ses démarches, font assez juger qu'elle en étoit munie.

CHAPITRE XXVIII.

D'une infusion d'anémone, surnommée la Royale.

LA nature qui se plaît à diversifier ses productions, & qui se fait admirer dans tous ses ouvrages, continuë à nous en donner des preuves dans cette infusion d'anémone, Planche 6. préparée à l'ordinaire avec de l'eau commune ; puisqu'au bout d'environ huit jours on apperçut dans une goutte de cette infusion un animal nouveau, de la grosseur & de la figure qu'on l'a representé à l'endroit de cette Planche marqué 12.

Tout le dessus de son corps est couvert d'un beau masque

bien formé, de figure humaine, parfaitement bien fait; comme on en peut juger par ce dessein, où l'on voit six pattes & une queuë, sortant de dessous ce masque, qui est couronné d'une coëffure singuliere.

On voit enfin dans cette Planche, & à côté du nombre 13, une anguille d'une construction particuliere, que je péchay un jour dans l'eau commune qu'on avoit donné à boire depuis quatre heures à un de mes serins de Canarie. Cette anguille paroissoit blanche & bien transparente, n'ayant rien dans l'étenduë de tout son corps qui fut capable d'empêcher sa parfaite diaphaneïté. Elle me parut plus grosse & plus courte que celles du vinaigre, & d'une composition bien differente; puisque sa longueur sembloit être couverte d'une membrane tres-déliée, tournée en spirale, formant des anneaux qui rentroient les uns dans les autres, & qui en sortoient avec une facilité merveilleuse.

CHAPITRE XXIX.

Des infusions de trois differentes portions d'une tige de celeri, mises à part dans divers vaisseaux de verre.

LE premier Novembre 1712, je pris une plante de celeri que je mis infuser à froid dans trois vaisseaux de verre, ainsi que nous l'allons dire: Je mis dans le premier vaisseau une partie de la tige rompuë en petits morceaux, pour y être mieux rangez; je versay par-dessus de l'eau commune, dont j'achevay de remplir le vaisseau: je ne mis que de l'eau commune dans le second vaisseau, par-dessus des feüilles vertes de cette plante; & dans le troisiéme vaisseau je mis quelques morceaux de la tige de cette plante, avec des feüilles & de l'eau.

Planche 7.

Le septiéme jour de ces préparations, j'apperçûs pour la premiere fois des poissons dans chacune de ces liqueurs; j'en vis de deux sortes dans le premier vaisseau, & d'une seule espece dans les deux autres.

Mais

Mais un mois aprés, en examinant exactement chacune de ces liqueurs, je remarquay que ces trois infusions contenoient environ dix sortes d'animaux de diverses grosseurs, de diverses figures, & de differens mouvemens, dont je vais donner une explication particuliere; car il en est de cecy comme d'un Tableau d'histoire qu'un Peintre celebre vient d'achever, & qu'il fait voir à ses amis, qui selon le plus ou le moins de connoissance qu'ils ont de la Peinture, y découvrent plus ou moins de beauté.

Ceux qui sont marquez 1 & 2, sont les plus petits; mais ils surpassent en nombre ceux de toute autre espece qui se trouvent dans les trois vaisseaux. Je les represente icy de la figure & de la grosseur que je les ay vûs avec la lentille d'une ligne & demie de foyer: les plus petits ressemblent à un 8 de chiffre, quand ils sont accouplez, & le plus fort des deux entraîne, en nageant, le plus foible. Planche 72

Ceux qui sont representez en 2, que je nomme Cornemuses, s'accouplent par le bec, qu'elles ont un peu courbé & assez aigu; on voit que nonobstant cet accouplement, elles ne laissent pas de nager tres-vîte: leur allure est assez agréable à voir; elles voyagent dans la goutte de liqueur en s'enfonçant & se relevant alternativement, & se tenant ainsi, elles s'écartent & se rapprochent l'une de l'autre, sans s'arrêter un seul moment.

Toutes ces Cornemuses ne sont pas entierement semblables; il en est de cela comme des animaux d'un même genre, qui a sous luy differentes especes.

Les unes nagent seules avec une rapidité extraordinaire; pendant que d'autres avancent d'une vîtesse mediocre, & qu'on en voit qui vont tres-lentement: quelques autres demeurent assez long-tems en repos; mais la plûpart sont dans une agitation perpetuelle. Il y en a de longues & de courtes, de blanches argentées, de jaunes dorées, & de brunes.

Une curiosité des plus singulieres, c'est d'observer ce qui se passe au-dedans, & tout autour d'une masse de matiere formée d'une tres-petite pellicule, que les meilleurs yeux ne peuvent découvrir sans Microscope, & qui se prend au hazard à la surface de l'infusion, s'attachant au bout de la tige la plus menuë d'une plume à écrire, pour les mettre sur le porte-objet du Microscope ; car on y voit fourmiller tous les animaux dont nous parlons : ils y sont en si grand nombre, & ils s'y remuent avec tant de vitesse, qu'on a de la peine à détourner sa vûë d'un spectacle si nouveau & si surprenant : aussi croit-on difficilement ce que j'en dis, si je n'étois prêt de faire observer toutes ces choses à ceux qui en voudroient douter. Il s'en voit dans de certains endroits quelques-uns d'accouplez differemment ; ailleurs il y en a qui s'arrêtent faisant le guet comme des sentinelles, qui semblent appréhender d'être surprises, tandis que d'autres pour aller à la découverte, s'éloignent de la masse, puis s'en rapprochent, comme s'ils avoient quelque chose à faire entendre à ceux qui demeurent aux environs.

On voit souvent dans une autre goutte de la même infusion, prise dans un autre endroit du même vaisseau, un spectacle tout nouveau, qui donne beaucoup plus de plaisir que l'on n'en a eu auparavant. On y découvre, par exemple, des especes de poissons longs & plats, que j'appelle des solles : les voicy representées dans les endroits marquez 3, 3, comme nous les avons vûës. L'endroit de ce poisson le plus aigu, est la tête ; le reste de son corps est transparent, à la reserve de quelques petites taches brunes que l'on y voit en dedans. Les changemens de postures, & la varieté des mouvemens que l'on remarque en ces insectes, font beaucoup plus de plaisir à voir, & donnent plus de satisfaction, que ne feroit tout ce que l'on en pourroit lire dans une description particuliere.

Dans le vaisseau où il n'y a que des feüilles en infusion, on y découvre entr'autres animaux, des poissons semblables à ceux qui sont exprimez dans les endroits marquez 6. On voit immédiatement au-dessous, au-dessus, & à côté de ce chiffre, une ouverture assez considerable qui paroît tantôt ronde & tantôt ovale, selon qu'elle se presente à nous. Cette grande ouverture est la bouche de ce poisson, qui diminuë si fort dans de certains momens, qu'on ne la peut plus appercevoir. Le nager de ce poisson s'execute en dandinant, de sorte qu'on le voit balancer, tantôt à droit, puis à gauche, se conduisant en apparence par des mouvemens circulaires qu'il fait de sa tête. L'on s'apperçoit encore qu'il change de figure en se pliant & repliant, en s'arrondissant tout à coup en forme de boule, puis s'allongeant tres-vîte pour se remettre dans son état naturel. On voit par ces desseins qu'il va en diminuant de grosseur depuis la tête jusqu'à la queuë, qui le plus souvent n'est pas terminée en pointe; car il ressemble à un pain de sucre coupé vers le sommet par un plan parallele à sa base.

Ce poisson meurt le premier de tous ceux qui se trouvent dans la petite goutte de la liqueur, mise en experience sur le porte-objet du Microscope; & un peu avant que d'expirer, on le voit se mettre en un petit peloton, dont la superficie paroît raboteuse & inégale.

Les animaux dont je viens de parler sont si délicats, qu'ils perdent entierement leur consistance, dés que la goutte de liqueur où ils nageoient se trouve évaporée.

Et quoy que tous ces poissons nagent tres-vîte dans une étenduë qui n'a pas plus d'une ligne de diametre, & qu'ils y soient en tres-grand nombre, neanmoins les uns & les autres s'évitent avec tant d'adresse, qu'on n'en voit point s'entrechoquer; ce qui marque qu'ils ont des yeux.

Il n'en est pas de même d'une autre espece de poissons, qui se découvrent parmy ceux dont j'ay déja parlé, & dont la plûpart semblent n'avoir ny tête ny yeux : nous les avons representez aux endroits marquez 4, 4, 4; on voit leur corps se terminer par une longue queuë blanche & transparente. Nous sommes portez à croire que ces animaux n'ont point d'yeux; parce que faisant route ils n'évitent aucun des corps qui se trouvent dans leur chemin : on s'apperçoit qu'ils reculent dés le moment qu'ils ont touché à ces obstacles; aussi remarque-t-on qu'ils avancent souvent tres-lentement, ainsi que font les aveugles des Quinze-vingts, lorsqu'ils marchent dans les ruës de cette Ville, où il y a d'ordinaire beaucoup d'embarras.

Au bout de la queuë de ces sortes de poissons, on y voit souvent une petite portion de la pellicule qui se forme sur la surface de l'infusion d'où on les a tirez : ils la traînent aprés eux quand elle ne tient point au porte-objet où l'on met la liqueur; mais lorsqu'elle y tient de maniere que ne pouvant l'en détacher, ils reculent vers elle tout à coup, & s'en éloignent de nouveau tres-lentement.

Dans la moindre goutte de liqueur que j'aye pû prendre dans le troisiéme vaisseau où sont mêlées les feüilles, la tige & la racine; j'y ay trouvé une si grande multitude de petits animaux marquez I, que ceux dont on a parlé cy-devant avoient de la peine à les traverser en nageant entr'eux. Et voilà ce que j'ay pû observer depuis le commencement de ces infusions, jusqu'au troisiéme Decembre 1712.

Trois jours aprés l'examen des experiences précedentes, je remarquay que tous ceux à qui j'avois fait voir une partie des choses que nous venons de décrire, prenoient un plaisir si grand à les considerer, qu'ils avoient peine à quitter le Microscope préparé d'une seule goutte de l'une ou de l'autre des infusions du celeri, dont je viens de parler; en sorte que pour examiner ce qu'ils appercevoient dans ces trois differentes infusions, il auroit suffi d'un seul Spectateur pour m'occuper durant une heure, & quelquefois plus, à préparer le Microscope, & à répondre aux difficultez qu'il m'auroit fait l'honneur de me proposer sur ce qu'il voyoit, ce qui m'obligea de penser à une experience que voicy; en sorte que s'il arrivoit qu'elle pût réüssir, elle seroit tres-commode pour diminuer des deux tiers le tems qu'il falloit employer pour observer les infusions qui étoient dans les trois vaisseaux de verre que je faisois voir l'une aprés l'autre; & même pour transporter dans un seul vaisseau une liqueur où il y auroit dans la moindre goutte qu'on en puisse prendre, de toutes les diverses especes d'animaux qui seroient dans les trois infusions de celeri.

Pour voir si cela réüssiroit, comme je me l'étois imaginé; je pris avec une petite cuëilliere à caffé, une portion de l'eau de chaque infusion, que je versay sur un linge fin mis au-dessus d'un petit verre pour l'y recevoir, aprés avoir traversé les pores de ce linge; & immédiatement aprés je mis une petite goutte de cette eau sur le porte-objet de mon Microscope, & j'y apperçûs des animaux d'une beauté à faire plaisir, &

de toutes les especes que j'avois vûës dans les trois infusions examinées séparément, à la reserve de ceux en qui j'avois observé une longue queuë, & que j'ay nommez Aveugles; dont je ne fus pas surpris; car cette queuë & la pellicule qui s'y attache tres-communément, suffisoient pour faire obstacle à leur passage, au travers des pores tres-petits du linge dans lequel je les mettois comme dans un tamis.

Le plaisir que m'avoit d'abord causé la réüssite de cette experience ne dura pas long-tems, puisqu'environ trois heures aprés je m'apperçûs par une seconde épreuve que presque tous les poissons de deux especes étoient déja morts, & qu'il y en étoit resté tres-peu des autres à proportion de ce qu'il y en devoit avoir. Enfin le lendemain en examinant cette même liqueur, je la trouvay encore dénüée d'une partie de ceux qui y étoient restez le jour précedent.

Je ne suis pourtant pas fâché d'avoir imaginé ce mélange; car quoy qu'on ne puisse pas conserver tous les animaux qui s'y remarquent d'abord, on ne laisse pas d'avoir bien du plaisir à observer le spectacle qu'elle nous presente; & l'on peut dire qu'il en est de cela comme d'une Piece d'anatomie qui paroît tres-belle, & tres-propre à faire admirer l'adresse de l'anatomiste, pour nous faire voir tout d'un coup des beautez surprenantes, qui ne subsistent souvent qu'autant de tems qu'il en a employé dans sa préparation.

On voit encore de gros poissons ovales, comme en 5, dont on ne peut distinguer l'endroit où est la tête, que par leur divers mouvemens, à cause de l'égalité de figure & de grosseur qui se remarquent aux extrémitez du plus grand diametre du profil de ces poissons.

Dans une seconde infusion des feüilles du celeri j'y ay vû un nouveau poisson, dont on voit la figure & la grosseur apparente au-dessous du chiffre 7: la tête répond au chiffre 8, où l'on découvre comme des poils mouvans de tems en tems. Son allure est tres-lente, & sa figure inconstante, paroissant tantôt sous la forme d'une Cornemuse, & tantôt sous celle d'un Croissant.

On apperçoit aussi souvent des mittes dans l'infusion de la tige du celeri, mise sur le porte-objet du Microscope, où on les voit marcher d'une grande vîtesse.

Dans une troisiéme infusion de celeri je n'ay point apperçû tant de sortes d'animaux, qu'il y en avoit dans les deux premieres, à cause que les deux vaisseaux où je mis infuser ce dernier celeri, avoient servi à mettre en infusion de l'oignon dans l'un des deux, & un poreau dans l'autre ; quoyque ces deux vaisseaux eussent été bien lavez auparavant d'y mettre le celeri.

Les poissons, que je nomme Aveugles, ouvrent souvent de grandes bouches, & alors on apperçoit que tous les petits corps, qui n'en sont qu'à un pouce de distance apparente, semblent s'y précipiter ; ensuite on voit qu'ils s'en écartent par les côtez, comme si cet animal les repoussoit avec vîtesse.

On voit aussi assez souvent qu'en quelques-uns de ces derniers poissons, une partie de leur queuë est tournée comme un tire-boure.

Entre 9 & 10, on voit un autre poisson de figure sphéroïde ; il prend aussi de tems en tems celle qui est au-dessous du chiffre 11, & d'autres fois celle que l'on voit au-dessous de 12 ; & c'est dans cette derniere qu'on le voit commencer à se mouvoir d'une vîtesse si extraordinaire & si surprenante, qu'il n'est pas possible de la pouvoir exprimer ; & de tems en tems on leur voit faire des culbutes qui ont du rapport avec quelques-unes de celles que font nos Sauteurs, qui mettent leur têtes entre leurs genoüils, pour tourner en roulant sur une superficie plane, ou sur un chemin uni pratiqué sur le penchant d'une montagne.

Nous fîmes ensuite diverses autres infusions de celeri, dans lesquelles nous apperçûmes quelques autres poissons differens des précedens : on en voit un au-dessous du chiffre 13, qui ressemble assez à une bouteille.

A l'endroit marqué 14, on y voit trois cornemuses assez grosses, deux desquelles paroissent accouplées d'une autre façon que celles qui sont en 2.

Enfin au-dessous du chiffre 15, on y voit un poisson des plus extraordinaire que l'on en puisse voir : il est presque tout rond, & son corps est tout couvert de poils : son mouvement eſt à peu prés ſemblable à celuy d'une piroüette qui tourne ſans guéres changer de lieu.

J'ay remarqué que l'infuſion du celery ſe gêle plus difficilement que celles du foin, du poivre, des écorces de pluſieurs ſortes de bois infuſées ſéparément, &c. d'où l'on peut conjecturer que le mouvement particulier des parties de cette eau de celery, eſt plus grand que n'eſt celuy de celles des infuſions dont je viens de parler.

CHAPITRE XXX.

De pluſieurs infuſions de paille & d'épis de bled.

AU commencement du mois de Mars de l'année 1714, je mis infuſer à froid de la paille de bled & deux épis, dans de l'eau de fontaine ; & dés le ſecond jour de cette infuſion, j'y apperçûs des poiſſons repreſentez ſous le chiffre 1, que je nomme Cornemuſes.

Il s'y en trouva auſſi pluſieurs autres ſemblables à celuy qui eſt marqué 2, que je nomme Urinal, dont la bouche eſt au-deſſous de la lettre A : le dedans de leurs corps étoit rempli de quantité de petits corpuſcules, les uns blancs & tranſparens, & les autres bruns. Parmi ces deux ſortes de poiſſons, j'y en apperçûs d'une troiſiéme eſpece, que j'ay nommez Rognons argentez : on les voit repreſentez au nombre de quatre, formant un groupe autour du chiffre 3, & tournant chacun ſuivant l'ordre des lettres A C B. Ils ſe mouvent auſſi d'un mouvement direct & aſſez lentement. Planche 8.

Le corps de ce poiſſon eſt de couleur d'argent mat ; & quoyqu'il ſoit parſemé de petits corps bruns en des endroits, & tout-à-fait opaques en d'autres, il ne laiſſe pas d'être aſſez tranſparent : la tête ſe voit en A, le derriere en B, & ſon dos en C.

Une autre eſpece de petit poiſſon ſe fit voir ſous une forme ovale, de la longueur d'une ligne ou environ. Peu de jours aprés j'y en apperçûs d'une quatriéme eſpece, que j'ay nommé Bouteille dorée, à cause de sa figure la plus constante, & de sa couleur.

La bouche A de ce poisson s'applique quelquefois sur un corps rond qui s'y attache fortement, de maniere qu'ils paroissent ensuite ne composer qu'une masse, qui ressemble à une gourde figurée en 6. Et ce qu'il y a de plus surprenant, est de voir ce poisson continuer son nager avec sa proye.

Une cinquiéme espece de poisson que j'ay nommé Solles dorées, à cause de sa figure & de sa couleur, est vûë icy dans toute sa longueur, qui est tres-considerable; puisque depuis sa tête qui est en A, jusqu'à son autre extrémité B, il y a environ vingt lignes : sa forme n'est pas constante, puisqu'on le voit se raccourcir & s'allonger de moment en moment pendant son nager, qui s'execute tres-vîte, & en diverses façons.

On juge facilement que ce poisson est plat, à peu prés comme une solle; parce que durant son nager on voit sensiblement augmenter & diminuer la largeur de son corps.

Voicy une septiéme espece d'insecte que nous avons nommé Aveugle, mais qui differe en quelque chose des precedens. L'endroit A designe leur bouche, qui est quelquefois si grande, qu'elle surpasse la largeur de leur corps. B C est la queuë de ces poissons, au bout de laquelle on voit une pellicule qu'ils traînent aprés eux.

On découvre encore de petits poissons de figure ovale, qui sont de diverses grosseurs, parmi lesquels il y en a qui sont en tres-grand mouvement, pendant que d'autres semblent être dans un repos si grand, qu'on n'auroit pas de peine à croire qu'ils sont morts, si on ne les voyoit pas, comme on fait, prendre tout à coup l'effort : vous les voyez representez entre les queuës de deux aveugles.

Des Sygnes.

JE donne le nom de Sygnes à de certains poissons que j'ay vûs dans cette même infusion de paille; parce que j'y trouve quelque ressemblance exterieure : en voicy trois à côté des chiffres 8, 8, 8. L'endroit A marque l'extrémité de leur

leur tête; B, l'extrémité de la queuë; & C, un gros ventre. Il s'en voit souvent de deux especes dans une même petite goutte de cette infusion; les uns étant tres-transparens, & les autres assez bruns au-dedans du corps, où l'on voit leur visceres en mouvement. Leur nager s'execute assez lentement, & d'une maniere grave, soit en avançant, soit en reculant, ou en tournant.

Ils retirent souvent la tête vers l'endroit marqué 8, comme s'ils avoient peur de ce qu'ils apperçoivent, en tournant leur tête d'un côté & d'autre: j'en ay vû un dont le milieu du corps sembloit être resserré ou diminué de largeur.

Les poissons 9, 9, sont ceux que j'ay nommez Araignées aquatiques, ou Goulus, & dont je dois parler assez au long dans le Chapitre XXXII. de cette seconde Partie.

A l'égard de celuy qui est marqué 10, il est le seul de son espece que j'aye vû dans l'infusion de paille de bled; sa figure approche assez de celle d'une bourse, ou d'un pot au lait que nos laitieres portent sur leur tête: sa bouche qui est fort grande, & qui se voit ouverte, se ferme totalement lors qu'il s'allonge pour nager, de maniere qu'on perd de vûë ses deux cornes, que l'on voit courbées en dedans.

Au-dessous du chiffre 11, on voit un poisson qu'on peut nommer la petite Solle.

12 & 14, sont deux poissons de couleur d'eau, dont le mouvement étoit des plus lents & des plus difficiles à voir, à cause de leur petitesse, qui est environ mille fois au-dessous de celle d'un cheveu.

Enfin 13 est un poisson, ou plutôt un ver composé d'un grand nombre de tres-petits anneaux tournez spiralement, & dont les extrémitez sont terminées en pointes tres-longues & tres-fines. Le corps de ce ver est presque immobile, c'est pourquoy il est besoin d'une grande attention pour le suivre dans son allure; & l'on a besoin d'un Microscope aussi parfait que l'est celuy dont je me sers pour cela.

Voilà tout ce qui est contenu dans cette huitiéme Planche. Et voicy maintenant l'explication de ce qui se voit representé dans la neuviéme.

Des Grenades aquatiques, couronnées & barbuës.

J'Ay donné le nom de Grenades aquatiques, couronnées & barbuës, aux poissons que nous avons representez dans cette Planche; parce qu'ils m'ont paru avoir quelque ressemblance exterieure à ce fruit. Je commençay à les appercevoir le matin du premier Juillet, dans une tres-petite goutte de l'infusion de paille de bled, en me servant d'une lentille d'une ligne & demie de foyer.

Planche 9.

Ces animaux me parurent d'une belle couleur d'ambre; claire & transparente; ce qui me donnoit le moyen d'observer toutes les parties interieures de ce poisson, que j'appercevois des plus brillantes que j'aye encore vûës. La diversité des formes sous lesquelles ce poisson s'est fait voir, m'oblige de dire quelque chose de chacune en particulier. Dans la premiere figure on voit quatre petites éminences au-dessous des lettres ABCD, garnies de poils, qui ne restent pas long-tems dans cette situation: celle qui répond immédiatement au-dessous de B, se joint à celle qui est marquée par A; & celle qui est au-dessous de C se joint à D, & si intimement, que le tout paroît alors, ainsi que cela est vû en la deuxiéme figure au-dessous des lettres AD. Ces éminences grossies, forment les lévres écartées de la bouche de ce poisson, dont le jeu des poils, que l'on voit mouvoir d'une maniere assez uniforme, oblige tous les petits corps, qui sont à peu de distance de ces lévres, d'entrer dans sa bouche, & d'où la plûpart sont repoussez avec autant de vîtesse, qu'ils en avoient eu pour y entrer.

Toutes les éminences marquées ABCD, de la premiere figure, ou les deux de la seconde, se retirant quelque peu vers E, découvrent une espece de couronne à quatre pointes, semblable à ce qui paroît au-dessous du chiffre 3; mais cette couronne se voit bien-tôt recouverte des mêmes éminences ABCD, qui sont tres-mobiles.

On apperçoit un corps en E, dans chacune de ces figures, que je crois être le cœur du poisson; parce qu'il paroît toujours dans un mouvement égal, & qu'on y remarque, comme au nôtre, un systole & un diastole. Ce cœur a une liaison tres-étroite avec le corps marqué F, qui est plus gros que luy, & qui peuvent passer pour les intestins de cet insecte, qui sont toujours dans un mouvement qui me paroît assez régulier : & il faut observer que cette mutuelle correspondance qui est entre le cœur & le viscere F, vient de ce qu'il y a deux filets de nefs, ou deux petits ligamens en G, qui vont de l'un à l'autre, comme on le peut remarquer avec un peu d'attention.

Le cœur semble être divisé en deux lobes, que l'on apperçoit s'écarter & se rapprocher l'un de l'autre, en de certains tems; ce qui pourroit bien donner occasion de penser que ce sont les poulmons de ce poisson qui environnent son cœur ; & c'est ce que je laisse à deviner aux fameux Medecins, & à nos plus illustres Anatomistes.

Le derriere de ce poisson paroît rond & fermé en de certains momens, & ouvert en d'autres ; & alors on apperçoit deux petites éminences pointuës, comme on voit en H de la premiere figure.

J'en ay vû un seul, representé en la quatriéme Figure, qui avoit quatre de ces petites éminences aiguës, placées deux d'un côté de l'anus, & deux de l'autre.

C'est par cette ouverture que l'on voit sortir & rentrer, avec beaucoup de vîtesse, une longue queuë i l, qui est beaucoup plus grosse vers la racine i, qu'elle n'est ailleurs. L'extrémité L de la queuë de quelques-uns de ces poissons, paroît fourchuë : cette queuë est si blanche & si transparente, qu'on en peut tres-facilement découvrir la méchanique, & expliquer tous les mouvemens qu'on y remarque, avec autant de facilité qu'un bon Anatomiste en a pour expliquer tous ceux que nous faisons faire volontairement à la plûpart des parties qui composent notre corps. Cette queuë qui est tres-mobile rentre totalement dans le corps de ce poisson; de maniere qu'y étant, les intestins qui sont en F la cachent entierement; d'ailleurs les petits anneaux qui la composent rentrant les uns dans les autres, ne permettent pas un libre passage à la lumiere; ce qui fait qu'elle n'est plus visible.

On voit de gros œufs attachez au derriere de cet animal;

par le moyen de quelques filets presque imperceptibles : il y a de ces femelles qui n'en portent qu'un, il y en a qui en portent deux, & quelques-unes jusqu'à six, ce qui est assez rare ; & lorsqu'on y en voit tant, ils sont plus petits que quand il y en a moins.

La queuë de ce poisson frotte ces œufs à l'entrée & à la sortie de son corps, tournant de côté & d'autre avec beaucoup de souplesse : ces œufs paroissent tres-réguliers, & bien brillans pendant qu'ils sont pleins ; mais dés qu'ils sont vuides, on les voit tout plats & sans rides, sous une forme ovale, plus transparens qu'ils ne l'étoient étant pleins ; & quoyque vuides, les meres les portent presque toujours attachez en croupe, & en nageant, comme elles les portoient auparavant : j'en ay vû un seul separé du corps de ce poisson, flotant dans la petite goutte d'eau mise en experience sur le porte-objet du Microscope : cet œuf paroissoit immobile de même que tout ce qui étoit au-dedans. J'ay aussi vû deux de ces œufs dans le corps d'un de ces poissons, qui paroissoient comme on les voit au-dessous des lettres G G, Fig. 6.

Ces poissons sont tres-réjoüissans à voir, particulierement quand ils font des culbutes, parce qu'ils les executent avec beaucoup d'adresse. Il s'en voit quelques-uns qui tournent circulairement, tantôt d'un côté & tantôt d'un autre, à l'entour du point F, qui est le centre de pesanteur de l'animal.

Dés que la liqueur est mise sur le porte-objet du Microscope, on les voit nager tres-librement en avant ; quelques-uns s'arrêtent ensuite, & c'est dans ce moment qu'ils donnent le tems de bien observer toutes les circonstances dont nous parlons.

Ils se frottent quelquefois l'un contre l'autre ; ils se détournent sans se choquer, & on les voit éviter tout ce qui s'oppose à leur chemin d'une maniere si adroite, que bien qu'on ne voye pas leurs yeux, on ne peut pas douter qu'ils n'en soient munis, & de tres-bons.

De tems en tems ils appuyent le bout de leur queuë sur le porte-objet du Microscope, & dés ce moment-là on voit qu'ils avancent tout le corps au-delà de ce point ; qu'ils l'en approchent ensuite & l'en éloignent ; puis ils reprennent leur allure ordinaire en nageant, sans qu'on puisse remarquer aucune patte ni aucune nageoire autour de leur corps.

Le 22. Juillet j'apperçus, dans une goutte de l'infusion dont je viens de parler, une chenille aquatique ; & j'ay remarqué que les Grenades aquatiques dont je finis icy l'histoire, soutiennent mieux les grandes chaleurs qu'aucun des plus gros poissons que j'aye cy-devant observé dans les infusions précedentes ; puisque pour l'ordinaire les gros meurent dans ce tems-là plutôt que les petits, ce qui n'est point encore arrivé à ceux de cette infusion, où je viens d'en voir jusqu'à quatre dans une tres-petite goutte, quoyque la chaleur soit fort grande ce jour 28. Juillet.

CHAPITRE XXXI.

De la paille d'orge, de celle du ségle, de celle d'avoine, & du bled de Turquie ; chacune de ces choses mise séparément en infusion dans de l'eau commune.

JE n'ay pas rapporté dans le Chapitre précedent tout ce que j'ay vû dans les differentes infusions que j'ay faites de la paille de bled ; je me suis contenté de dire ce que j'y ay découvert de plus remarquable, m'étant reservé d'avertir dans celuy-cy, que l'air contient dans une saison ce qu'il ne contient pas dans une autre ; & que les animaux qui régnent dans un même lieu durant une année entiere, sont souvent differens de ceux qui s'y voyent dans un autre. Ce sont ces varietez qui occupent agréablement les personnes qui se donnent la peine de continuer leurs observations, & même d'en faire en differens lieux, considerablement éloignez l'un de l'autre. Par ces diverses experiences on s'éclaircira de plusieurs faits, & l'on ne sera pas surpris si l'on ne découvre pas toujours les mêmes choses dont je parle, ni pourquoy on en découvrira d'autres dans une semblable infusion dont je n'ay rien dit ; parce que les nouveaux insectes qu'on y aura apperçûs me seront échapez, ou peut-être à cause que durant la saison que j'avois prise pour faire cette experience, il ne s'y en trouva point de la même espece.

J'ay remarqué, par exemple, dans toute l'année 1714, & dans une partie de 1715, un grand nombre de grosses araignées & de chenilles aquatiques, dans sept ou huit infusions differentes; ce qui ne m'étoit pas encore arrivé.

Les differentes infusions à froid de paille d'orge, d'avoine, de ségle, & d'eau commune, faites séparément dans des vaisseaux bien nets, nous ont fournies de tres-beaux poissons; de même que deux autres infusions de bled de Turquie faites en divers tems.

CHAPITRE XXXII.

De l'écorce de bois de chêne qui porte le gland, mise en infusion dans de l'eau commune.

ENviron le quinze Decembre de l'année 1714, je mis infuser à froid de l'écorce de bois de chêne dans de l'eau commune, dont je remplis un grand verre à boire, & durant l'espace de plus d'un an j'y apperçûs successivement tous les poissons representez dans cette Planche, à chacun desquels j'ay donné un nom particulier; de sorte que j'ay jugé à propos de nommer le premier, la Tortuë, ou le poisson à la queuë umbilicale : cet insecte s'allonge & se raccourcit tres-facilement; il prend de tems en tems une figure ronde qu'il ne conserve qu'un moment : on luy voit quelquefois ouvrir la bouche d'une grandeur surprenante, par rapport à la grosseur de son corps; & ses lévres, qui forment à peu prés la circonference d'un cercle, sont garnies de petits poils, dont le jeu fait plaisir à voir, à cause que ce mouvement particulier oblige une partie des petits corps, qui se trouvent correspondre vis-à-vis de luy, d'aller se précipiter dans son estomac, où vray-semblablement la partie qui doit servir à le nourrir, demeure; tandis que le reste est vû s'en éloigner avec vitesse. Son allure est des plus singuliere que l'on puisse

Planche 10.

voir ; vous en jugerez vous-même par ce que j'en vais dire : sa queuë que l'on voit attachée à son corps, à peu prés comme le cordon l'est au nombril d'un enfant qui vient de naître, luy sert comme d'un gouvernail pour luy procurer presque tous les mouvemens qu'on luy voit faire. Cette queuë est fort grosse vers sa racine, & bien aiguë par son autre extrémité, où elle se divise en deux parties encore plus aiguës, qui se joignent si exactement, qu'il semble aprés cela ne faire plus qu'un tout sans aucune séparation.

Il arrive quelquefois que ce poisson attache les bouts écartez de cette queuë sur le porte-objet du Microscope ; & sur ce lieu-là il tourne tout son corps, en presentant aux yeux du Spectateur tantôt son dos qui est convexe, comme le dessus de l'écaille d'une tortuë, & tantôt son ventre qui paroît concave, comme le dessous de la même écaille.

Et il faut remarquer que l'extrémité d'en-bas de ce poisson est si transparente, que sa queuë est également vûë, comme sortant de sa partie convexe ou de la concave.

La seconde figure est un autre poisson à la queuë umbilicale, qui ne differe du premier qu'en ce qu'il a la bouche fermée, & que sa queuë paroît n'avoir aucune séparation.

Et la troisiéme represente encore un autre poisson de la même espece que le précedent, quoyque sous une forme un peu differente. Ce poisson paroît ainsi à cause qu'il retire en arriere la partie superieure de sa tête qui est double, & dont les deux avances, en forme de cornes, étoient entierement couvertes.

Le quatriéme poisson sera nommé le rat d'eau, à cause de quelque ressemblance qu'il a avec cet animal : sa tête paroît fort bien marquée, & ses lévres garnies de longs poils, dont le mouvement produit le même effet que plusieurs autres, dont on a parlé plus haut.

Le cinquiéme poisson sera nommé la patte d'écrevisse, à cause des deux becs recourbez qu'on luy voit, dont le mouvement est tres-lent, de même que l'est celuy de tout son corps, qui fait tres-peu de chemin en bien du temps ; ce qui facilite le moyen de l'observer exactement, & de remarquer dans presque toute la longueur de son corps un assez bon nombre de petits globules dorez & brillans.

Le sixiéme poisson ayant à peu prés la figure d'une massuë, sera ainsi nommé : sa tête est fort grosse par rapport au reste de son corps qui se termine en pointe : le dedans de son corps est semé de petits grains transparens & opaques, qui se font voir diversement selon la maniere dont ils renvoyent la lumiere qu'ils ont reçûë.

Je nommeray celuy qui est marqué 7, la féve de vers à soye ; parce que le corps de ce poisson est composé de plusieurs anneaux, & de plusieurs fibres longitudinales, qui servent à le faire allonger & à le raccourcir avec beaucoup de facilité. La figure de sa tête paroît peu differente de celle de sa queuë, & on ne la distingue guére que par son nager.

Le huitiéme poisson sera nommé Spheroïde, à cause qu'il ressemble exterieurement à un œuf, dont les bouts sont égaux & bien arrondis.

Sa tête est vûë en haut, & un peu au-dessous on y voit un petit corps qui se meut tres-réguliérement, ce qui me fait penser que ce pourroit bien être le cœur de ce poisson ; & plus bas on apperçoit plusieurs petits corps ronds & de diverses grosseurs, qui sont peut-être des œufs, que l'on voit agitez par les divers mouvemens du poisson, qui s'allonge & se raccourcit, qui se plie & déplie diversement en nageant.

Lorsqu'on donne quelque attention à considerer le grand nombre d'œufs que l'on voit dans le corps de ces poissons, l'on n'est pas surpris d'un autre nombre prodigieux de ces animaux, qui se voit dans la moindre goutte que l'on puisse prendre de cette infusion, & l'on cesse par-là d'admirer cette multitude étonnante qui paroît & qui disparoît en peu de tems ; puisque l'on cesse d'en voir de cette nature au bout d'environ huit jours, & qu'en leur place il s'en presente de nouveaux aux yeux des spectateurs attentifs, qui n'en sont pas moins touchez qu'ils l'ont été des précedens.

En voicy de plusieurs sortes qu'on peut nommer anguilles, qui different entr'elles, & qui different encore de celles du vinaigre ; en sorte que l'on pourra inferer de-là que ce sont des poissons d'un même genre, & de differentes especes.

Celle qui se voit representée au-dessous du chiffre 9, m'a paru

paru blanche & transparente, quoyque presque toute la longueur de son corps fut parsemée d'un grand nombre de petits grains brillans.

Sa grosseur étoit bien considerable, par rapport à sa longueur, qui paroissoit n'avoir au plus que deux pouces ; & la grande vîtesse de son mouvement, qui ne luy faisoit parcourir que tres-peu d'espace en assez de tems, marque bien en quoy celle-cy differe des autres.

J'en ay vû deux d'une même espece dans la seconde infusion que j'ay faite d'une semblable écorce, qui appuyoient de tems en tems l'extrémité de leurs queuës sur le porte-objet du Microscope, & qui faisoient autour de ces points fixes plusieurs mouvemens assez agréables à observer. La longueur apparente de chacune de ces anguilles étoit d'environ deux pouces, & la grosseur à peu prés comme celle du tuyau d'une plume de corbeau.

Au-dessous du chiffre 10. il s'en voit une autre, dont la longueur apparente étoit d'environ cent lignes, & sa grosseur dans l'endroit le plus épais de tout son corps, pouvoit être de quatre lignes de diametre.

Sa bouche, qu'elle ouvroit de tems en tems, paroissoit ronde, & toute la longueur de son corps étoit munie d'un bon nombre de filets tres-menus qui ne se faisoient pas voir à tous momens ; & au lieu de ces filets on découvroit dans d'autres tems une ligne spirale qui occupoit une étenduë considerable de la longueur de son corps ; ce qui suffit pour expliquer le mouvement de cette grosse anguille, qui étoit assez lent pour donner le tems de l'observer agréablement à la lumiere d'une chandelle, & de voir une belle varieté de couleurs dans l'étenduë d'une partie de la longueur de son corps, & particulierement un rouge tres-vif tirant sur le pourpre : mais lorsque cet animal venoit à se raccourcir, en rapprochant l'un de l'autre tous les contours spiraux du filet dont je viens de parler ; toute cette varieté admirable de couleurs s'effaçoit, & dans ce moment le tout devenoit brun.

Au-dessous du nombre 11, on y voit une autre anguille d'une grande vivacité, qui plie, déplie & replie tout son corps en arc, se débandant d'un sens tout contraire au premier, pour reprendre ſubitement la courbure qu'elle avoit auparavant, continuant ainſi ce manége ſans changer que tres-peu de place, n'en occupant qu'autant qu'il luy en falloit pour executer ſes courbures.

Le nombre 12. repreſente une groſſe anguille morte depuis peu de tems; je l'obſervay le 9. Mars 1715. à la lumiere d'une chandelle: ſa longueur me parut d'environ ſix pouces, & ſa plus grande épaiſſeur étoit d'environ trois lignes. Ce fut comme par hazard que je découvris vers ſa queuë une petite anguille d'environ deux pouces apparens de longueur, qui ſe tremouſſoit beaucoup pour ſortir du ventre de ſa mere; mais n'en pouvant venir à bout, elle y mourut enfin. Cette obſervation ſemble ſuffire, pour nous aſſurer que les œufs de ces anguilles ſont couvez au-dedans du corps des meres, & qu'il n'eſt pas facile de parvenir à de ſemblables découvertes, à cauſe de la vîteſſe du nager de ces poiſſons; cependant voicy un moyen ſûr pour y arriver; car il n'y a pour cela qu'à attendre que la petite goutte de vinaigre ſoit preſque toute évaporée, afin que la lenteur du mouvement des anguilles facilite la découverte de ce qu'elles contiennent.

Ces obſervations étant faites à la lumiere d'une chandelle, la diſtinction de l'objet en ſera plus belle qu'elle ne ſeroit à celle du jour; parce que pouvant s'appuyer ſur une table, le Microſcope en ſera tenu plus ferme; & d'ailleurs on reçoit moins de faux rayons de lumiere, que ſi l'on obſervoit ces mêmes choſes à celle du jour.

Par ce moyen nous eûmes le plaiſir d'obſerver dans la ſuite deux anguilles, durant prés de deux heures, parcourant une étenduë interieure du corps d'une même mere, où elles alloient de la queuë vers la tête, puis revenant de-là vers la queuë.

Le 13ᵉ. poiſſon ayant quelque reſſemblance avec la navette d'un Tiſſerand, on luy pourra donner ce nom: ſon nager s'execute également, ſoit en avançant ſoit en reculant: lors qu'il s'eſt allongé on le juge avoir à peu prés deux pouces de longueur, & environ quatre lignes de groſſeur, priſes vers le milieu de ſon corps, où l'on voit d'autres petits corpuſcules qui ſemblent être des œufs.

Les extrémitez de ce poiſſon ſe courbent differemment, de ſorte qu'elles ſemblent luy ſervir de gouvernail, & en même tems de nageoires.

Le 14ᵉ. poiſſon peut être nommé le bec de Corbin, par rapport à la courbure de ſa tête, qui ſe termine en pointe : l'autre extrémité de ſon corps eſt groſſe & arrondie en forme d'une larme : on voit de longs poils ſous la gorge de ce poiſſon qui luy ſervent de nageoires, en ſorte qu'en les remuant la réſiſtance du liquide où il nage le fait tourner du côté de ſon dos.

Le 15ᵉ poiſſon ſera nommé la petite Araignée aquatique : la figure de ce poiſſon eſt ſemblable à un ſphéroïde, ſur lequel on remarque pluſieurs lignes brunes & paralleles entr'elles, qui s'étendent du ſens du plus grand diametre de ce poiſſon ; & entre ces lignes paralleles on y voit pluſieurs corpuſcules plus bruns que le reſte de ſon corps.

J'ay auſſi remarqué que les pattes du devant de ſa tête étoient plus longues que celles qui ſont au bout oppoſé, & que celles du milieu de l'une & l'autre extrémité de tout ſon corps ſont plus longues que celles qui ſont à côté.

Le 16ᵉ reſſemblant à une larme, ſera nommé de ce nom : ſon corps eſt uniforme & tranſparent, de maniere qu'on n'y remarque aucune inégalité ſenſible : ſon col eſt long & un peu courbé ; & ſa tête qui va diminuant de groſſeur, ſe termine par une petite rondeur.

Le 17ᵉ poiſſon ſera nommé Limas : ſa tête eſt ronde, & ſa queuë aiguë : le reſte de ſon corps eſt aſſez gros par rapport à ſa longueur, qui devient plus courte dans ſon allure qui paroît aſſez réguliere.

Le 18ᵉ poiſſon a été nommé Chenille aquatique : il s'en trouve de diverſes eſpeces dans pluſieurs infuſions de plantes toutes differentes ; & j'ay remarqué en quelques-unes que les poils que nous avons dit ailleurs être comme plantez aux deux lévres de cette chenille, ſemblent tourner dans de certains momens, comme une molette d'éperon tourneroit en luy donnant un coup de doigt ; & c'eſt ce mouvement qui détermine une partie des corps qui ſont d'une certaine groſſeur à ſe précipiter dans ſa bouche, d'où ils ſont enſuite chaſſez en partie, avec autant de vîteſſe qu'ils en avoient eu pour y arriver.

J'ay de plus obſervé deux petits corps cilindriques, longs d'environ une ligne chacun, & d'un peu moins de groſſeur, placez l'un à droit & l'autre à gauche du corps de cette chenille, & immédiatement à côté de ſon cœur : ces corps ſervent d'appuy à la partie anterieure de l'animal, pour luy donner la facilité d'avancer dans le tems qu'il rampe ſur le porte-objet du Microſcope.

On a bien de la peine à découvrir ces ſortes de petites pattes, à cauſe qu'elles ſont tres-courtes, & qu'elles ſont preſque toujours ſous le corps de cette chenille, ne les en écartant que tres-rarement.

Le 19e poiſſon ſera nommé la groſſe Araignée aquatique : ſa figure approche de celle d'un ovale ; & ſa bouche un peu enfoncée ſemble quelquefois fenduë juſque vers le milieu de ſon corps. Ses lévres ſont garnies de petits poils en mouvement, dont la vîteſſe ſemble ſe communiquer interieurement à un petit corps qui eſt peut-être le cœur, & les poulmons de ce poiſſon qui l'environnent.

Le derriere eſt auſſi garni de poils, qui ſemblent former une eſpece de queuë ; & l'on voit immédiatement au-deſſus de l'anus, un amas brun de matiere que je crois être les excremens de ce poiſſon, qui ſe nourrit d'autres plus petits poiſſons, que nous avons appellez Cornemuſes, & qui paroiſſent ſe mouvoir dans leurs corps durant quelque tems.

Le reſte du corps de ces araignées eſt d'ordinaire rempli de pluſieurs petits corpuſcules aſſez irréguliers, qui peuvent paſſer pour des œufs.

On découvre auſſi de ces eſpeces de poiſſons dans les infuſions que l'on prépare avec de la paille de froment, de celle d'orge mêlée de quelques épis ; dans celle que l'on fait avec du bled de Turquie ; dans la canne d'Inde ; dans celle du bois & de l'écorce d'acacias ; dans celle du poivre en grains, &c. Toutes ces araignées, qui different les unes des autres en quelque choſe, ont du poil tout autour de leurs corps, couché un peu obliquement de la tête vers la queuë ; ce qu'on peut facilement obſerver avec une lentille de Microſcope d'une ligne ou environ de foyer.

Le 20e poiſſon ſera nommé, le poiſſon à la grande queuë

ſe ; parce que ſa bouche occupe environ la moitié de toute la longueur de ſon corps : ſa lévre ſuperieure ſurpaſſe de beaucoup en longueur celle de l'inferieure ; l'une & l'autre ſont garnies de petits poils, & tout le dedans de ſon corps eſt rempli de petits corpuſcules d'inégale tranſparence : enfin le derriere de ce poiſſon eſt terminé par une queuë aſſez ſinguliere, & dont le mouvement eſt peu ſenſible.

Le 21e poiſſon ſera nommé l'Antonnoir, parce que ſa figure la plus conſtante luy reſſemble : on le voit paroître icy ſous trois formes differentes ; dans celle du milieu on apperçoit ſa bouche ouverte & ronde ; ſes lévres ſont interieurement garnies de petits poils qui ſe mouvent tres-vîte : ſon corps eſt ſemé au-dedans de pluſieurs petits corps tres-irréguliers : ſa queuë, qui eſt fort longue, traîne ſouvent aprés elle une petite pellicule attachée à ſon extrémité : on en voit un ſecond à gauche qui a la bouche fermée ; & un troiſiéme du côté droit dont le corps eſt plus rond : ſa queuë forme dans de certains tems une eſpece de tire-boure, qui ne demeure pas long-tems dans cet état ; car la tête de ce poiſſon s'éloignant de ſon extrémité, les ſpires qui paroiſſent au milieu ſe redreſſent.

Le 22e poiſſon, qui a la tête faite en trefle, & la queuë fourchuë, ſera nommé le Poiſſon à la tête treflée, & au derriere fourchu : ſa bouche eſt tres-petite & bien ronde : la moitié de ſon corps, qui eſt du côté de la tête, ſemble donner le mouvement à tout le reſte qui paroît immobile : cette partie qui eſt du côté de la tête eſt plus tranſparente que l'autre, & on l'a vû ſe plier tres-facilement en tous ſens.

Le 23e poiſſon repreſenté en A B, ſera nommé Chauſſon, parce qu'il en a la figure, & que la courbure A C, peut paſſer pour l'entrée du chauſſon : le dedans du corps de ce poiſſon eſt muni de pluſieurs corpuſcules tres-tranſparens, que l'on croit être des œufs.

Dans le tems que je me propoſois de ſupprimer totalement cette infuſion, je m'aviſay d'en mettre une tres-petite goutte ſur le porte-objet de mon Microſcope, croyant que ce ſeroit la derniere fois que j'examinerois cette liqueur ; mais en l'y regardant je fus tout étonné d'y voir un prodige Planche II.

des plus ſingulier que j'aye obſervé dans toutes les infuſions précedentes.

C'étoit une eſpece particuliere de chenille aquatique, & des plus rares, n'en ayant pû voir que ſept ou huit en diverſes repriſes, durant trois jours ſeulement; ce qui a ſuffi pour en faire des deſſeins qui occupent une Planche entiere, dans laquelle Monſieur de Vigneux l'a repreſentée en huit formes, differentes en quelque choſe l'une de l'autre, ainſi que nous l'avons vûë.

A B, eſt l'une des repreſentations de cette eſpece de chenille aquatique, où l'on voit que ſon corps eſt compoſé de pluſieurs anneaux en forme de bourlets, qui rentrent les
Planche 11. uns dans les autres, en s'approchant du milieu marqué C.

Ce qu'il y a de plus ſingulier dans ce nouveau poiſſon, eſt qu'on voit ſortir de ſa bouche une eſpece de trompe, compoſée de pluſieurs pieces engaînées l'une dans l'autre, qui ſe découvent en A, D, H, N, R, Y, et &.

L'extrémité de cette trompe ſe voit percée en D, en H, en N, en Y, et en &, où elle eſt toute ronde : elle eſt refenduë en deux parties en R, & en trois en A, où elles forment deux ou trois petites éminences : en L L, on apperçoit deux lévres garnies de poils tres-mobiles ; & en T T, on n'y voit aucun poil apparent.

Pendant que nous obſervions toutes ces choſes, nous apperçûmes tout d'un coup ſortir du milieu de la poitrine de cet animal une eſpece de corne, repreſentée en F & en P, dont la longueur nous parut compoſée de trois eſpeces de falanges d'inégales groſſeur, qui rentroient l'une dans l'autre, comme font les tuyaux d'une lunette d'approche que l'on veut raccourcir ; & cette corne mouvante décrivoit par l'une de ſes extrémitez F, P, un arc de cercle, en paſſant tantôt de droit à gauche, & tantôt de gauche à droit ; aprés quoy elle diſparoiſſoit entierement.

Nous vîmes au derriere de ce poiſſon deux pointes tres-aiguës, comme on les a marquées en B, en E, en O, en S, en Z, & en †. Et lorſque cet animal donne à ſa queuë une certaine ſituation particuliere, il en découvre juſqu'à trois, ainſi qu'on les peut voir repreſentées en I.

Entre RS, on apperçoit cette chenille de toute sa longueur; & en V, Y et &, elle y est vûë plus ou moins raccourcie.

CHAPITRE XXXIII.

Suite des Observations faites sur la même écorce de bois de chêne, qui étoit venu flottant sur l'eau depuis Montargis jusqu'à Paris.

EN supprimant l'infusion précedente, je conservay une partie de l'écorce, que je fis bien sécher au feu; & l'ayant remise en infusion dans un vaisseau de fayence bien net, avec de l'eau de la Seine, j'apperçûs en diverses fois, & durant l'espace d'environ deux mois, les nouveaux poissons marquez 1, 2 & 3. Planche 11.

J'ay nommé Gland cornu, le premier de ces poissons, à cause que sa figure approche assez de celle de ce fruit : sa tête que l'on voit en haut est ornée de deux especes de cornes, longues, roides, blanches & transparentes, aussi-bien que le reste de son corps, dans lequel on n'apperçoit aucun viscere, ni aucune tache, le tout étant parfaitement égal, & l'animal dans un mouvement tres-lent.

Le second, que je nommeray le Piroüetteur concave & convexe, a son mouvement circulaire : toute sa partie convexe est garnie d'une seule rangée de poils, plus longs vers la queuë qu'ils ne sont ailleurs : le mouvement de ces poils est si rapide & si particulier, qu'il fait tourner circulairement ce poisson, avec tant de vîtesse, que les autres n'en sçauroient approcher durant son piroüettement, qui dure assez long-tems.

Enfin le troisiéme poisson sera nommé Volute, à cause qu'il est tourné spiralement, de même que le ressort qui est renfermé dans le barillet d'une montre de poche : tout son corps est attaché à une membrane tres-fine, blanche & transparente, se terminant en pointe du côté de la tête, & se mouvant circulairement avec assez de lenteur, dont la raison est assez évidente pour n'avoir pas besoin d'être expliquée.

CHAPITRE XXXIV.

Des nouveaux poissons trouvez dans une infusion d'écorce de bois de chêne neuf.

ENviron le 25. Decembre de l'année 1716, je mis infuser à froid, dans de l'eau de riviere, plusieurs petits morceaux d'une écorce tres-épaisse d'une grosse bûche de bois de chêne neuf, environ deux heures aprés j'y apperçûs de petits poissons, que j'ay nommez Cornemuses argentées: & le 15. Janvier 1717. je commençay à voir dans une tres-petite goutte de cette eau cinq ou six nouveaux poissons d'un même genre, qui me parurent assez considerables pour meriter une place dans cette Histoire, tant à cause de leur couleur, de leur grosseur, figures & mouvemens differens; qu'à cause qu'ils sont les seuls de cette nature, que j'aye apperçûs durant tout le cours de mes observations.

Pour écrire l'histoire anatomique de ce poisson, j'ay fait ce que j'ay pû pour trouver un nom qui luy convint; mais ni moy ni ceux à qui je l'ay fait voir, n'ont pû y réüssir; la raison en est, que cet insecte ne conserve pas durant une minute la même figure sous laquelle il paroissoit un peu auparavant; de sorte qu'en tres-peu de tems on le voit sous toutes les diverses formes representées en cette Planche:
Planche 12. cependant le desir d'être, pour ainsi dire, le parrein d'un petit animal aussi rare que l'est celuy-cy, & aussi curieux à voir pendant son nager, a fait que plusieurs personnes se sont efforcées de le nommer; mais parce que les uns l'ont apperçûs d'une forme particuliere, les autres d'une autre, cela luy a fait donner le nom de Chenille; celuy de Chausse ou de Chaussette, de Guêtre, ou d'Elegant: de Nasse; de poisson à deux têtes: de Cornet à bouquin; & enfin de Rognon.

Ceux

Ceux qui l'ont vû sous la forme representée en A, l'ont appellé Chenille dorée, à cause de la ressemblance qu'il peut avoir avec cet animal, & de sa couleur d'ambre jaune. On voit dans son corps des fibres longitudinales qui s'étendent d'un bout à l'autre, entre lesquelles on apperçoit de petits corpuscules assez irréguliers, & d'inégale grosseur, qui sont peut-être les œufs de cette chenille aquatique.

On en voit une autre en B, qui a été nommée Chaussette ou Guêtre, dans l'une des extrémitez de laquelle j'avois bien de la peine à déterminer l'endroit où pouvoit être la tête: cependant comme ce poisson faisoit souvent voir en C, une grande ouverture qui changeoit à tout moment de forme; je crus devoir prendre cette partie-là pour la bouche de ce poisson, dont les lévres étoient quelquefois si étenduës & si mobiles, qu'elles pouvoient luy servir comme d'un gouvernail pour se conduire en partie dans sa progression; je dis en partie, parce que comme il paroît avancer & reculer également bien, & se tourner & retourner en se pliant & repliant de toutes les manieres imaginables; cet insecte doit avoir en luy de quoy satisfaire à tous ces divers mouvemens.

On remarque à l'entour de son corps de tres-petits poils, des plus déliez qu'on puisse voir, & dont le mouvement m'a paru peu sensible, à cause de leur grande délicatesse, qui ne permettoit pas d'en bien faire voir le jeu.

Un autre qui se voit en D, assez raccourci, gonflé, plié & replié, a été nommé Cornet-à-bouquin, à cause de la forme particuliere qu'il a pris pour un moment.

Celuy qui est representé en E, s'est fait voir sous la forme d'une Nasse, qui est un instrument fait d'ozier, dont on se sert pour prendre des poissons.

F G H, est un autre poisson, dont la partie G H ressemble à une jambe mal faite: le milieu de son corps paroît comme s'il étoit noüé d'une ligature invisible.

Au-dessous de la lettre I, il y en a un autre qui paroît d'une grandeur extraordinaire, par rapport aux précedens: on y apperçoit la forme d'un pied, d'une jambe & d'une cuisse cassée: je l'ay nommé Bouffon, à cause qu'il semble se plaire dans ses divers changemens, qui s'executent avec tant de

m

vîtesse, qu'on a eu de la peine d'en fixer une seule attitude.

Celuy qui se voit au-dessous de la lettre K, peut être appellé la Massuë; parce que sa bouche qui est en bas est totalement fermée, & que son corps est assez étendu & gonflé dans son milieu pour recevoir ce nom. On voit ses œufs que l'on y a representez par quelques petits globules un peu irréguliers.

Au-dessous de l'endroit marqué L, il s'en voit un autre, tellement courbé, que ressemblant à une saucisse pliée en deux, on luy a donné ce nom.

Au-dessous des lettres M, M, on y voit deux de ces poissons morts subitement, y paroissant sous une forme qui approche assez de celle d'un Rognon, & qui ne sont vûs ainsi, qu'à cause qu'ils ont été saisis dans cet état au moment de l'évaporation totale de la liqueur où on les avoit vûs se traîner un peu avant leur mort.

Dans l'instant que ces sortes d'animaux cessent de vivre, on les voit devenir blancs & transparens, de jaune pâle qu'ils étoient auparavant : la raison en est évidente, puis qu'elle est la même que celle des liqueurs qui paroissent colorées, étant en gros volume, & qui cessent de le paroître lorsqu'elles se trouvent en petite quantité dans des vaisseaux de verre de peu d'épaisseur.

N, est encore un poisson de même genre, qui pour la ressemblance qu'il a avec une racine appellée Carotte, sera nommé de ce nom.

Il s'en voit un autre en O, que j'ay nommé l'Elegant, à cause qu'il m'a paru nager avec tant de grace, & se transporter d'une maniere si grave & si majestueuse durant ses divers changemens, que je n'ay pû luy refuser ce nom.

P, Q, R, S, T, V, et X, sont encore des poissons de même nature, vûs immédiatement aprés leur mort, sous toutes les diverses formes exprimées au-dessous de ces mêmes lettres.

Enfin sous la lettre Y, on y voit un poisson d'un autre genre, dont la forme approche assez d'une espece de bouteille, pour luy donner ce nom, & qui en nageant parmi les précedens, comme parmi un grand nombre d'autres, dont je ne diray rien, faisoit rentrer pour un moment l'extrémité de son col en dedans.

Le froid s'étant augmenté considerablement, peu de jours aprés la naissance de ces gros insectes, & le vent du Nord s'étant fait sentir de plus en plus dans l'endroit où je demeure, le nombre de ces poissons est diminué peu à peu; de sorte qu'au bout d'environ quinze jours j'ay cessé d'en tirer de cette infusion.

CHAPITRE XXXV.

Dissertation sur la maniere dont on apperçoit les objets qui sont vûs au travers des Microscopes, & des Lunettes d'approche.

LEs sentimens des Philosophes se trouvant partagez sur la maniere dont nous appercevons les objets quand nous les regardons au travers des Microscopes & des Lunettes d'approche; j'ay crû qu'étant muni d'un nombre suffisant de ces machines, je pourrois par diverses experiences parvenir à connoître assez exactement la matiere en contestation, & donner par-là les moyens de décider en faveur des uns ou des autres.

Pour nous conduire avec quelque ordre dans la recherche que nous voulons faire, il est, ce me semble, nécessaire de bien faire comprendre de quoy il s'agit : pour cet effet, je diray premierement qu'en discourant un jour avec M^r *** sur la differente maniere de voir les objets differemment posez dans les Microscopes; il remarquoit que dans ceux qui sont montez d'une seule lentille d'un court foyer, l'objet étoit toujours placé entre la lumiere & l'œil; & que dans les autres Microscopes montez de deux ou de trois verres, l'objet y étoit ordinairement situé un peu au-delà, ou au-dessous de la lumiere qu'il recevoit pour être renvoyée à l'œil du Spectateur.

Ces observations étant supposées, nous convînmes encore

que les objets opaques étoient vûs par reflexion dans les Microſcopes à deux & à trois verres, en les y regardant de haut en bas. Mais on ne peut pas accorder à Monſieur *** que dans les Microſcopes à liqueurs on y apperçoive les objets tranſparens par les rayons de lumiere qui paſſent des pores de ces corps ſur la retine, où faiſant diverſes impreſſions ils donnent occaſion à l'ame de les appercevoir.

Il faut avoüer que cette maniere d'expliquer l'apparence des objets tranſparens, qui ſont vûs dans les Microſcopes à liqueurs, eſt tres-ſimple ; cependant il n'eſt pas difficile d'en démontrer la fauſſeté, en prouvant que la lumiere agit dans ce dernier Microſcope de même que dans le premier ; c'eſt-à-dire, qu'elle y fait encore voir les objets par reflexion ; mais d'une maniere un peu plus compoſée : & que quand nous recevons des rayons qui viennent à nos yeux ſans s'être reflêchis, aprés avoir traverſé les pores des corps tranſparens, & des rayons reflêchis tout enſemble, le corps d'où ils étoient partis nous en paroiſſoit à la verité plus clair, mais toujours avec moins de diſtinction qu'il n'auroit paru, ſi nous n'euſſions point receu de rayons, qui n'auroient ſimplement fait que traverſer les pores des corps tranſparens. Et pour ne pas confondre les idées differentes que j'avois à l'occaſion des mots de clair & de diſtinct, je les définis en cette ſorte, afin d'éviter les conteſtations qui pourroient naître, en les employant cy-aprés dans mes preuves, ſans avoir pris cette précaution.

Je dis donc qu'un objet paroît ſeulement clair, lorſqu'il envoye beaucoup de lumiere dans nos yeux. Qu'un objet paroît diſtinct, lorſque tous ſes points exterieurs envoyent une quantité ſuffiſante de rayons, qui s'aſſemblent ſéparément en autant de divers points de la retine, qu'il y en a dans l'objet.

Et qu'un objet paroît en même tems clair & diſtinct, lors que chaque point de ſa ſuperficie reflêchit dans l'œil le plus de rayons de lumiere qu'il eſt poſſible ; & que les rayons qui partent de tous ces points de l'objet, ſe réüniſſent en autant de divers points de la retine qui leur répondent.

Cela ſuppoſé, je paſſay aux preuves & aux experiences

qui suivent, en faisant premierement comprendre que les rayons de lumiere qui ont simplement traversé les pores des corps transparens, ne sont pas ceux qui nous font appercevoir ces corps; puisque de tels rayons ne peuvent nous faire sentir que ce qu'ils rencontrent en leur chemin, & que ne rencontrant que la matiere subtile contenuë dans ces pores, laquelle ne nous est nullement sensible, il s'ensuit qu'ils ne nous sçauroient faire appercevoir aucune partie de ces corps.

2°. Quand par la fenêtre d'une chambre nous regardons les objets de dehors au travers d'une glace de miroir qui sert de vître, nous cessons de voir cette glace dés le moment que nous nous appliquons à bien considerer ces objets, & nous les appercevons presque aussi beaux & aussi distinctement qu'ils nous paroîtroient si cette glace n'étoit pas posée entr'eux & nous; d'où il suit que la glace, si elle est bien nette, n'interrompt que tres-foiblement les rayons de lumiere qui viennent des objets exterieurs; puisqu'elle ne change rien dans l'apparence de ces objets, si ce n'est qu'elle les fait paroître en des lieux où ils ne sont pas, & quelque peu plus bruns qu'ils ne paroîtroient, sans l'interposition de cette vître.

3°. Si au lieu de porter notre attention au-delà de ce verre, nous nous bornons uniquement à le considerer; il est certain qu'en l'observant avec application, nous pourrons découvrir s'il a été bien adouci, s'il est bien poli, s'il n'y a point de rayes, s'il ne s'y trouve ni bules d'air, ni points, ni ondes, &c. en un mot, nous y remarquerons jusques aux moindres particularitez sensibles.

Il s'agit donc maintenant de sçavoir comment nous parvenons à la connoissance de toutes ces choses; si c'est par le moyen des rayons de lumiere qui nous viennent immédiatement des objets de dehors; ou si ce sont d'autres rayons de lumiere que la glace a reçûs du dedans de la chambre, & qu'elle nous renvoye ensuite, pour nous faire distinguer toutes ces particularitez; ou enfin si c'est tout ensemble de l'une & de l'autre maniere que nous les observons.

1°. Ce n'est pas par la lumiere immédiatement envoyée des objets exterieurs que j'apperçois tout ce que je remarque, puiſqu'en les regardant attentivement, je ceſſe d'appercevoir la glace, & tout ce qu'elle contient.

2°. Ce ne ſont point non plus les rayons de lumiere qui venant du Ciel, vers lequel je porte ma vûë, qui me la font appercevoir avec ſes défauts de tranſparence, puiſque je ne vois que le Ciel par cette façon de regarder.

Il en faut donc premierement conclure, que j'apperçois cette glace par les ſeuls rayons de lumiere qu'elle a reçûs du dedans de la chambre, & qu'elle refléchit enſuite dans mes yeux, avec les modifications néceſſaires pour me faire ſentir tout ce que j'y diſtingue.

D'ailleurs, ſi pendant que je vois ainſi la glace par des rayons refléchis du dedans de la chambre, il arrive que j'en reçoive encore d'autres qui viennent immédiatement du Ciel ou de quelque autre objet, ces derniers rayons ne font qu'interrompre l'action des rayons refléchis, & m'empêchent d'obſerver ce verre auſſi exactement que je le ferois. Et je ſuis d'ailleurs perſuadé, que s'il étoit poſſible de tapiſſer d'un noir parfait toute la chambre où eſt cette glace, on ne pourroit voir du dedans de cette chambre, que les objets qui ſeroient au-delà, & non la glace: car ſi vous arrêtez à l'extrémité d'un tuyau d'environ trois pouces de longueur, & d'un pouce de diametre, dont le dedans ſoit le plus noir qu'il eſt poſſible, un morceau de glace bien tranſparente, pendant que votre œil ſera appliqué à l'autre extrémité du même tuyau, regardant par un trou qui occupe le centre de cette extrémité, & qui ſoit plus petit que l'ouverture de la prunelle; en ſorte qu'aucun rayon, s'il eſt poſſible, ne puiſſe ſe refléchir de l'interieur de ce tuyau; vous ne diſtinguerez rien de ce verre, & votre vûë ſe terminera entierement à l'objet exterieur où vous la dirigez.

Après ces obſervations, il ne ſera pas difficile d'expliquer comment nous voyons les objets par le moyen des Microſcopes à un ou à pluſieurs verres, ni de prouver que tous les objets n'y ſont bien vûs, que par la ſeule lumiere réfléchie.

1°. Quand au travers d'une ſeule lentille d'environ trois lignes de foyer, montée dans le Microſcope, dont voicy le deſſein, nous regardons de haut en bas de petits objets, comme des grains de ſable répandus ſur un corps noir, qui ſert de portes-objets; il eſt indubitable que nous les appercevons par la lumiere que leur ſurface renvoye à l'œil; & que s'il étoit poſſible d'empêcher que les rayons qui pourroient les avoir penetrez, ne vinſſent ſe mêler ſur la retine avec les rayons refléchis dont je parle, nous en diſtinguerions incomparablement mieux cette ſuperficie tournée de notre côté. Et comme ces objets regardez de cette même maniere avec un Microſcope à pluſieurs verres, ne ſont point apperçûs autrement, on en doit conclure, qu'ils ſont toujours vûs dans de pareilles experiences, par des rayons refléchis; ainſi que nous les verrions de nos yeux nuds, & nullement par des rayons qui ſe rompent ailleurs, que dans les verres de ces ſortes d'inſtrumens.

Planche [illegible] de la premiere Partie.

Il reſte maintenant à montrer que la même choſe arrive quand nous regardons des objets au travers des Microſcopes à liqueurs, tenus dans une direction ſemblable à celle que nous donnons à une Lunette d'approche, pour obſerver ce qui ſe paſſe dans le Ciel.

Pour cet effet, il faut ſe ſouvenir de ce que nous avons dit touchant la glace de miroir appliquée à la fenêtre d'une chambre; ſçavoir, que nous ne l'appercevons point par les rayons qui nous viennent immédiatement des objets du dehors, en la traverſant ſimplement; mais par ceux qui, ayant penetré les pores de ce verre, ſont retournez de la ſurface interieure de la chambre ſur les endroits ſolides de la glace, pour entrer dans nos yeux aprés une ſeconde refléxion; ainſi les objets ou les parties de ces objets ne ſont point apperçûës dans ce Microſcope, par les rayons de lumiere qui viennent d'abord du dehors, paſſant au travers des endroits tout tranſparens de ces corps; mais par ceux qui ayant paſſez par ces mêmes endroits, reviennent du fond du Microſcope; c'eſt-à-dire, de la partie de la lentille, que l'ouverture du diaphragme laiſſe découverte ſur leur ſurface tournée de notre côté, & s'en refléchiſſent enſuite juſqu'au fond de l'œil, où ils peignent l'image de ces objets.

Tout cela ſe peut encore confirmer par d'autres experiences ; en voicy une que le hazard me fit un jour naître, qui me semble tres-propre pour montrer que nous voyons les objets dans le Microscope à liqueurs par la seule réflexion de la lumiere.

Un tres-petit corps opaque s'étant heureusement trouvé dans une goutte de liqueur placée au milieu du concave ou porte-objet de verre, se fit voir d'une belle couleur argentine dans une assez grande étenduë de sa surface tournée de mon côté ; & cette étenduë ne pouvoit être vûë que par des rayons de lumiere refléchis, pendant que les endroits qui en étoient un peu éloignez me paroissoient tres-opaques ; parce que la rondeur de cet objet ne permettoit pas que la lumiere refléchie de ces mêmes endroits, vint vers mon œil.

Le même hazard qui a fait trouver le corps opaque dont je viens de parler, posé au milieu du concave ou porte-objet, pourroit bien en faire trouver un autre dans le même lieu, dont les parties seroient si desunies & si interrompuës en sa surface, que les rayons de lumiere refléchis sur luy s'y absorberoient entierement ; d'où il s'ensuivroit que n'en revenant pas dans l'œil du Spectateur, ce petit objet paroîtroit toujours opaque. Ou enfin ce corps opaque occupant trop d'espace vis-à-vis de la lentille, & empêchant par-là l'entrée des rayons de lumiere, il ne pourroit être vû.

Mais si l'on veut faire réüssir cette experience, il n'y a qu'à prendre une lentille d'un foyer un peu long, comme d'un pouce, & donner au diaphragme, dont on doit la couvrir, une ouverture qui surpasse celle du diametre du corps que l'on veut observer ; alors si ce corps opaque est propre à refléchir la lumiere qu'il aura reçûë sur sa surface tournée vers nous, il ne manquera pas d'être vû.

On m'objectera peut-être qu'en faisant rencontrer le corps opaque vis-à-vis le milieu de la flâme d'une chandelle, on l'y voit si noir, que l'on ne distingue rien du tout en sa superficie ; ce qui ne devroit pas arriver.

J'avouë que si le corps opaque est trop petit, par rapport à la grosseur de la flâme de cette chandelle, il paroîtra noir, à cause que la grande quantité de rayons de lumiere, qui viendra

viendra dans l'œil, sera capable d'effacer l'impression des foibles rayons qu'il reçoit de l'objet que l'on veut voir.

Pour preuve incontestable de cette verité, si nous prenons un objet plus gros pour faire cette experience, notre œil recevant alors moins de rayons directs de la flâme de cette chandelle, ce peu de rayons ne nous empêchera pas de voir ce corps; & c'est une des principales raisons qui doit nous obliger souvent à diminuer l'ouverture des diaphragmes que nous mettons sur les lentilles des Microscopes, & ailleurs.

Une autre experience qui prouve certainement que les objets, comme les anguilles du vinaigre, sont vûs par la seule refléxion de la lumiere, qui retourne du fond du Microscope sur eux-mêmes; c'est que si l'on applique au côté plat du concave ou porte-objet, un diaphragme qui couvre même une partie du concave où sont ces anguilles, on ne cesse pas pour cela de voir celles qui ne se trouvent pas dans les rayons de lumiere qui traversent le milieu du concave; & même celles qui permettent par leur transparence le passage de la lumiere qui souffre réfraction, en traversant le centre du concave, & les endroits voisins; ne paroissent pas, à beaucoup prés, si distinctes que celles qui ne reçoivent la lumiere que par réflexion; & l'on est même souvent obligé de détourner quelque peu le Microscope, pour ne pas recevoir dans ce moment tant de rayons directs qui nous empêchent de voir l'objet le plus distinctement qu'il est possible; quoyque ces rayons le fassent paroître avec plus d'éclat.

Et il faut remarquer qu'en vous servant d'une lentille d'environ trois lignes de foyer, vous rendrez l'experience dont je viens de parler plus sensible, que si vous vous serviez d'une lentille d'un foyer plus petit; à cause que celle-cy, faisant découvrir un moindre champ que l'autre, les objets un peu écartez du trou par où passe la lumiere, n'en pourroient pas être apperçûs.

3°. Lorsqu'on observe exactement les plus grosses bules d'air formées dans la goutte de vinaigre qui occupe la concavité du porte-objet, & que pour cet effet on se sert de la flâme d'une bougie au lieu du jour, on apperçoit l'image en petit de cette flâme qui paroît sur la convexité de la boule d'air tournée vers nos yeux ; ce qui marque infailliblement que c'est par reflexion que nous appercevons cette petite image, comme nous la verrions par la reflexion de dessus un miroir convexe de métal.

Tout au contraire, on appercevra cette flâme plus grosse au-delà de cette bule d'air, qu'on ne l'a vûë en deçà ; parce que la concavité du vinaigre, qui touche immédiatement le derriere de la boule d'air, a la proprieté de faire paroître plus grosse l'image de l'objet qui luy est opposé.

4°. Si l'on met des grains de sable sur le verre concave du Microscope ouvert par les côtez, pour donner passage à la lumiere ; & qu'on regarde ces objets de haut en bas, avec ce Microscope élevé à plomb au-dessus d'un corps qui renvoye à l'œil des rayons de lumiere au travers de ce concave, pendant que ces mêmes grains de sable en reflêchissent aussi ; on les verra avec moins de distinction qu'on ne feroit, si on les regardoit en mettant à la place de ce corps un morceau de drap noir, assez prés du trou inferieur de ce même instrument ; d'où il suit que la lumiere rompuë venant à l'œil immédiatement, aprés avoir souffert quelques réfractions dans ce verre concave, & dans ces grains de sable, trouble l'action des rayons réfléchis, en causant une sensation confuse de ces objets ; de même que tout ce qui est peint dans un Tableau bien éclairé, y est vû avec moins de distinction & de beauté qu'il ne le seroit, si les objets qui l'environnent ne luy envoyoient pas par réflexion, une partie de la lumiere qu'ils reçoivent.

Enfin si c'étoit la lumiere rompuë qui vient immédiatement dans l'œil du Spectateur, aprés avoir traversé les objets transparens, qui nous les fit voir distinctement, il s'ensuivroit que plus l'œil recevroit de rayons rompus, plus il découvriroit de parties distinctes dans l'objet ; & c'est précisement tout le contraire de ce qui arrive ; puisque à mesure que l'on augmente l'ouverture objective du Microscope, pour donner passage à plus de rayons de lumiere qui entrent immédiatement dans l'œil, aprés avoir été rompus ; plus l'objet paroît confus.

On objecte que pour voir si un verre de lunette est bien

adouci, ou s'il est bien poli, on le regarde en le plaçant entre la lumiere & l'œil ; & qu'ainsi nous en jugeons mieux qu'en le regardant de toute autre maniere ; d'où l'on veut conclure que nous voyons les défauts d'adoucissement de ce verre, par la seule lumiere rompuë, qui vient immédiatement dans nos yeux, aprés l'avoir traversé.

Cette consequence me paroît tirée avec un peu trop de précipitation, & sans avoir examiné les circonstances qui accompagnent l'experience dont il s'agit ; puisque bien loin de faire contre nous, elle va nous servir d'un nouveau moyen pour combattre l'opinion en faveur de laquelle on l'apporte ; en faisant comprendre qu'il n'est pas toujours vray de dire que pour voir si un verre de lunette est assez adouci & assez poli, on le place entre la lumiere & l'œil ; puisque ceux qui taillent ces verres n'ont pas besoin de les démastiquer pour connoître s'ils ont l'adoucissement & le polissment requis : ils ne font pour cela que regarder ce verre en tournant le dos à la lumiere, pendant qu'ils la font recevoir au verre qui est attaché à la molette.

On reconnoît même encore assez bien si un verre de lunette a les perfections qu'il doit avoir du côté du travail, lorsqu'il est détaché de dessus la molette, en le regardant appliqué sur un morceau de drap noir, pendant qu'il reçoit la lumiere presque à plomb, & qu'elle revient de même dans nos yeux, ayant le dos tourné à la lumiere du jour, afin de n'en recevoir par reflexion, que de la surface du verre qu'on examine, en le remuant doucement, pendant qu'on le tient ainsi en experience.

Il nous reste enfin à prouver qu'en mettant le verre entre la lumiere & l'œil, pour le regarder comme on le propose, nous le voyons encore par reflexion ; car pendant que nous l'observons dans cette situation, une partie des rayons de lumiere qui l'ont traversé luy est renvoyée par les objets qui sont en deçà, & d'où luy viennent en même tems d'autres rayons ; en sorte que ceux-cy & ceux-là retournent de ce verre à nos yeux, par une seconde reflexion.

De plus, il faut remarquer que si dans cette experience nous tournons le verre que nous voulons observer exactement, vis-à-vis le bois d'une croisée de fenêtre, afin de recevoir moins de lumiere qui se rompent en traversant ce verre; nous le verrons certainement avec plus de distinction que nous ne ferions sans cette précaution.

Enfin les objets que nous appercevons par le moyen des lunettes d'approche, ne se voyent aussi que par la lumiere qu'ils reflêchissent à nos yeux; & toutes les refractions que les rayons souffrent, en traversant les verres de ces instrumens, ne servent qu'à nous augmenter l'apparence de l'objet, à nous le faire paroître plus proche, plus gros & plus distinct; mais moins clair qu'il ne paroîtroit aux yeux nuds, & sans le secours des lunettes.

Nous pouvons donc maintenant conclure, que tous les objets apperçûs, soit par les Microscopes en general, soit par les Telescopes, ne sont vûs bien distinctement, que par les seuls rayons refléchis.

S'il arrivoit, Monsieur, qu'aprés avoir examiné cette petite Dissertation, vous ne fussiez pas de mon sentiment, je vous prie de me faire la grace de mettre par écrit ce que vous y aurez trouvé de défectueux, tant dans mes raisonnemens, que dans les experiences dont je les ay accompagnez; afin que j'essaye si je pourray parvenir à rendre plus claire & plus intelligible la matiere en contestation.

Vous aurez aussi la bonté de nous faire comprendre, 1°. Comment en suivant votre hypothése, nous voyons les grains de sable posez sur le porte-objet du Microscope à liqueur, semblable à celuy qui est representé en cette figure, Planche 7. de la premiere Partie, lorsque nous les regardons de haut en bas?

2°. Comment nous appercevons les mêmes grains de sable par ce même Microscope, en luy donnant une situation horisontale?

3°. Pourquoy nous les voyons mieux dans l'une de ces situations, que dans l'autre?

4°. Et pourquoy encore ces mêmes grains de sable paroissent plus bruns, étant vûs dans la direction horisontale du Microscope, que dans sa verticale?

5°. Pourquoy il faut moins donner d'ouverture aux diaphragmes des lentilles d'un court foyer, qu'à ceux des lentilles dont le foyer est plus éloigné du verre ?

6°. Pourquoy les plus petits animaux visibles des liqueurs, & les plus petits atômes qu'on y découvre, sont-ils mieux apperçûs lorsqu'ils sont hors du rayon principal, que lorsqu'ils sont dans ce même rayon, ou tout proche.

7°. Et pourquoy il y en a de si petits, qu'il n'est pas possible de les appercevoir dans la lumiere qui les traverse directement, en passant par l'axe de la vision ou auprés ; & qu'ils sont vûs dans l'ombre, ou hors le cône des rayons qui passent par toute l'ouverture objective du Microscope ?

8°. Pourquoy nous n'appercevons pas le concave ou porte-objet de verre, que l'on suppose être des plus parfaits, avec autant de distinction que nous appercevons les anguilles du vinaigre, par exemple, qui sont sur cette concavité ; puisque que ce concave est plus transparent que ces mêmes anguilles ?

9°. Pourquoy certains corps opaques sont-ils vûs dans le Microscope à liqueurs, en les y regardant comme on regarde dans une lunette d'approche ; quoyqu'il ne passe aucun rayon de lumiere au travers de ces corps ?

Vous verrez, Monsieur, qu'il n'y a aucun Phénoméne contenus dans les difficultez que j'ay l'honneur de vous proposer icy, qui n'ait été résolu ci-devant, ou qui ne le puisse être facilement par l'hypothése de la double reflexion des rayons de lumiere ; & que de plus, il n'est pas nécessaire d'avoir recours aux refractions que la lumiere souffre en les traversant, si ce n'est aprés qu'ils sont reflechis : & enfin que ces refractions sont tres-nuisibles, en un sens ; puisque les rayons ainsi rompus, & reçus dans l'œil immédiatement aprés, nous empêchent de voir les corps avec la même netteté & la même distinction, que nous les verrions sans cela.

Je finis icy ces observations, que j'aurois pû pousser incomparablement plus loin, la matiere étant infinie ; puisqu'elle s'étend à l'examen de tous les differens êtres qui nagent dans l'air & dans la mer ; à tous ceux qui couvrent la surface de la terre, de même qu'à ceux qu'elle enferme dans son sein.

Si j'apprens que cet Ouvrage ait le bonheur d'être agréable au Public, je me trouveray bien récompensé de la peine & de la dépense que j'ay faite pour le composer; & cela me donnera peut-être lieu d'en faire imprimer bien-tôt un autre, qui aura pour titre :

Nouvelle Hypothése pour expliquer les effets de l'Aimant.

Par le moyen de laquelle on pourra non-seulement faire comprendre d'une maniere tres-simple, ce qui faisoit autrefois l'admiration des plus celebres Philosophes; mais encore les raisons d'un nombre surprenant de nouvelles experiences. Et quoy qu'on soit bien éloigné de mettre la pierre d'aimant en parallele avec l'éclat & la dureté du diamant, la beauté des couleurs celestes & azurées des saphirs, le jaune doré de la topase, le vert qu'on admire dans l'émeraude, la couleur de feu du rubis, celles de violette & de pourpre des ametistes d'Orient, &c. neanmoins on pourra tres-facilement prouver, & faire voir aux Naturalistes, que l'aimant seul a plus de vertu que n'en ont ensemble toutes les autres pierres précieuses : & qu'une seule des proprietez de l'aimant est beaucoup plus utile, plus nécessaire & plus estimable, par rapport aux usages que nous en tirons tous les jours, que toutes celles qu'on a vûës des autres pierres précieuses, qui font maintenant une partie de l'ornement & des desirs du beau sexe.

Fin de la seconde & derniere Partie.

TABLE
DES CHAPITRES
DE LA PREMIERE PARTIE.

TABLE DES CHAPITRES
de la seconde & derniere Partie.

TABLE

DES CHAPITRES.

Fin de la Table des Chapitres de la premiere & seconde Partie.

Des Caracteres & de l'Imprimerie de JACQUES COLLOMBAT, Imprimeur ordinaire du Roy, & de l'Académie Royale de Peinture & Sculpture. 1718.

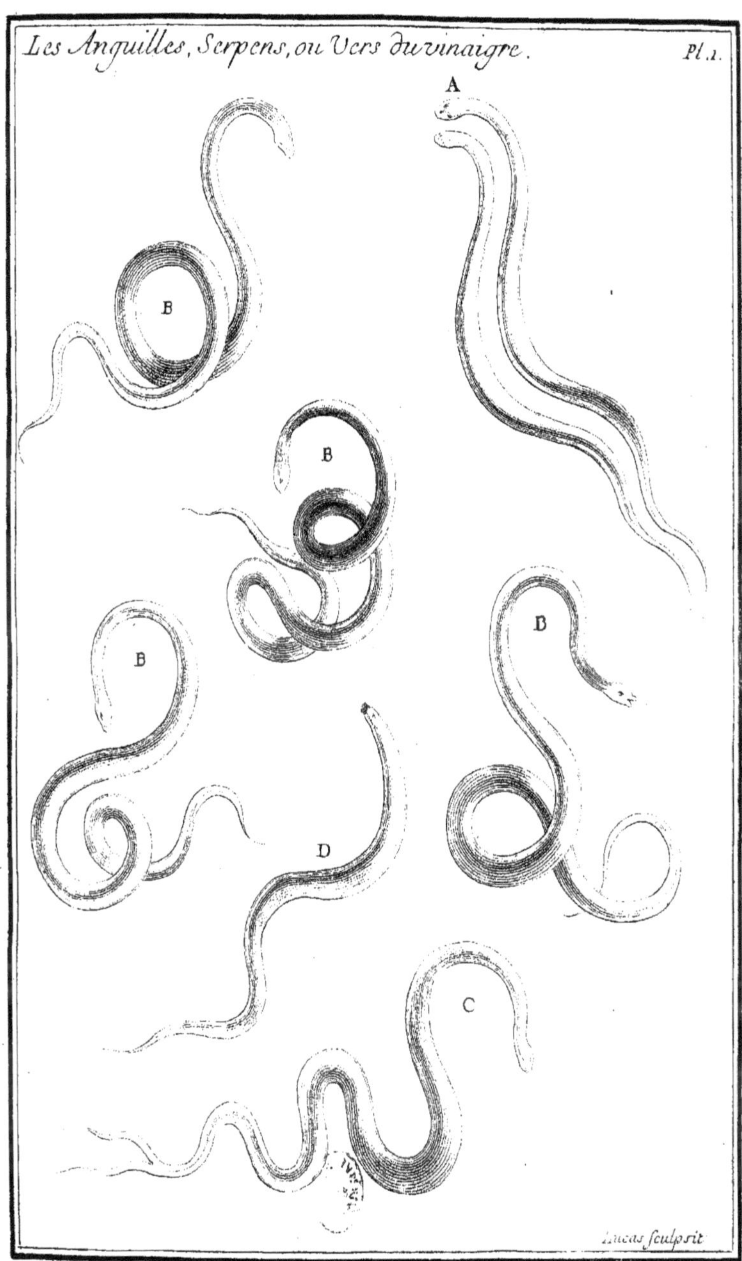
Les Anguilles, Serpens, ou Vers du vinaigre.
Pl. 1.
A
B
B
B
B
D
C
Lucas sculpsit

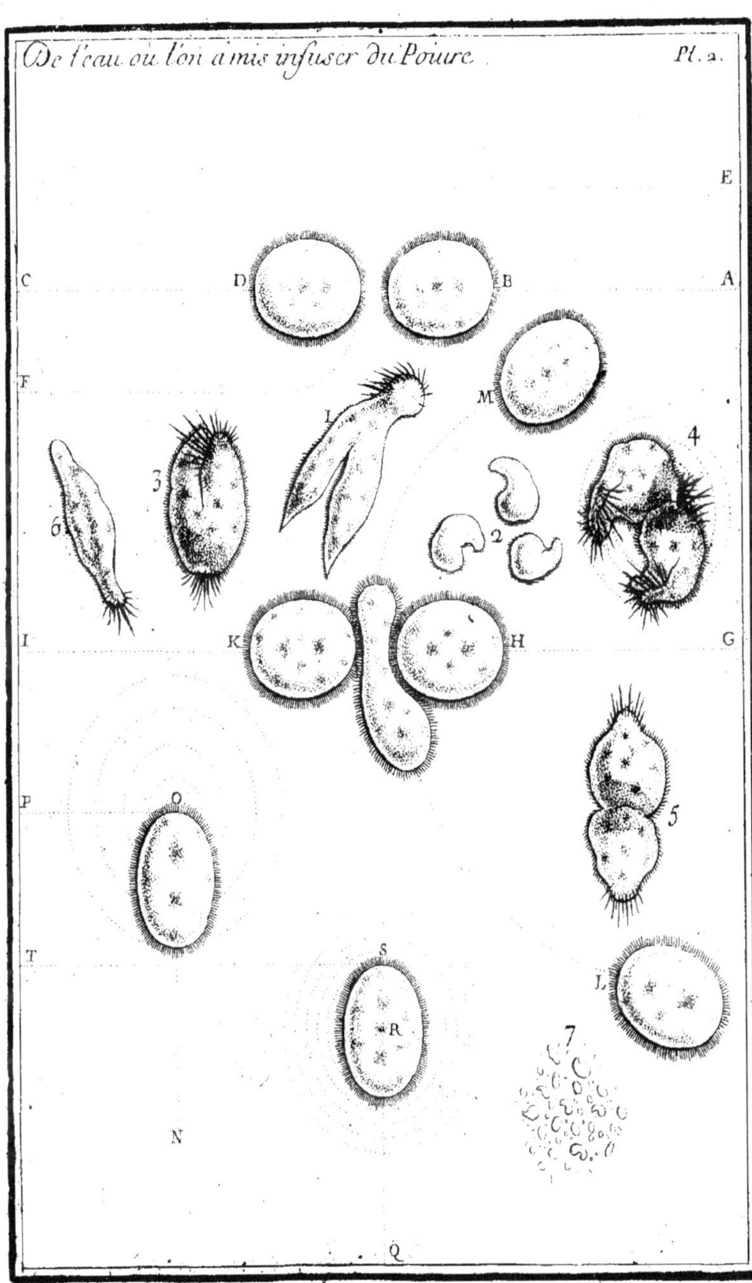
De l'eau où l'on a mis infuser du Poivre
Pl. 2.

Des Poissons obseruez dans une infusion de Sené. Pl. 3.

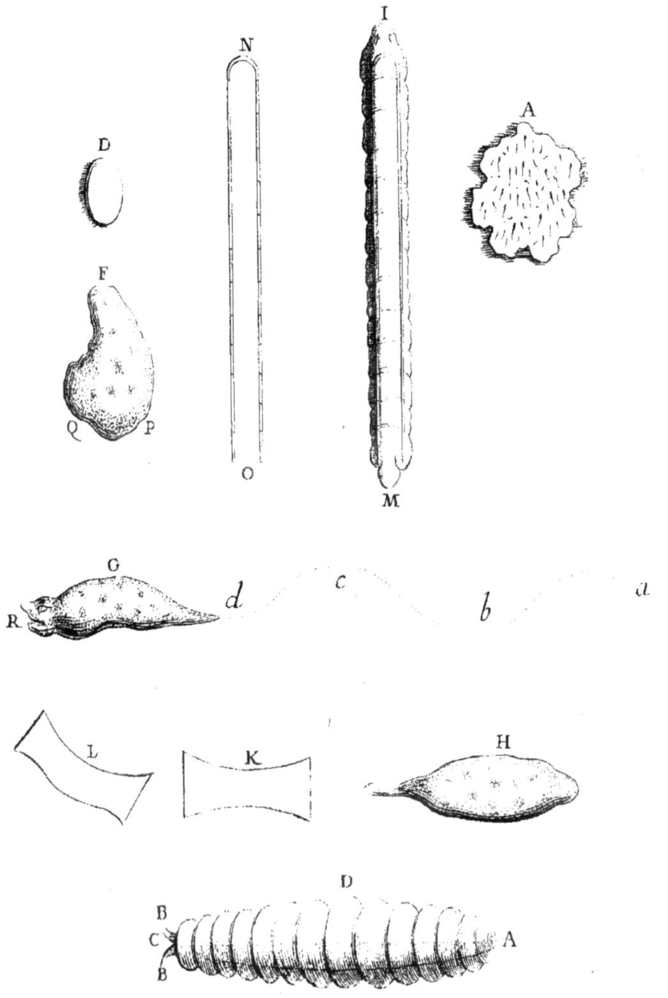

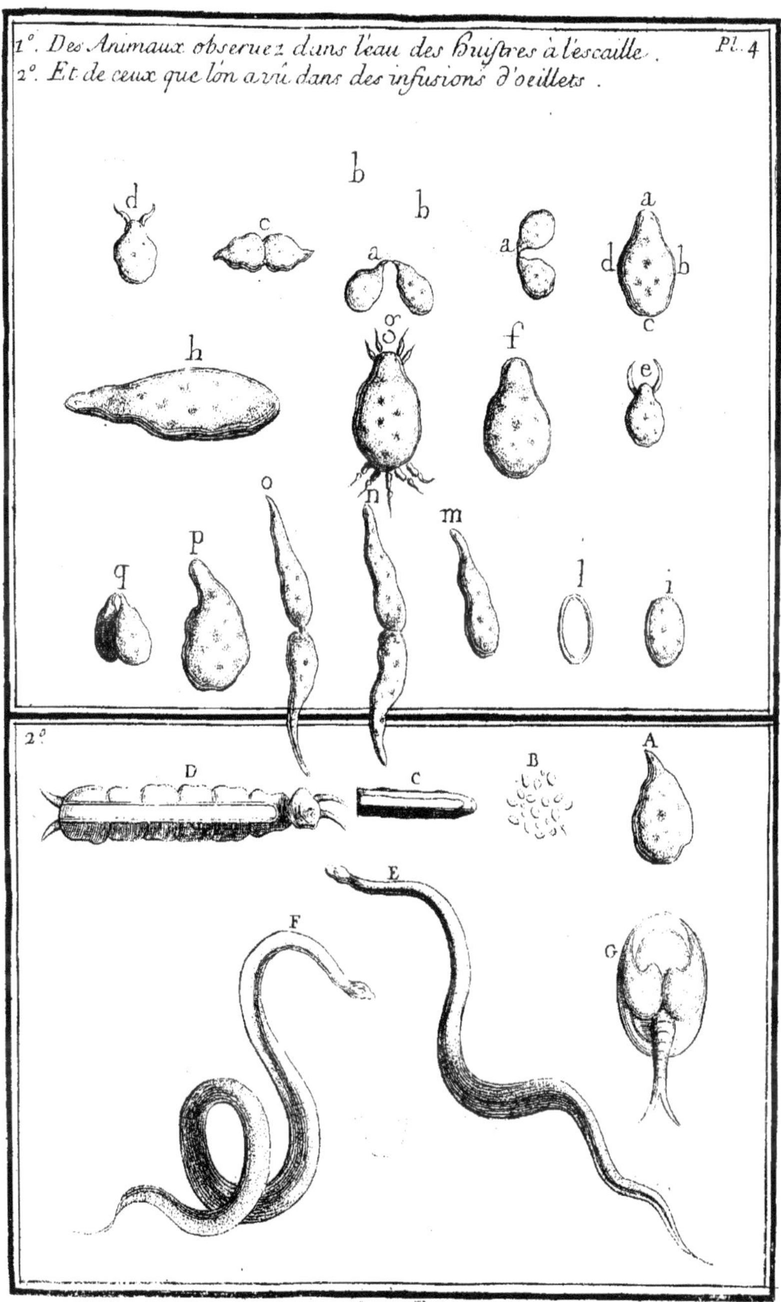
1°. Des Animaux observez dans l'eau des Huistres à l'escaille.
Pl. 4
2°. Et de ceux que l'on a vû dans des infusions d'oeillets.
2°

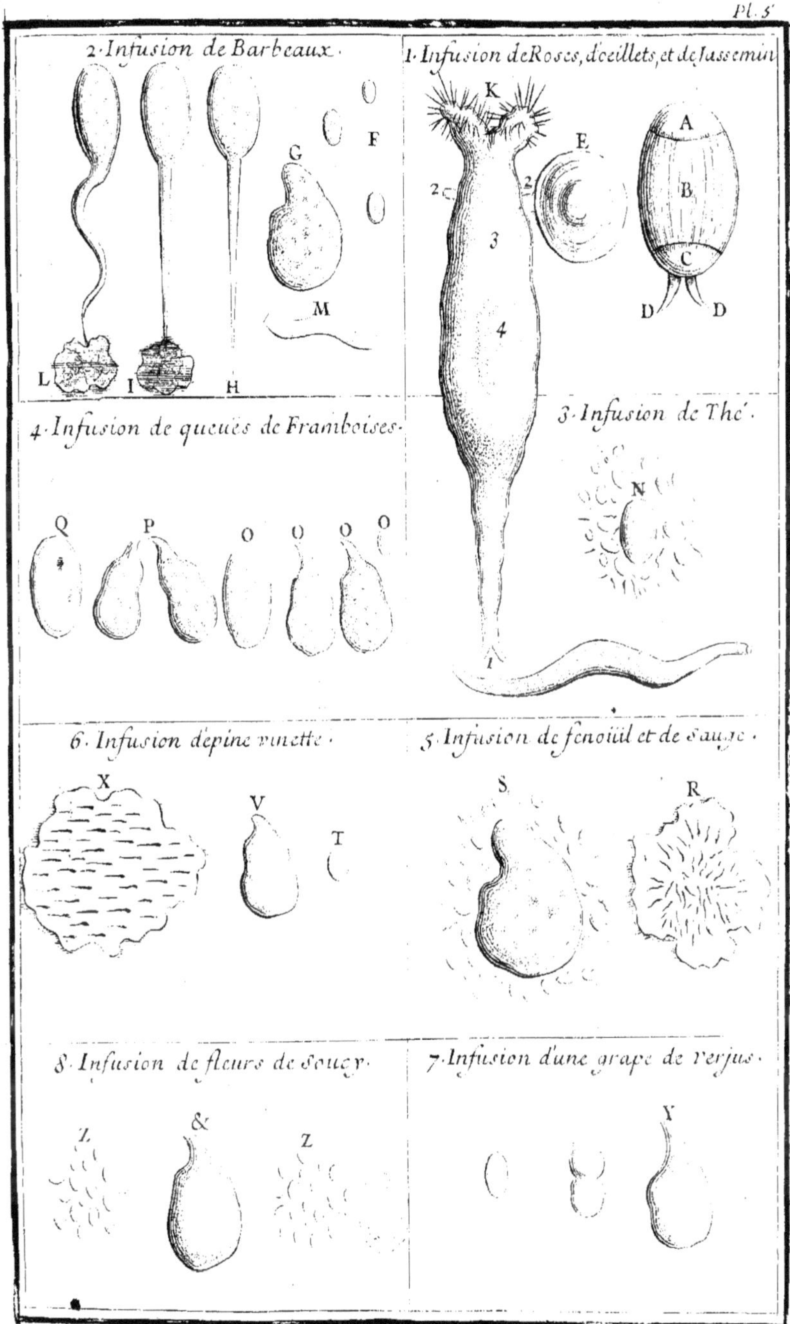
2 Infusion de Barbeaux.
1 Infusion de Roses, d'oeillets, et de Jassemin
K
E
A
B
C
D
D
G
F
M
L
I
H
2
2
3
4
1
4 Infusion de queues de Framboises.
3 Infusion de Thé.
N
Q
P
O
O
O
O
6 Infusion d'epine vinette.
5 Infusion de fenoüil et de sauge.
X
V
T
S
R
8 Infusion de fleurs de Soucy.
7 Infusion d'une grape de verjus.
Z
&
Z
Y

Pl. 6.

Cette Planche contient tout ce qui s'est vû de plus remarquable dans neuf sortes d'infusions.

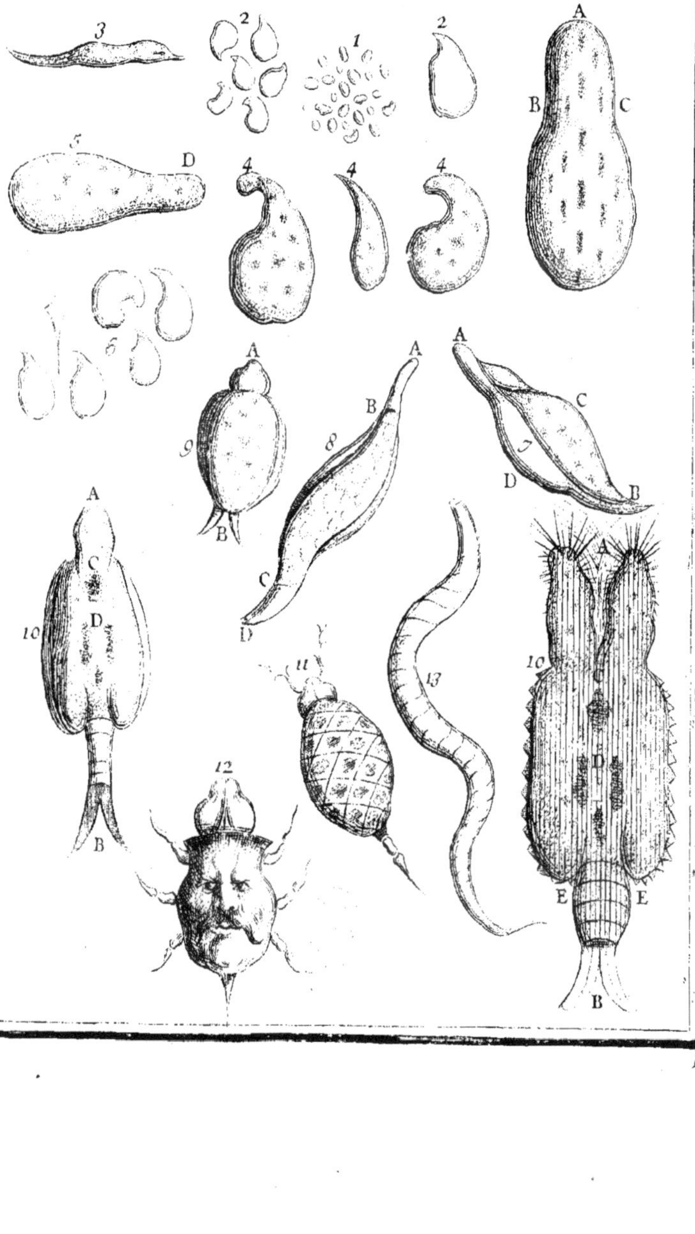

Infusion de Celery mis dans de l'eau commune. Pl. 7

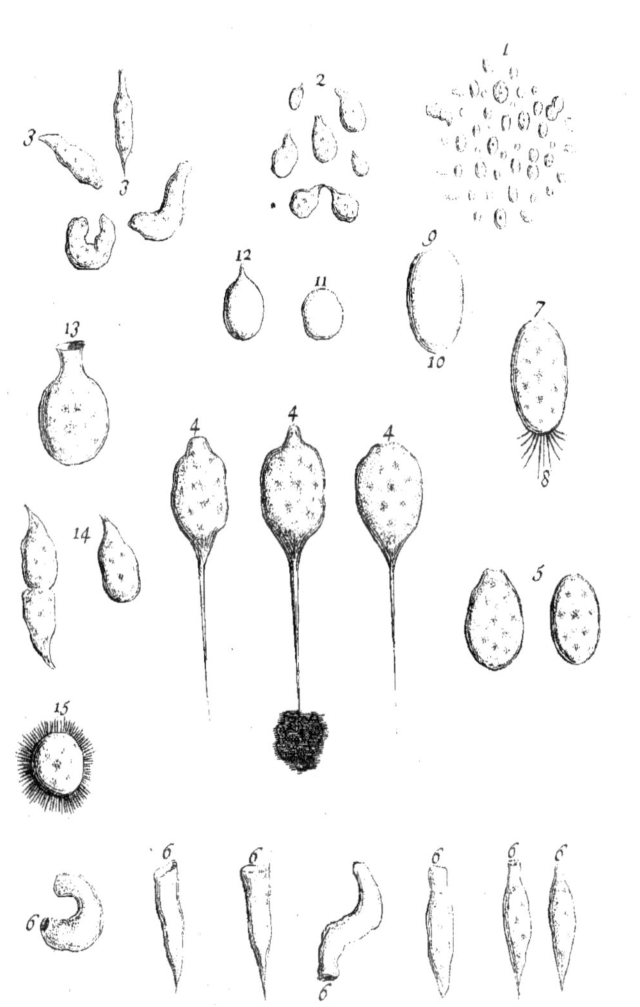

Pl 8.

Infusion de paille et d'épis de bled.

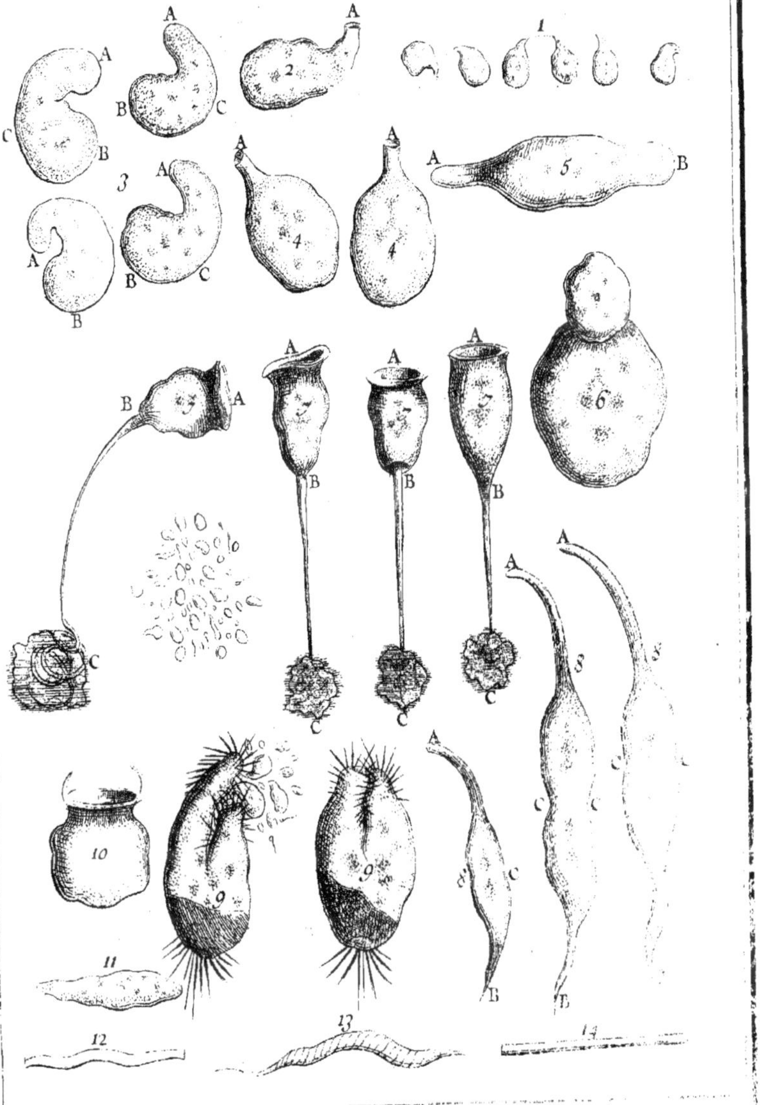

Grenades Aquatiques, couronnées et Barbues Pl. 9.

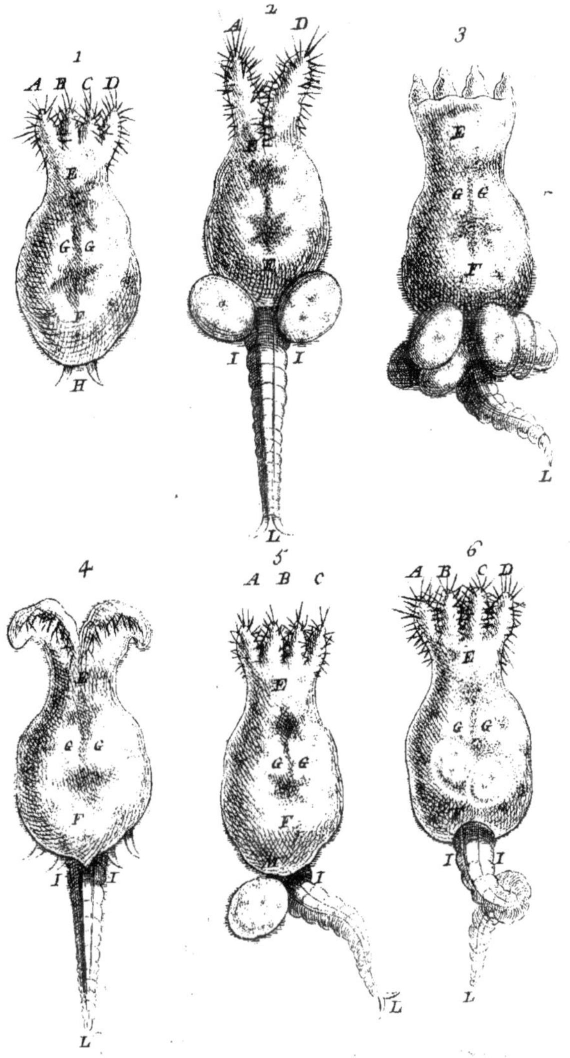

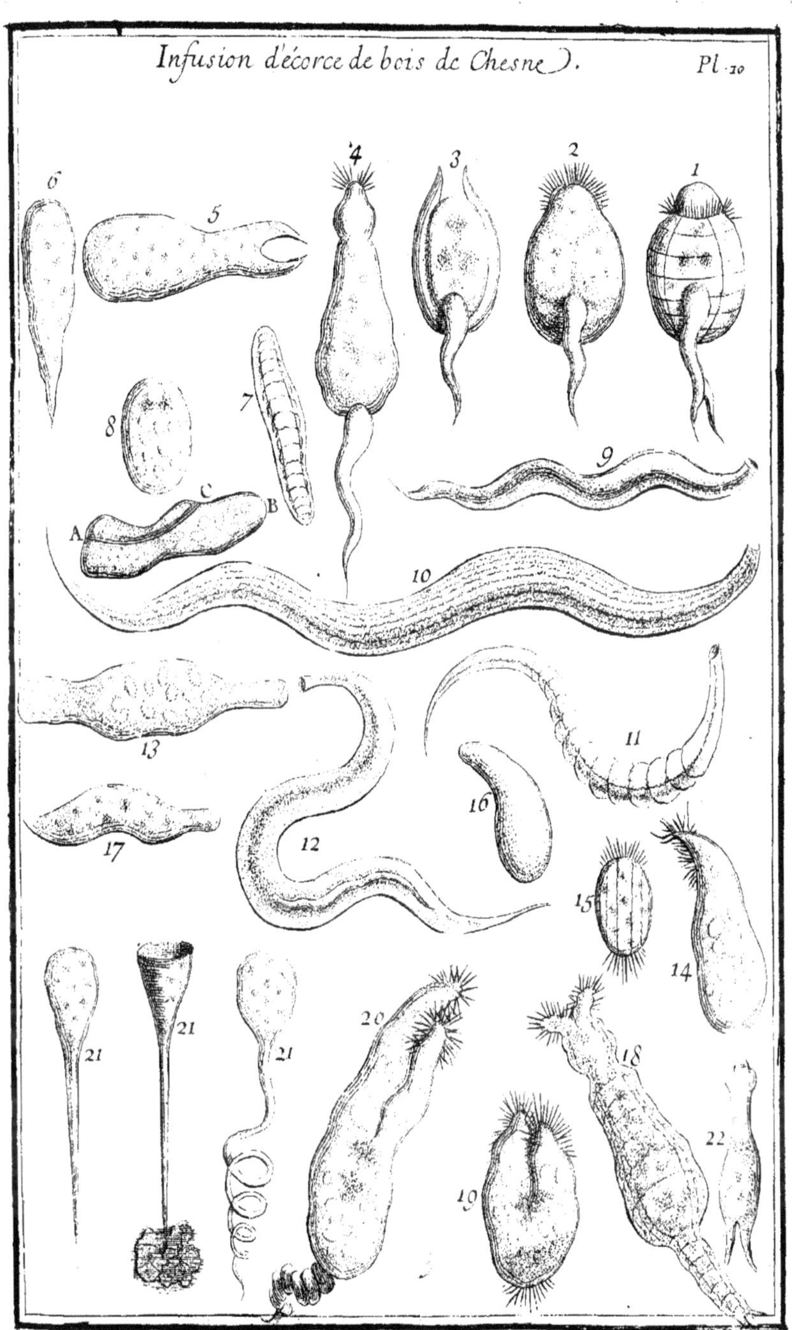
Infusion d'écorce de bois de Chesne.
Pl. 10

Suite des Animaux trouvéz dans linfusion de l'écorse de bois de Chesne

Pl. II

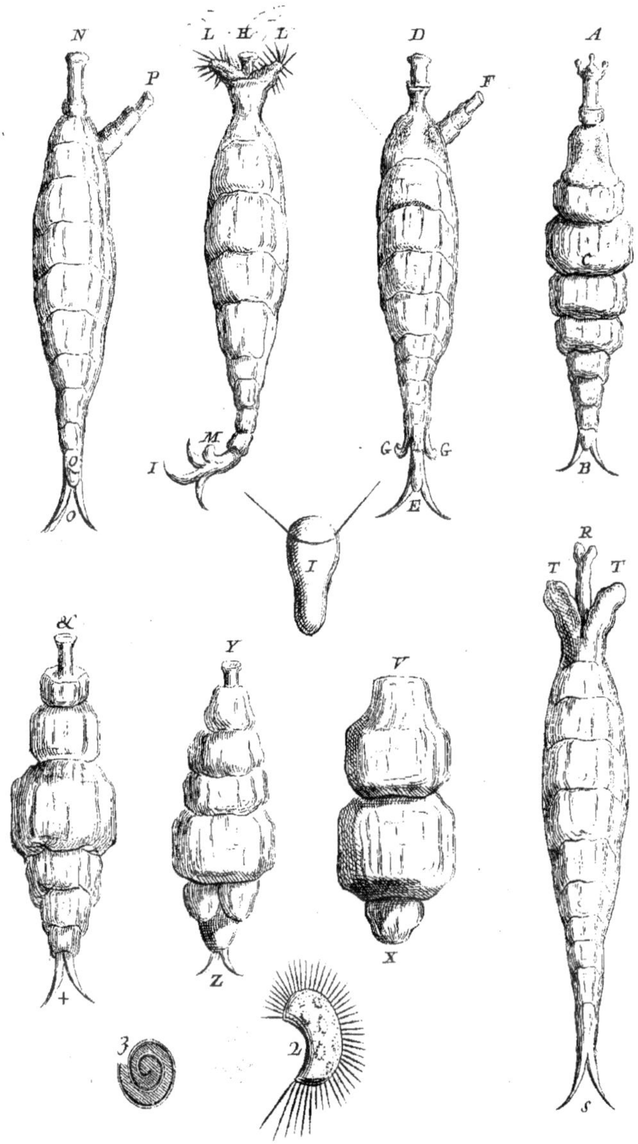

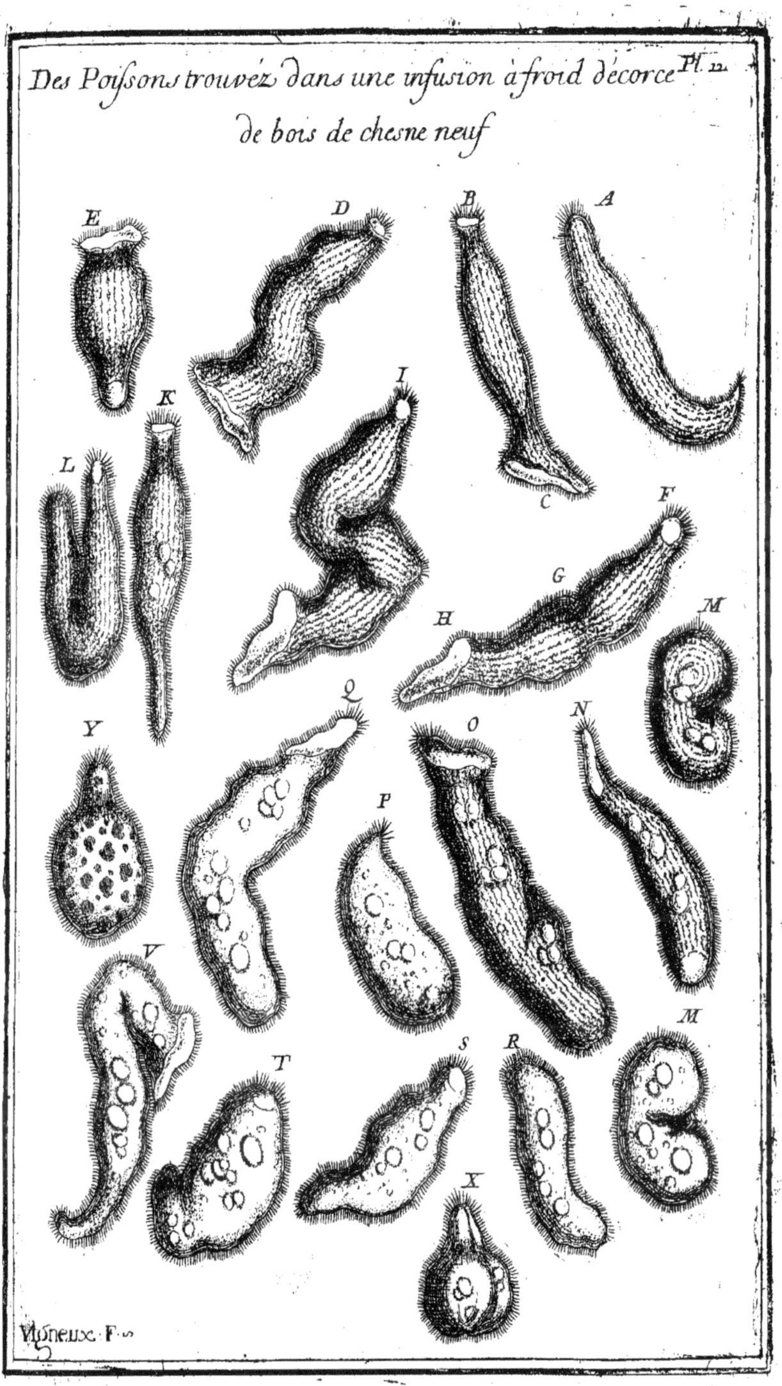
Des Poissons trouvez dans une infusion à froid décorce Pl. 12.
de bois de chesne neuf
E
D
B
A
I
K
L
C
F
G
H
M
Q
Y
O
N
P
V
M
T
S
R
X
Vigneux F.

www.ingramcontent.com/pod-product-compliance
Ingram Content Group UK Ltd.
Pitfield, Milton Keynes, MK11 3LW, UK
UKHW020546180726
13838UKWH00001B/68

9 782329 467016